dumont taschenbücher

KLAUS LANKHEIT (geb. 1913), emeritierter Professor für Kunstgeschichte an der Universität Karlsruhe und Honorarprofessor an der Universität Heidelberg, gilt als einer der impulsgebenden deutschen Kunstwissenschaftler der Nachkriegszeit. Neben seiner 1947 an der Universität Göttingen vorgelegten Dissertation ›Das Freundschaftsbild der Romantik‹ (erschienen 1952) setzten vor allem die beiden Publikationen ›Die Frühromantik und die Grundlagen der 'gegenstandslosen' Malerei‹ (1951) und ›Nibelungen – Illustrationen der Romantik. Zur Säkularisierung christlicher Bildformen im 19. Jahrhundert‹ (1953) entscheidende neue Akzente in der Auseinandersetzung mit der Kunst des 19. Jahrhunderts. Nach seiner Habilitation in Heidelberg und einem Forschungsstipendium am Deutschen Kunsthistorischen Institut Florenz folgte er 1958 dem Ruf an die Universität Karlsruhe, als deren Rektor er von 1965 bis 1966 amtierte. Außer auf die europäische Kunst des 19. Jahrhunderts konzentrierte sich sein wissenschaftliches Interesse vor allem auf die deutsche und italienische Barockplastik sowie die Kunst Franz Marcs und des Blauen Reiters.
Wichtigste Veröffentlichungen: Die Zeichnungen des kurpfälzischen Hofbildhauers Johann Paul Egell (1954); Das Triptychon als Pathosformel (1959); Jacques-Louis David – Der Tod Marats (1962); Florentinische Barockplastik (1962); Dokumentarische Neuausgabe des Almanachs ›Der Blaue Reiter‹ (1965, [6]1987; auch französisch, englisch, italienisch); Der Tempel der Vernunft. Unveröffentlichte Zeichnungen von Louis-Étienne Boullée (1968, [2]1973; auch italienisch); Friedrich Weinbrenner und der Denkmalskult um 1800 (1979); Der kurpfälzische Hofbildhauer Johann Paul Egell (1988); Von der napoleonischen Epoche zum Risorgimento. Studien zur italienischen Kunst des 19. Jahrhunderts (im Druck). Im DuMont Buchverlag sind von Klaus Lankheit bisher erschienen: Franz Marc, Aquarelle und Zeichnungen (1959, vergriffen); Franz Marc im Urteil seiner Zeit (1960, vergriffen); Franz Marc, Katalog der Werke (1970, vergriffen); Franz Marc. Sein Leben und seine Kunst (1976, vergriffen); Franz Marc, Schriften (1978) sowie die Festschrift Klaus Lankheit zum 60. Geburtstag (1973, vergriffen).

Klaus Lankheit

Revolution und Restauration
1785–1855

DuMont Buchverlag Köln

Umschlagabbildung: Johann Heinrich Füßli, Satan flieht vor der Berührung durch Ithuriels Speer (Detail). Privatbesitz

Frontispiz: L'Entrée au Musée. Anonymer Stich aus »Le goût du jour«, 1808, Nr. 12

CIP-Titelaufnahme der Deutschen Bibliothek

Lankheit, Klaus:
Revolution und Restauration: 1785–1855;
[Entwicklungslinien d. Kunst von 1780–1855] /
Klaus Lankheit. – Köln: DuMont, 1988
  (DuMont-Taschenbücher; Bd. 207)
  ISBN 3-7701-2150-3
NE: GT

© 1988 DuMont Buchverlag, Köln
Alle Rechte vorbehalten
(Der Band erschien erstmals in Baden-Baden 1965)
Satz, Druck und buchbinderische Verarbeitung: Boss-Druck, Kleve

Printed in Germany   ISBN 3-7701-2150-3

Inhalt

Einleitung 7
Die historische Situation 7
Die Phasen 15
Der Anteil der Künste 27

Die Architektur und die Dekoration 33
Frankreich 33
Italien 42
Die Britischen Inseln 45
Deutschland 57
Die übrigen Länder Europas 73
Die Vereinigten Staaten von Amerika 78

Die Bildhauerkunst 83
Italien 83
Frankreich 89
Deutschsprachige Länder 94
Skandinavien 102
England und die Vereinigten Staaten von Amerika 107

Die Malerei 112
Frankreich 112
   Französischer Klassizismus 112
   Französische Romantik 150
   Französischer Realismus 166
Deutschland 175
   Deutscher Klassizismus 175
   Deutsche Romantik 182
   Deutscher Realismus 206

England 215
  Englische Romantik 215
  Englische Landschaftsmalerei 223
  Viktorianische und präraffaelitische Malerei 231
Die übrigen Länder 234
  Polen, Belgien und die Niederlande 234
  Skandinavien 238
  Die Schweiz 240
  Italien 243
  Die Vereinigten Staaten von Amerika 251
  Spanien 255

Anhang 263
Literaturhinweise 263
Verzeichnis der Farbtafeln 266
Verzeichnis der Schwarzweißabbildungen 268
Abbildungsnachweis 274
Personenregister 276

Einleitung

Die historische Situation

»Auf dieser Reise, hoff' ich, will ich mein Gemüt über die schönen Künste beruhigen, ihr heilig Bild mir recht in die Seele prägen und zum stillen Genuß bewahren. Dann aber mich zu den Handwerkern wenden, und, wenn ich zurückkomme, Chymie und Mechanik studieren. Denn die Zeit des Schönen ist vorüber, nur die Not und das strenge Bedürfnis erfordern unsre Tage.« Diese Worte schrieb Johann Wolfgang von Goethe auf der *Italienischen Reise* am 5. Oktober 1786 in sein Tagebuch. Mit der dem Genius eigenen Hellsicht wurde der Dichter von dem Vorgefühl naher Zeitenwende getroffen. Drei Jahre später war diese neue Welt mit dem Ausbruch der Französischen Revolution geboren. Die Menschheit hat seither keine Ruhe gefunden.

In jenen Jahrzehnten um 1800 ist der schärfste Umbruch erfolgt, den die Geschichte des Abendlandes seit dem Ausgang der Antike kennt. Diese Feststellung muß um so nachdrücklicher bewußt gemacht werden, als sich jene Wende weitgehend unbemerkt innerhalb einer fortbestehenden Zivilisation vollzog und erst nach einem Jahrhundert voller Revolutionen und Reaktionen ganz offenbar geworden ist. Die wissenschaftliche Behandlung dieser Epoche wird aber dadurch erschwert, daß noch wir Heutigen mit den damaligen Geschehnissen auf Gedeih und Verderb verbunden sind. Denn um 1800 beginnt unsere eigene Zeit. In jenen Jahren bildet sich – hinter vielfältigen Schleiern – die neue Wirklichkeit, in der wir leben. Die extrem gegensätzlichen Wertungen, welche die Kunst dieser Zeit erfahren hat, erklären sich eben aus dem persönlichen Engagement des Urteilenden. Der Historiker kann sich nicht auf einen Punkt außerhalb stellen, wie es bei der Erörterung aller früheren Perioden wünschenswert ist; er kann sich nicht in einen Elfenbeinturm zurückziehen und eigener Stellungnahme ausweichen. Dafür hat er freilich die Genugtuung, mit seiner Arbeit unmittelbar zur Erkenntnis unserer Gegenwart beizutragen.

Mit Beginn des 19. Jahrhunderts ist die Menschheit in eine neue Phase eingetreten. Immer wieder hat man versucht, den Wandel durch ein Schlagwort zu bestimmen: Schon Baudelaire sprach von dem »glaubenslosen« Jahrhundert, Kuno Fischer von dem »Mythen zerstörenden«. Was damals begann, so sagt man heute, sei das »Zeitalter der Technik« oder das »industrielle Zeitalter«, das »Zeitalter der Demokratie« oder das »liberale Zeitalter«, das »Jahrhundert des Bürgertums«, das des »Subjektivismus« und des »Individualismus«, das »demiurgische Zeitalter« oder das des »Atheismus«, das »Jahrhundert der Surrogate« oder das der »Idolbildungen«. Diese Begriffe bezeichnen allenfalls einen Teilaspekt der Epoche, gesehen aus einseitiger Sicht. Vielleicht vermag uns gerade die Kunst zu tieferem Verständnis zu führen.

Die Kunstgeschichte des 19. Jahrhunderts läßt sich nicht als bruchlose Fortsetzung jener der vorangehenden Perioden verstehen. Mit der Situation der Menschheit haben sich auch Wesen und Funktion der Künste grundlegend verändert. Was Goethe ahnend begriff, formulierte Hegel als philosophische Wahrheit: daß »die Kunst nicht mehr diejenige Befriedigung der geistigen Bedürfnisse gewährt, welche frühere Zeiten und Völker in ihr gesucht und nur in ihr gefunden haben.« Indem die Kunst ihren stilbildenden Platz im Zentrum der Gesellschaft einbüßte, wurde sie andererseits zu einem eigenen Weg in die Glückseligkeit.

Wer von solcher Kunst handeln will, steht vor der Aufgabe, neue Kriterien zu erarbeiten. Denn vor ihr müssen die alten Maßstäbe versagen. Wollte man sie weiterhin als die allein gültigen gebrauchen, hätte man sich schon im voraus der Möglichkeit gerechter Würdigung begeben. Denn vom 18. Jahrhundert her gesehen, läßt sich in der Kunst jenes gewaltigen Umbruchs nur Auflösung, Zügellosigkeit und Verfall bemerken. Blickt man jedoch aus der entgegengesetzten Perspektive, so sieht man sich einem ungeahnten schöpferischen Aufbruch gegenüber. Erst beide Standpunkte zusammen erlauben die Bestimmung des Phänomens. Dem Gewinn entspricht ein Verlust, dem Segen der Fluch; die Freiheit aber läuft stets Gefahr, in neue Unfreiheit umzuschlagen. Diese Doppelpoligkeit gilt es sich vor Augen zu halten.

Die negativen Folgen schienen für die Kunst in der Tat fast tödlich. Der Zusammenbruch des Ancien régime bewirkte eine tiefgreifende Umgestaltung der sozialen Organisation. Er drohte die Grundlagen des künstlerischen Schaffens zu vernichten. Schon seit dem 18. Jahrhundert vollzogen sich der Wechsel von paternalistischen zu sozialen Kontrollen und die Kommerzialisierung der Beziehungen zwischen Auftraggeber und Künstler. Dessen Rolle wandelte sich vom Handwerker, Diener und Hofbeamten zum freien Künstler. Die Prozesse der Industrialisierung, Vermassung und Demokratisierung auf der einen Seite, der revolutionäre Durchbruch des Subjektivismus auf der anderen Seite führten eine Entfremdung der ›ästhetischen Elite‹ von der Gesellschaft herbei. Statt einer in verfeinertem Geschmack erzogenen weltlichen oder geistlichen Aristokratie sieht sich die Kunst seither einem – mit Karl Mannheim zu sprechen – »diffusen« Publikum gegenüber, das keinem Auswahlprozeß mehr unterliegt und dessen Reaktionen vielfach Stereotypen folgen. Die Kunst wurde genötigt, ein Leben am Rande des neuen bürgerlichen Wertsystems zu führen. Die schöpferischen Kräfte zogen sich in die Bohème zurück, in das Künstlerviertel der modernen Großstadt, dessen Anfänge eben in der Zeit um 1830 liegen. Insbesondere auf dem Gebiet der Malerei, die dem subjektiven Ausdruck den weitesten Spielraum bot, kam es zu dem Phänomen der ›kulturellen Verspätung‹ seitens des Publikums. Neue Mittel künstlerischer (Lithographie) und mechanischer (Photographie) Reproduktion aber führten paradoxerweise gleichzeitig zu gefährlicher Popularisierung von Gemälden und Skulpturen – und damit zu einer Abwertung der an das Original gebundenen ästhetischen Erfahrung. Kitsch als soziologisches Phänomen entstand. Für Aufgaben, Gegenstand und Form der Kunst ergaben sich schwerwiegende Probleme. Das 19. Jahrhundert verlor nicht nur die Fähigkeit zur Gestaltung eines Gesamtkunstwerkes, vielmehr brach die Hierarchie der Themen überhaupt zusammen. Die verpflichtende Kraft der alten Mythologie und Symbolik erlosch, die bisher führenden Themen büßten ihre Vorherrschaft ein. Die christliche Kunst wurde an der Wurzel getroffen. Zum ersten Male in der Geschichte des Abendlandes war der Kirchenbau nicht mehr die überragende, stilbildende Aufgabe. Es gelang weder, ein verbindliches Gottes- und Christusbild zu gestalten, noch eine umfassende Sakralkunst zu schaffen. Auch das nach der Vorstellung vom Ebenbild Gottes geprägte ideale Bild vom Menschen mißlang fast immer; eineinhalb Jahrhunderte später sollte selbst das individuelle Porträt nahezu völlig aus der Kunst verschwinden. Das Fehlen eines echten »Essentialsymbols« (Hermann Broch) ließ die Sprache des Künstlers immer esoterischer werden, je größer die Freiheit des Ausdrucks wurde. Der Stil wurde nach dem Ermessen des einzelnen wählbar; seither sind in ein und derselben Epoche nebeneinander höchst gegensätzliche Richtungen und Formen möglich. Die – an sich berechtigten – Zweifel an der aufklärerischen Überzeugung von der Lehrbarkeit der Kunst brachten die Gefahr einer Mißachtung und eines Verfalls handwerklichen Könnens mit sich. Die thematischen und stilistischen Unsicherheiten, die mit dem 19. Jahrhundert selbst die größten Meister ergriffen, spiegeln die Lebensunsicherheit; der Verlust des alten Raumbildes spiegelt den Verlust der Raumsicherheit. Der aller Sicherungen beraubte schöpferische Mensch sah sich Gefährdungen ausgesetzt wie nie zuvor. Das Schöne und das Gute traten endgültig auseinander. Mit einer zuweilen satanisch anmutenden Wollust wählten die Künstler ihre Stoffe gerade aus den Niederungen des Menschenlebens. Satire und Karikatur rüttelten an den Pfeilern gesellschaftlicher Konvention und untergruben das staatliche Gefüge. Gemäß dem Schlagwort ›l'art pour l'art‹ gab man der Form vor dem Inhalt den Vorrang. Schließlich setzte die aus allen Bindungen entlassene Kunst sich selbst – und damit das Ich des Künstlers – als autonom oder absolut. Schon Hölderlin sprach von der »ästhetischen Kirche«. Am Ende des Jahrhunderts sollte Oscar Wilde aggressiver formulieren: »Daß ein Künstler ein Giftmörder ist, sagt nichts gegen seine Prosa.«

Für die positive Wertung der Ereignisse stellt sich jener »Verlust der Mitte« (Hans Sedlmayr) als eine Art historischer Mutation dar. Der sich mündig fühlende Mensch sprengte die Fesseln, die zeitbedingte Systeme ihm angelegt hatten. Der Zusammenbruch des barocken ›ordo‹ traf ein innerlich und äußerlich morsches Gebäude. Was da um 1800 einstürzte, war nur das bisher als allein gültig angesehene Weltbild. Nunmehr war das Individuum gehalten, sich selbst zurechtzufinden. Die verwirrende Vielfalt ungewohnter künstlerischer Äußerungen war eben die Folge der Versuche des einzelnen zur Aneignung und Gestaltung eines neuen Weltbildes. Die Lage, in die der schöpferische Mensch »geworfen« war, stellte ungeheure Anforderungen an ihn, entband jedoch auch ungeahnte Kräfte. Sie schenkte ihm eine nie gekannte Freiheit. Alles wurde neu gesehen. Vor ihm lag die ganze Unermeßlichkeit des Lebens. Die Anonymisierung und Demokratisierung des

Gegenstandes führte zu völliger Freiheit in der Wahl der Themen, die Subjektivierung des Gestaltungsprozesses zu völliger Freiheit in der Wahl der formalen Mittel. So hat die Kunst die Grenzen des menschlichen Bewußtseins erweitert und neue, vordem verschlossene Bereiche der Darstellung erschlossen: die Tiefenschichten von Mensch und Natur, das Innerweltliche und die Innenwelt, die »Nachtseiten« und die »Grenzsituationen«. Wiederum war es Hegel, der die veränderte Funktion der Kunst wohl als erster erkannt und unübertroffen formuliert hat: »Das Gebundensein an einen besonderen Gehalt und eine nur für diesen Stoff passende Art der Darstellung ist für den heutigen Künstler etwas Vergangenes und die Kunst dadurch ein freies Instrument geworden, das er nach Maßgabe seiner subjektiven Geschicklichkeit in bezug auf jeden Inhalt, welcher Art er auch sei, gleichmäßig handhaben kann ... Es gibt heutigentags keinen Stoff, der an und für sich über dieser Relativität stände, und wenn er auch darüber erhaben ist, so ist doch wenigstens kein absolutes Bedürfnis vorhanden, daß er von der Kunst zur Darstellung gebracht werde ... In diesem Hinausgehn jedoch der Kunst über sich selber ist sie ebensosehr ein Zurückgehn des Menschen in sich selbst, ein Hinabsteigen in seine eigene Brust, wodurch die Kunst alle feste Beschränkung auf einen bestimmten Kreis des Inhalts und der Auffassung von sich abstreift und zu ihrem neuen Heiligen den Humanus macht: die Tiefen und Höhen des menschlichen Gemüts als solchen, das allgemein Menschliche in seinen Freuden und Leiden, seinen Bestrebungen, Taten und Schicksalen. Hiermit erhält der Künstler seinen Inhalt an ihm selber und ist der wirklich sich selbst bestimmende, die Unendlichkeit seiner Gefühle und Situation betrachtende, ersinnende und ausdrückende Menschengeist, dem nichts mehr fremd ist, was in der Menschenbrust lebendig werden kann« (Ästhetik [1835[1]] 1955, S. 568 und 570).

Das 19. Jahrhundert war die Zeit eines weltgeschichtlichen Übergangs, in der sich Altes und Neues schroff und unversöhnlich gegenüberstanden. Revolutionäre Ausbrüche wurden von reaktionären Strömungen abgelöst, diese wiederum durch neuen Aufruhr verdrängt, der seinerseits schließlich unterdrückt werden sollte. Die Künstler sahen sich mitten in diese Wirren hineingezogen und mußten Partei ergreifen, ob sie es wollten oder nicht. Selbst wer sich aus diesen Kämpfen herauszuhalten meinte, vollzog damit eine Stellungnahme.

Erstmals in der Kunstgeschichte des Abendlandes ist grundsätzlich zwischen offizieller und oppositioneller Kunst zu unterscheiden. Wir werden uns gewiß hüten, in soziologischem Kurzschluß den ›Fortschritt‹ in der Kunst auf eine ›fortschrittliche‹ Gesinnung zurückzuführen: Alfred Rethel, Adalbert Stifter oder Franz Grillparzer sind darum nicht geringere Meister, weil sie 1848 auf seiten der Konservativen gestanden haben. Dennoch ist nicht zu leugnen, daß vor allem die große Malerei des 19. Jahrhunderts – politisch gesehen – eine Kunst der Opposition gewesen ist. Der künstlerische Vorrang Frankreichs beruht nicht zum kleinsten Teil auf der Voraussetzung, daß hier seit 1815 eine starke oppositionelle Strömung bestand. Auf der anderen Seite ist die Stagnation in der späteren Entwicklung des genialen Adolf Menzel nicht von dessen Stellung als gefeierter Hofmaler zu trennen. Die in jenem Jahrhundert allenthalben zutage tretende Verflechtung von Thron und Altar hat dabei auch die christliche Kunst belastet. So war die von den Höfen, von dem an der Macht beteiligten Bürgertum und von den Kirchen geschätzte Kunst während dieser Epoche meist

1 Honoré Daumier, Combat des Écoles. 1855. Lithographie

retrospektiv eingestellt. Aber die Versuche zur Restaurierung der alten Mythologie, die sich bisher mit der christlichen Thematik in den obersten Rang der Kunst geteilt hatte, waren zum Scheitern verurteilt. So viele offizielle Aufträge auch erteilt wurden, gerade die größten Begabungen versagten hier. Umfassende Zyklen der Wand- und Deckenmalerei der Zeit entbehren meist jener überzeugenden Gestaltungskraft, die noch Fresken des 18. Jahrhunderts auszeichnen. Als beispielhaft kann der Verfall des Herrscherbildnisses gelten: Von den zahllosen Monarchenporträts der Epoche ist keines, das die Aura des Gottesgnadentums sichtbar gemacht hätte, wie es noch ein Jahrhundert zuvor gelungen war. Auch der Weg zur Schaffung eines neuen Mythos erwies sich nicht als gangbar. Abstrakte Begriffe wie ›Natur‹, ›Nation‹, ›Vaterland‹ ließen sich bildlich nicht vergegenwärtigen. Nur der nationale, militärische oder politische Heros nahm für eine kurze Spanne den Platz der alten Götter ein, bezeichnenderweise von revolutionären Kräften propagiert (Farbtaf. 5). Im Dienst der herrschenden Schicht war den Künsten die Abkehr von der Problematik der Zeit gemeinsam. Schon 1831 notierte Heinrich Heine: »Die jetzige Kunst ist in unerquicklichem Widerspruch mit der Gegenwart.«

Diejenigen Künstler, die sich von den neu gestellten Problemen der Epoche ergreifen ließen, wurden in die Vereinzelung gedrängt. Philipp Otto Runge galt den Zeitgenossen als »besoffen«; er war sich klar darüber, daß man ihn »für rasend, verrückt oder albern erklären« würde, wenn er seine Theorie offenbaren sollte. Eugène Delacroix mußte sich vom Minister der Schönen Künste sagen lassen, »daß ich, wenn ich an den Gunstbeweisen der Regierung teilhaben wolle, meinen Stil endlich ändern müsse«. Gustave Courbets *Atelier* wurde mit einem anderen Hauptwerk des Meisters noch 1855 von der Jury des Salons abgelehnt, weil es »nicht zu verstehen« sei. In der zweiten Hälfte des 19. Jahrhunderts sollten sich die öffentlichen Skandale um die Kunst häufen. Aber die Kluft zwischen den führenden Malern und den alten Mächten, deren Geschmack das breite Publikum teilte, war unausweichlich und notwendig. Die Negation des Ideals, die Courbet sowie die oppositionellen Künstler vor und nach ihm vertraten, traf in Wahrheit eine Scheinwelt. Es war die geschichtliche Aufgabe dieser schöpferischen Geister, die schal gewordenen humanistischen, mythologischen und christlichen ›Ideologien‹ in ihrer ganzen Fragwürdigkeit zu enthüllen. Man muß diesen Begriff dabei in Anführungszeichen setzen. Denn nicht die geoffenbarte Religion – sieht man von dem Dechristianisierungsfeldzug der Terreur ab (Abb. 6) – wurde in Frage gestellt, sondern ihre Verbindung mit den restaurativen Mächten; nicht die Mythologie an sich bekämpft, sondern deren Mißbrauch im Dienste einer doppelzüngigen Moral; nicht der Humanismus als hohes Ethos verneint, sondern der Scheinhumanismus des Bourgeois. Die Travestierung der Antike oder die Entlarvung falscher Sentimentalität und Gefühlsschwelgerei der Zeitgenossen durch Honoré Daumier (Abb. 1) war zugleich ein Angriff auf die idealistische Kunst der von den Regierungen unterstützten Akademien. Dieser negativen Seite des Auftrages, den die oppositionelle Kunst seit 1800 von der Geschichte erhalten hat, steht eine positive Seite gegenüber. Kunst – und gebe sie sich noch so realistisch – ist eine symbolerzeugende Fähigkeit des Menschen. Findung und Gestaltung von Symbolen für die jeweils höchsten Lebensmächte – gute und böse – waren von jeher ihre vornehmste Aufgabe. Für die von Grund auf veränderte Situation des Menschen dieser Zeit war die Aufgabe jedoch auf das äußerste erschwert worden. Die Künstler der früheren Epochen hatten ein Weltbild vorgefunden, dessen Verbindlichkeit allen Stürmen zum Trotz nicht ernsthaft in Frage gestellt worden war. Der Subjektivismus hingegen, der Grundzug der neuen Zeit, bedingte das direkte, das autarke Symbol. Die Symbolforschung steht angesichts des 19. Jahrhunderts noch in den Anfängen. Sicher ist, daß sich gerade in den bedeutenden Darstellungen hinter dem vorderen Bildsinn noch ein zweiter oder dritter hintergründig verbirgt. Der *Schiffbruch des Don Juan,* ein literarisches Thema, wurde bei Eugène Delacroix zum Symbol für das Drama menschlicher Leidenschaft; in dem *Floß der Medusa* von Théodore Géricault (Abb. 66), einem Gegenstand der Zeitgeschichte, sahen schon die Lebenden ein Sinnbild für die »Verwirrung der steuerlosen Generation«. Nicht nur Grab und Ruine wurden aus der Vorromantik des 18. Jahrhunderts übernommen (Abb.76), sondern neue Zeichen der künstlerischen Bildsprache gefunden: das grenzenlose Meer, die erhabene Eiswelt des Hochgebirges der jähe Absturz von Felsen (Farbtaf. 13), das offene Fenster und der leere Raum einer Behausung. Das durchgehende, rasende Pferd wurde ebenso zur Metapher (Farbtaf. 8) wie das anspringende Raubtier. Torso, Larve und Maske sind seither nicht mehr aus dem Themenkreis der Kunst verschwunden. Und mit Francisco Goya, Théodore Géricault (Farbtaf. 10), Honoré Daumier begann jener Zug von Gestalten am Rande der bürgerlichen Existenz und von Ausgestoßenen: von fahrendem Volk, von Bettlern und Dirnen, Kranken und Irren, von Verwundeten, Gefolterten (Farbtaf. 27), Verlassenen, Auswanderern, Flüchtlingen. Noch die Figuren Pablo Picassos und Max Beckmanns schließen hier an.

Die Phasen

Der kunstgeschichtliche Begriff ›19. Jahrhundert‹ deckt sich nicht mit dem Kalenderbegriff. Er umfaßt etwa die Zeit von 1780 bis 1885/90 oder 1905. Die in diesem Band zu behandelnde Periode endet ungefähr um die Mitte der fünfziger Jahre. Sie spannt sich somit vom Vorabend der großen Französischen Revolution bis zu den Ereignissen nach dem Scheitern der europäischen Revolutionen von 1848/49 und der pomphaften Selbstdarbietung Napoleons III. und des Großbürgertums auf der Pariser Weltausstellung von 1855. Erstmals – und das macht das Bild der Epoche noch reicher, aber auch noch schwerer überschaubar – hatte sich das ›Abendland‹ bis über den Atlantischen Ozean ausgeweitet: Die Vereinigten Staaten von Amerika verarbeiteten die Anregungen aus Europa zu eigener Leistung, ja begannen, auf die Alte Welt zurückzuwirken.

Diese Zeit pflegt man kunstgeschichtlich in drei Abschnitte zu gliedern, die aufeinander folgen, sich jedoch zuweilen auch überschneiden und durchdringen. Sie werden überschrieben: Klassizismus, Romantik und Realismus. Wie allen historischen Periodisierungen und Benennungen haftet auch ihnen das Odium der Unzulänglichkeit an. Sie haben noch keine allseits verbindliche Definition erfahren. Keiner von ihnen entstammt zudem der Kunstgeschichte selbst oder bezeichnet etwa von Haus aus eine spezifisch bildnerische Formensprache. Sie gehören nicht demselben Vorstellungsbereich an und sind – strenggenommen – also gar nicht als gleichwertige Kategorien zu gebrauchen. Der Nutzen solcher Begriffe ist dennoch größer als der Schaden, welcher durch ihren Mißbrauch entstehen könnte. Die Wissenschaft kommt ohne Hilfskonstruktionen und Arbeitshypothesen nicht aus.

Trotz aller Bedenken werden die genannten Bezeichnungen daher noch heute als unentbehrlich gebraucht. Da jedoch keine bindende Übereinkunft über ihre Bedeutung besteht, bedarf es jeweils erneuter Klärung.

Die Schwierigkeit beginnt bereits bei dem Wort ›Klassizismus‹. Dieser Begriff ist offenbar von dem der ›Klassik‹ abhängig. Unter Klassik aber versteht die Literaturgeschichte etwas anderes als die Kunstgeschichte: Jener gilt etwa die durch Goethe und Schiller in der Zeit des gemeinsamen Wirkens heraufgeführte Blüte der Dichtung als die deutsche Klassik. Diese hingegen – und hier verweisen wir auf die Untersuchungen von Kurt Bauch – neigt mehr und mehr dazu, die Bezeichnung allein der griechischen Kunst des 6./5. vorchristlichen Jahrhunderts vorzubehalten. Nennt man klassisch zum Beispiel auch die französische Baukunst des 17. Jahrhunderts, so sollte dies nur im Sinne einer vergleichenden Übertragung jenes Namens gemeint sein. Hat man sich über diese Voraussetzung geeinigt, so können wir zunächst sagen: Man nennt jeden Stil klassizistisch, der die Klassik zum Dogma erhebt. Es gibt in der abendländischen Kunst mehrere Klassizismen und zahlreiche klassizistische Züge. Dabei läßt sich ein merkwürdiges Gesetz ablesen: Jeder Klassizismus rechnet den vorausgehenden mit zur Klassik. Dadurch ist der Begriff Klassik immer mehr erweitert worden, sind die darstellerischen Mittel jedes späteren Klassizismus differenzierter gewesen als die aller früheren. Der erste große klassizistische Stil war die Kunst des augusteischen Zeitalters. Diese ›Antike‹, d. h. die römische Umprägung der Klassik, hat die folgende Entwicklung ungleich stärker beeinflußt als die griechische Kunst selbst, die erst im 18. Jahrhundert bekannt wurde. Besonders alle politischen Strömungen, in denen der imperialistische Weltreichsgedanke und die Berufung auf das alte Rom vorherrschten, sahen diesen augusteischen Klassizismus als vorbildlich an. Der Klassizismus als Kunststil entspricht dem Rationalismus als geistiger Haltung. Spiritualistische und transzendentale Weltanschauungen äußern sich dagegen immer in antiklassizistischen Formen. Schon unter Hadrian verzeichnet man eine klassizistische, auf die Kunst um Augustus zurückgreifende Tendenz. Nicht nur in der karolingischen Epoche, sondern während des gesamten Mittelalters gab es stärkere oder schwächere klassizistische Rückgriffe. Aber erst in der Renaissance wurde der

Klassizismus wieder zum führenden Stilprinzip. Er verband sich nunmehr mit der Nachahmung der Natur, indem diese ebenfalls als etwas objektiv Vorhandenes und Vorbildliches betrachtet wurde. Gegenüber der weltflüchtigen Haltung des Manierismus bedeutete dann der Barock eine erneute Wendung zum Klassizismus. Die Großmachtansprüche aller Staaten dieser Epoche wurden in klassizistischer Formensprache ausgedrückt: Klassizistisch war die Architektur nicht nur unter den Päpsten und unter Ludwig XIV. von Frankreich (und seinen ausländischen Nacheiferern), sondern in England, Holland, Schweden. Klassizistische Elemente finden sich auch in Malerei und Bildhauerkunst des Barock: Galt Raffael seit der Renaissance allen nachfolgenden Klassizisten als klassisch, so Poussin seit dem Barock. Bis in das 20. Jahrhundert hinein sind offizielle Architektur und Bildkunst in der ganzen Welt vorwiegend klassizistisch.

Von diesem allgemeinen – gleichsam zeitlosen – Stilprinzip ist der Klassizismus im engeren Sinn zu unterscheiden. In den angelsächsischen und romanischen Ländern Neoklassizismus genannt, umfaßt er die erste Phase der in diesem Band darzustellenden Zeit. Kurz nach der Mitte des 18. Jahrhunderts als ›akademischer‹ oder ›archäologischer‹ Klassizismus entstanden, wandelte er sich zum ›revolutionären‹ oder ›romantischen‹ Klassizismus. Er war die historische Gegenbewegung zu Rokoko und Vorromantik. Der Unmoral und der Frivolität stellte er als Ideal die – römische – Bürgertugend entgegen, dem Gefühlsüberschwang und der Empfindsamkeit den Rationalismus der Aufklärung. Die Anfänge dieses Stils – bis auf den italienischen Baumeister Andrea Palladio (1508–1580) zurückgehend – liegen besonders für Architektur und Kunsthandwerk in England; von dort verbreitete er sich vornehmlich durch Stichwerke über ganz Europa. Rom wurde erneut zum Mittelpunkt der künstlerischen Bestrebungen. Hierhin zog 1755 der bedeutende Theoretiker Johann Joachim Winckelmann (1717–1768), nachdem er im selben Jahr *Gedanken über die Nachahmung der griechischen Werke* verfaßt hatte. In der römischen Villa Albani entstand 1760/61 das Deckengemälde *Der Parnaß* von Anton Raphael Mengs (1728–1779); es verdeutlicht die Prinzipien des akademischen Klassizismus zum ersten Male programmatisch in der Malerei. Durch seinen Eklektizismus blieb Mengs dennoch in vielen Zügen der Tradition des Barock verbunden. Auch jener gemäßigte Klassizismus, der sich als

2 ›Etruskische‹ Vase mit Damenbildnis. Um 1830

Style Louis-seize oder Zopfstil unter englischem Einfluß in der europäischen Innendekoration der siebziger Jahre durchsetzte, bedeutete nur eine modische Abwandlung des Rokoko und trug noch immer höfisches Gepräge. Erst der von allen barocken Überresten gereinigte, formenstrenge Klassizismus der um die Mitte des Jahrhunderts Geborenen konnte dem heroischen Pathos der Französischen Revolution gerecht werden (Abb. 60). Es sind seine künstlerischen Äußerungen, an denen der Begriff Neoklassizismus im besonderen haftet. Schon unmittelbar nach dem Ende der Terreur konnte man seinen Anspruch nicht mehr ertragen, im Directoire milderte sich der Stil ins Graziöse. Aber ein an die römische Kaiserzeit anschließender klassizistischer Stil wurde bald darauf zum Ausdruck der imperialen Macht Napoleons I. Ein freiheitliches Ethos spricht aus den Bauten des großen Amerikaners Thomas Jefferson (Farbtaf. 3) sowie aus den im Geist der Reformer geschaffenen Bauten des Preußen Karl Friedrich Schinkel (Abb. 31). Der heroische Schwung wich bürgerlicher Intimität (Abb. 2) in den sich lediglich als Innendekoration und Kunsthandwerk äußernden Richtungen des Style Louis Philippe in Frankreich, des Biedermeier in Deutschland und des Frühviktorianismus in England. Indessen wurde ein trockener, überall gleichartiger Klassizismus zum offiziellen Stil der Akademien; im Gefolge eines modellgetreuen Detailnaturalismus verflachte er bald. Erst im späteren 19. Jahrhundert schufen Meister wie Puvis de Chavannes, Feuerbach, Marées, Hildebrand und Maillol unter Berufung auf die Antike wieder vollkommene Werke.

Der Begriff ›Romantik‹ ist noch schillernder als der des Klassizismus. Er entstammt der Literaturgeschichte. Schon vor hundert Jahren hat Wilhelm Dilthey die Frage gestellt, ob es angesichts des Mißbrauchs, der mit ihm getrieben werde, nicht besser sei, diesen Terminus aufzugeben. Und noch in unseren Tagen ist Arthur O. Lovejoy zu dem Schluß gekommen, die Verwirrung sei vollkommen: »Das Wort ›romantisch‹ meint jetzt so viele verschiedene Dinge, daß es – für sich genommen – nichts mehr meint. Es hat aufgehört, die Funktion eines Wortzeichens zu besitzen.« Die schematische Übertragung der üblichen Definitionen und Periodisierungen aus der Literaturgeschichte auf die Erscheinungen der bildenden Kunst mußte sich als mißlich erweisen. Zwar wurden gerade die Künstler der Romantik weitgehend von literarischen Manifesten und Dichtungen angeregt und müssen im Zusammenhang damit gesehen werden, doch sollten ihre Gestaltungen unvoreingenommen gewürdigt und eigene formale Kriterien dafür gewonnen werden.

Die erste Schwierigkeit liegt darin, daß die Begriffe ›Romantik‹ und ›romantisch‹ häufig auf eine zeitlos gültige Grundhaltung des Menschen bezogen und hierdurch übermäßig ausgeweitet werden. Man sieht im Romantiker den irrationalen Geistestypus überhaupt, der in allen Perioden der Menschheitsgeschichte anzutreffen sei. Die Romantische Bewegung um 1800 wäre nur die besondere Erscheinungsform einer latent stets vorhandenen Einstellung zur Welt. Vor allem die deutsche Forschung neigte zu antithetischer Herausarbeitung zweier polar entgegengesetzter Idealtypen und stellte etwa »Deutsche Klassik und Romantik« als »Vollendung und Unendlichkeit« einander gegenüber (Fritz Strich). In der Kunstgeschichte hat insbesondere

Georg Dehio diese dualistische These vertreten, »gotisch, romantisch, barock – was alles nur verschiedene Namen für dieselbe Sache sind«; so setzte Dehio etwa dem Klassizisten Holbein den Romantiker Grünewald entgegen. Wilhelm Pinder sah überhaupt nicht die Bewegung um 1800, sondern *Die Romantik in der deutschen Kunst um 1500* als reinste Manifestation romantischen Wesens an. Und schien sich in der Literaturgeschichte die Auffassung zu behaupten, »... eine romantische Form gibt es nicht« (Fritz Strich), so hieß es in der Kunstgeschichte folgerichtig: »Es gibt also keinen romantischen Stil, sondern nur eine romantische Gesinnung« (Gustav Pauli).

Die heutige Kunstgeschichte steht – wiederum in Parallele zu der heutigen Literaturgeschichte – jener Typisierung mit Vorbehalt gegenüber. Wenngleich sie den anthropologischen Aspekt nicht leugnet, so begrenzt sie den Begriff ›Romantik‹ doch ausschließlich auf eine bestimmte historische Epoche: auf die Romantische Bewegung um 1800. Daß sich auch in den künstlerischen Zeugnissen früherer Zeiten ein ›romantisches‹ Lebensgefühl äußerte, welches mitunter sogar zu verwandtem formalem Ausdruck führte, ist durchaus zuzugeben, zur Beschreibung derartiger Kunst sollte aber das Wort ›romantisch‹ in Anführungszeichen gesetzt werden.

Damit ist die Frage nach dem Verhältnis von Klassizismus und Romantik gestellt. Sie wird in der Gegenwart anders beantwortet als in früheren Jahren. Die ältere Forschung hob – wie wir wissen – auf den Kampf zweier feindlicher Prinzipien ab und sah in diesen »die für uns letzten ganz klaren Erscheinungsformen der beiden polar entgegengesetzten Richtungen des Kunsttriebes überhaupt« (Gustav Pauli). Heute hingegen hat man Klassizismus und Romantik als verschiedene Lösungsversuche für dieselbe geschichtliche Situation am Beginn der Moderne erkannt. Unbeschadet der Tatsache, daß sie im historischen Ablauf nacheinander wirksam geworden sind, entsprangen beide derselben Wurzel und waren eher Parallelerscheinungen als Gegensätze. Schon der Literaturgeschichte, der jene scharfe Trennung zuzuschreiben ist, fällt es schwer, die alte Periodisierung beizubehalten. Gerade die größten Dichter – Goethe, Hölderlin, Kleist – widerstehen einer solchen Klassifizierung. Es ist eine »romantische Griechenauffassung«, die uns in Schillers *Göttern Griechenlands* begegnet (Eduard Spranger). Auch Beethoven läßt sich diesem polaren Schema nicht einfügen.

Noch deutlicher als in der Literatur oder der Musik trägt der Klassizismus aber in der Architektur und in der bildenden Kunst romantische Züge, so daß mit Recht von ›Romantischem Klassizismus‹ gesprochen wird. Die Benutzung antikisierender und gotisierender Formen nebeneinander durch bedeutende Baumeister – Sir John Soane, Karl Friedrich Schinkel, Benjamin Latrobe – oder der Gebrauch klassizistischer Elemente in der Figuralkunst von Romantikern wie William Blake, Philipp Otto Runge und Peter Cornelius sind ein weiterer Beweis für die innere Verknüpfung beider Stile. Mit mehr Berechtigung ließe sich daher die Romantik als die umfassende Bewegung verstehen, welcher als besondere Strömung der Klassizismus zugehört.

Der Subjektivismus, der als entscheidender Grundzug der Epoche erkannt worden ist, durchdrang sowohl den Klassizismus wie die Romantik. Aber er wirkte sich auf die Formensprache sehr unterschiedlich aus. Denn für jenen blieben immerhin die Antike und die ›klassischen‹ Stile vorbildlich, diese hingegen berief sich auf das eigene Gefühl und wählte danach frei ihre Anregungen. Setzte jener den Rationalismus der Aufklärung fort, so ließ diese sich durch die Kräfte der Phantasie beflügeln. Ihrem Blick in die Tiefen der Menschenbrust entsprach der in die Weite der Welt und in die Ferne der Geschichte. Die bildnerische Form der Romantik kann daher nicht so leicht definiert werden wie diejenige des Klassizismus. Je nach der »inneren Notwendigkeit« (dieser Ausdruck Kandinskys wurde um 1800 geprägt) benutzte der Romantiker archaisierende und gotisierende Formen, altdeutsche und dürerische, präraffaelische und manieristische, barocke, ja sogar klassizistische. Neben abstrakten und konstruktiven Elementen finden sich übersteigernde, rauschhafte, auflösende. Verschrieb man sich auf der einen Seite der Reinheit der Linie, so wurde auf der anderen Seite wie nie zuvor die Farbe in ihrem Eigenwert zum Träger symbolischer Gestaltung. Gerade die Vielfalt künstlerischer Möglichkeiten war das Merkmal der Romantik und machte diese zur Voraussetzung aller modernen Kunst.

Die Romantik befiel das ganze Abendland geradezu wie eine »Epidemie« (E. R. Meijer). Anders als der Klassizismus zeigte sie aber in ihren Erscheinungsformen bei den einzelnen Nationen sehr verschiedene Symptome. Seit der Mitte des 18. Jahrhunderts verbreitete sich von England aus die Vor- oder Präromantik. Sie war in erster Linie literarisch: mit Thomson, Young, Burke, Macpherson in England, mit Rousseau in Frankreich, mit dem Sturm und Drang in der Schweiz und in Deutschland. Das neue Naturgefühl führte zur Schöpfung des Landschaftsgartens, der ebenfalls von der Insel aus seinen Siegeszug durch Europa antrat. Eine sentimentale Modeströmung mit ihrer Vorliebe für das Mittelalter, für Ruinen, Urnen, Grabmale und Höhlen löste die Neogothic aus (*Strawberry Hill,* Landsitz von Horace Walpole, 1748-1777). Die Romantische Bewegung selbst vollzog sich seit den neunziger Jahren des Jahrhunderts in mehreren, jeweils von einer Generationsgemeinschaft vorangetragenen Wellen. Je nach den geistigen und gesellschaftlichen Gegebenheiten ging sie höchst verschiedene Wege und konnte sich sowohl mit der Revolution wie mit der Restauration verbinden.

Ein Vergleich der deutschen und der französischen Romantik mag diese Gegensätze illustrieren. Die Bewegung in Deutschland ging zeitlich voran. Sie stand in engem Bezug zur Literatur. Um die Wende des 18. Jahrhunderts liegen die theoretischen Manifeste dicht beieinander: 1797 Wackenroders *Herzensergießungen* und Friedrich Schlegels *Fragmente,* 1798 Tiecks *Sternbald* und die *Fragmente* von Novalis, 1799 Schleiermachers *Reden über die Religion,* Novalis' *Die Christenheit oder Europa* und seine *Hymnen an die Nacht* sowie Friedrich Schlegels *Gespräch über die Poesie;* 1803-1805 folgten Schlegels Aufsätze in der ›Europa‹. Die bildende Kunst läßt drei Phasen erkennen. Die Frühromantik, Runge und Friedrich, suchte – Novalis ähnlich – für ihre neuen Welterfahrungen eine revolutionäre Form jenseits der Tradition. Die Jüngere Romantik, vor allem die Nazarener Pforr, Overbeck, Cornelius, Julius Schnorr von Carolsfeld, wandelte sich – wie Friedrich Schlegel – in persönlicher Haltung und in der Formensprache von primitivistisch-revolutionären Anfängen zu akademischen und restaurativen Idealen. Die Spätromantik, Richter und Schwind, benutzte die romantischen Stoffe nur mehr zu poetischer Überhöhung des Alltags und endete mit Spitzweg in schrulliger Abgeschlossenheit von der Wirklichkeit. Die französische Romantik hingegen entwickelte sich in umgekehrter Richtung. Sie begann im Zeichen von Chateaubriands *Génie du Christianisme* (1802), verherrlichte durch Gros den Imperator Napoleon und seine Kriege, wurde unter Géricault und Delacroix die Vorkämpferin des Subjektivismus und führte schließlich zu Daumier und Courbet und damit zu realistischer Erfassung der zeitgenössischen Wirklichkeit. Blieb der Bildbau der deutschen Romantik immer linear und tektonisch, so entband die französische Romantik die Farbe. Die »libre manifestation de ses impressions personelles«, die Delacroix als das Wesen der Romantik ansah, bedeutete zugleich den Sieg der liberalen Idee. Victor Hugo konnte – in Übereinstimmung mit den bildenden Künstlern – die Romantik als »den Liberalismus in der Literatur ... das Prinzip der Freiheit« definieren. Delacroix' großes Gemälde *Die Freiheit auf den Barrikaden* (1831) und Rethels Holzschnittfolge *Auch ein Totentanz* (1849) bezeichnen nach Thema und Auffassung, nach Bildgattung und Technik einen fundamentalen Unterschied zwischen französischer und deutscher Romantik.

Der Begriff ›Realismus‹ ist doppeldeutig wie der des Klassizismus oder der Romantik. Er wird sowohl für die Geisteshaltung eines bestimmten Menschentypus verwendet wie für einen begrenzten Zeitabschnitt. Doch sind die Gewichte anders verteilt als bei den bisher behandelten Bezeichnungen. Friedrich Schiller hat in seiner berühmten Abhandlung *Über naive und sentimentalische Dichtung* von 1795 unübertrefflich das Wesen des Realisten dem des Idealisten gegenübergestellt. Diese idealtypische Unterscheidung besitzt offenbar noch heute einen hohen Wahrheitsgehalt; die Kunstgeschichte tut gut daran, sich ihrer zu erinnern, da sie zur Aufhellung mancher künstlerischen Phänomene beitragen kann. Insbesondere ist die Besinnung auf die überzeitliche Bedeutung des Begriffs geeignet, die unheilvolle Verwechslung von Realismus und Naturalismus zu beseitigen. Diese Verwechslung, die einen großen Teil auch des wissenschaftlichen Schrifttums beherrscht, ist ein entscheidendes Hindernis für das Verständnis der Kunst des 19. und 20. Jahrhunderts.

In einer gewichtigen Untersuchung hat Georg Schmidt wesentlich zu einer Klärung beigetragen. In der älteren Forschung wurden beide Begriffe vielfach als gleichbedeutend gebraucht oder wurde »der Naturalismus als Steigerung des Realismus angesehen« (Kröners Wörterbuch der Kunst, 1940). Das galt von der Kunstgeschichte ebenso wie für die Literaturgeschichte. Schmidt hat darauf hingewiesen, daß diese Begriffe auf ganz verschiedenen Ebenen liegen und in ganz verschiedene Richtungen weisen, sie sollten daher weder synonym noch antithetisch gebraucht werden. Am besten lassen sich die Unterschiede negativ bestimmen. Der Gegensatz von Realismus ist Idealismus, der Gegensatz von Naturalismus ist Antinaturalismus. »Realistische Malerei ist eine Malerei, der es im weitesten Sinn um Erkenntnis der Wirklichkeit geht ... Idealistische Malerei ist eine Malerei, der es nicht um Erkenntnis, sondern um Erhöhung der Wirklichkeit geht ... Die Frage Realismus und Idealismus ist in jedem Fall eine Frage der geistigen Gesinnung, nicht des künstlerischen Mittels. Realistisch und idealistisch gesinnte Kunst kann es grundsätzlich in jeder Zeit, ja im gleichen Künstler nebeneinander geben ... Naturalismus ist das Fremdwort für Gegenständlichkeit. Naturalismus ist die Summe der darstellerischen Mittel, mit denen ein Abbild der gegenständlichen – sichtbaren, meßbaren, tastbaren – Wirklichkeit gegeben wird. Der Maßstab des Naturalismus ist die äußere Richtigkeit – der Maßstab des Realismus die innere Wahrheit.« Es gibt – nach Schmidt – also realistischen Naturalismus und idealistischen Naturalismus, ebenso aber realistischen Antinaturalismus und idealistischen Antinaturalismus. Da ›idealistischer Naturalismus‹ eine Contradictio in adiecto ist, beleuchtet diese Betrachtungsweise auch das Phänomen des Kitsches im 19. Jahrhundert: Der mit der Photographie konkurrierende Naturalismus der Historien- und Genremalerei, wie er sich seit 1830/40 verbreitete, war durch seine antirealistische Abkehr von der Wirklichkeit jener Gefahr in besonderem Maß ausgesetzt.

Sich dieses grundsätzlichen Unterschieds bewußt zu werden und die Begriffe ›Realismus‹ und ›Naturalismus‹ reinlich zu scheiden erscheint uns um so notwendiger, als wir dennoch für eine Einschränkung des erstgenannten Wortes plädieren. Der Literaturgeschichte folgend, hat die Kunstgeschichte nun einmal die Bezeichnung Realismus für die Kunst einer bestimmten historischen Zeitspanne vergeben. In der Dichtung werden etwa Flaubert und Zola, Hebbel und Keller Realisten genannt. Dementsprechend bezeichnet man in der bildenden Kunst die etwa gleichaltrigen Daumier und Courbet, Troyon und Menzel, Jongkind und Fattori als Realisten. Um 1840–1850 war der Realismus allenthalben die führende Strömung in der Kunst. Im Gegensatz zur Literaturgeschichte neigt die Kunstgeschichte sogar zur Ausweitung des Begriffs, indem sie einerseits schon einen Maler wie Goya zum Realismus zählt, andererseits auch noch die Gruppe von

Leibl, Schuch, Trübner, Thoma. Da es der idealtypischen Unterscheidung zufolge eine realistische Kunst auch in anderen Zeiten gibt und da der Begriff Realismus nichts über die spezifischen künstlerischen Mittel aussagt, hat man vorgeschlagen, für den Realismus in der Malerei des 19. Jahrhunderts besser einen anderen Ausdruck zu gebrauchen, zum Beispiel ›Pleinairismus‹ = Freilichtmalerei. Doch erscheint dieser wiederum zu eng, als daß er auf das gesamte Phänomen anwendbar wäre. Es bleibt vorerst kaum eine andere Möglichkeit, als den eingebürgerten Begriff zur Charakterisierung jener Kunst beizubehalten. Die Bezeichnung Realismus sollte aber konsequent dieser einen Periode vorbehalten bleiben und nicht auf andere Zeiten übertragen werden, auch wenn es in diesen realistische Kunst gab. Da sie sich an der Malerei gebildet hat, ist zu überlegen, wie weit sie auch für die übrigen Künste brauchbar ist; zumindest für eine besondere Richtung der zeitgenössischen Skulptur und für die frühe Ingenieurbaukunst dürfte die Frage positiv zu beantworten sein.

Den Begriff ›Realismus‹ für die fortschrittliche Kunst um 1840–1850 beizubehalten erscheint um so sinnvoller, als dieses Wort von den Beteiligten selbst auf ihre eigene Kunst angewendet worden ist. Die Träger des Klassizismus haben nie von sich als von ›Klassizisten‹ gesprochen, und auch ›Romantiker‹ ist zuerst als Schimpfwort in Umlauf gesetzt worden; Courbet aber wählte »Le Réalisme« als Kampfparole. Er umriß sein Ziel mit den Worten: »Imstande zu sein, die Sitten, die Gedanken, den Aspekt meiner Epoche meiner Auffassung gemäß wiederzugeben ... Lebendige Kunst zu schaffen.« Ein künstlerisches Programm solcher Art, für das alle Erscheinungen der sichtbaren Welt gleichermaßen darstellungswürdig waren, hatte den Zusammenbruch der alten Hierarchie der Themen zur Voraussetzung, es war zugleich eine politische Äußerung. Courbet konnte daher formulieren: »Der Realismus ist seinem Wesen nach demokratische Kunst.« Den Hauptfeind sah man in dem lebensfremden idealistischen Klassizismus der offiziellen Akademien. So hat auch Daumier diesen Kampf aufgefaßt und in einer seiner Lithographien satirisch aufgezeichnet (Abb. 1). Der Gleichgültigkeit gegenüber dem Gegenstand folgte dessen Geringschätzung, und bald war man der Überzeugung, daß die Qualität der Peinture sich um so mehr erweise, je unbedeutender der Sujet sei. Daumier hat auch diese Parole verspottet: Auf dem

3 Paul Gavarni, Die Muse der Malerei. 1839. Lithographie

Blatt *Ils m'ont refusé ça ... les ignores!!!...* zeigt ein Maler wutentbrannt sein von der Jury abgelehntes Gemälde, auf dem nur Tabakspfeife und Nachtlicht dargestellt sind. Und Gavarni schilderte die Muse der Malerei als eine alte Jungfer, die immer wieder eine Draperie mit einer abgetragenen Männerhose abmalt (Abb. 3).

Wenn als Realismus gemeinhin die auf die Romantik folgende, diese ablösende Bewegung bezeichnet wird, so muß jedoch darauf hingewiesen werden, daß sich eine realistische Strömung schon lange vorher angekündigt hatte. Die Wurzeln der Romantik reichen ebenso tief in das 18. Jahrhundert hinein wie die des Klassizismus, dennoch war die Romantische Bewegung – geschichtlich gesehen – auf diesen gefolgt. Ähnlich steht es um das Verhältnis von Realismus und Romantik. Wir werden den starken realistischen Unterton schon aus dem Werk Davids, des Hauptvertreters der klassizistischen Revolution, heraushören, besonders aber bei den führenden Malern der französischen, englischen und deutschen Romantik. Und in Goya äußerte sich gleichzeitig bereits der Realismus mit vehementer Genialität. Dennoch war es historisch folgerichtig, daß vor allem die Landschaftsmalerei dem Prinzip zum Sieg verhalf: Corot und die Schule von Barbizon, Waldmüller, der junge Menzel und die Münchner, Jongkind in Holland, die Schule von Neapel und die Macchiaioli in der Toskana – überall wurde um die Jahrhundertmitte die heimische, nicht mehr heroisch oder expressiv gesteigerte Landschaft zum bevorzugten Objekt. Der emphatische Durchbruch des Realismus aber erfolgte anläßlich der Pariser Weltausstellung von 1855 mit der Sonderschau Courbets. Die weitere Verbreitung der Bewegung – insbesondere die Kunst Leibls und seines Kreises – zu verfolgen ist nicht mehr Thema dieses Bandes.

Der Anteil der Künste

Bis an das Ende des Ancien régime war die Kunst um Kirche und Palast zentriert. Nicht nur in dem Sinn, daß diese beiden Gebäudegattungen überhaupt die führenden architektonischen Aufgaben waren, auch nicht allein dadurch, daß von ihnen die entscheidenden Impulse und Aufträge ausgingen, sondern in weit umfassenderer Weise: Das Gesamtkunstwerk von Kirche oder Palast stellte alle Künste in seinen Dienst, zwang ihnen seinen Stilwillen auf und strahlte vorbildlich bis in die äußersten Winkel des Herrschaftsgebietes aus. Man kann die Gotik nicht interpretieren, ohne die wahrhaft dominierende Rolle der Kathedrale und der dahinter stehenden Theologie zu behandeln, und man kann den Barock nicht verstehen lehren, ohne Versailles und die hier dargestellte Idee des Absolutismus zu deuten. Diese höhere ästhetische Einheit früherer Epochen ist seit der Weltkrise um 1800 dahin. Sie mußte einer – zunächst hoffnungslos erscheinenden – Vielfalt des Gestaltens weichen. Das auffälligste Ergebnis dieses Wandels vermag heute ein jeder an unseren Städten und an unserer Landschaft abzulesen: Gotteshaus und Schloß haben längst ihre städtebaulich beherrschende Position verloren. Nationaldenkmäler, Bahnhöfe, Justizpaläste oder andere architektonische Monumente haben vorübergehend ihren bevorzugten Platz beansprucht, ohne doch ihre stilbildende Funktion übernehmen zu können und die in der zweiten Hälfte des 19. Jahrhunderts chaotisch anschwellende Vielfalt der Bauten und Stile zu meistern. Die Städte als Ganzes erweiterten sich über den ehemaligen Befestigungsgürtel hinaus und erhielten ihre ›Neustadt‹; der Zwang zu ausgreifender Planung setzte gebieterisch ein.

Die zahlreichen neuen Aufgaben, die der Baukunst schon um 1800 gestellt waren, finden im zeitgenössischen Schrifttum ihren Niederschlag. J. N. L. Durand (1760–1834), der führende Theoretiker der napoleonischen Ära, unterscheidet zwei Arten von Gebäuden: öffentliche und private. Zu diesen zählt er Bürgerhäuser, Miethäuser, Landhäuser, Bauernhäuser mit ihren Nebengebäuden, Werkstätten, Manufakturen, Lagerhäuser und andere. An öffentlichen Bauten nennt Durand der Reihe nach »die Stadttore, die Triumphbögen, die Brücken, die Plätze, die Markthallen, die Schulen, die Bibliotheken, die Museen, die Gemeinschaftshäuser (maisons communes), die Basiliken, die Paläste, die Spitäler, die Bäder, die Brunnen, die Theater, die Gefängnisse, die Kasernen, die Zeughäuser, die Friedhöfe usw.«. Man sieht: Die repräsentativen Bauten der alten Mächte stehen erst an zehnter und elfter Stelle, wobei überdies das Wort ›Kirche‹ vermieden ist. Dem Kaisertum und dem mit ihm im Bunde stehenden Bürgertum werden für ihre Selbstdarstellung die vornehmsten Plätze eingeräumt. Im übrigen aber wird die breite Skala der Aufgaben umrissen, welche die Zukunft noch vermehren sollte. Diese Aufgaben waren ausschließlich profaner Art. Daß die Neugotik der Restauration wiederum Kirchen und Schlösser als ihre Lieblingsbauten bevorzugte, ist ebenso erklärlich wie die Tatsache, daß man für die Entwicklung neuer, den veränderten Aufgaben entsprechender Bautypen Zeit brauchte und zunächst versuchte, die vorhandenen Typen den neuen Zwecken dienstbar zu machen. Es entstanden merkwürdig anmutende Gebilde,

4 Entwurf zur Königshütte in Oberschlesien. 1797 (?) von Hüttenbaumeister Wedding unter Mitarbeit des Schotten Baildon

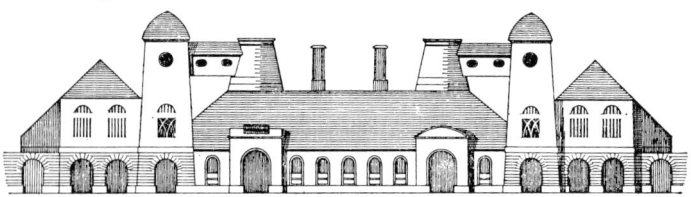

5 Schafstall mit verputzter Giebelseite in gotisierenden Formen. Anfang 19. Jahrhundert. Vorwerk Gernheim bei Tamsel, Kreis Landsberg (Warthe)

die gleichwohl oft nicht ohne Reiz waren: Die Giebelseite eines neumärkischen Schafstalls wurde modisch in zierlichen gotisierenden Formen verputzt (Abb. 5); ein früher Entwurf zur oberschlesischen *Königshütte*, der bedeutendsten Fabrikanlage jener Zeit auf dem Kontinent, weist in der zweckmäßigen Verteilung der Massen bereits in die Zukunft voraus (Abb. 4). Eines der folgenschwersten Ereignisse aber war die Abspaltung der Ingenieurbaukunst von der Architektur. 1793 wurde die Londoner Society of Civil Engineers gegründet. Die Eröffnung der École Polytechnique zu Paris erfolgte im nächsten Jahr. Damit war die Laufbahn des modernen Ingenieurs geschaffen. Als Napoleon 1806 die Wiedererrichtung der alten École des Beaux-Arts befahl, wurde die Architektur dieser zugeteilt und so zu den Schönen Künsten geschlagen. Peter Parler, Leonardo da Vinci und Balthasar Neumann waren einst Baumeister und Ingenieur in einer Person gewesen, nunmehr wurde eine Trennung institutionalisiert, unter der die Arbeit von 150 Jahren gelitten hat und die erst die Gegenwart im ›Teamwork‹ zu überwinden beginnt.

Um so größer schien die Aufgabe, die mit dem Sieg des Klassizismus der Bildhauerkunst gestellt war. Im Blick auf die Antike formulierte Goethe diktatorisch: »Der Mensch ist der höchste, ja eigentliche Gegenstand bildender Kunst.« Die Gestalt des Menschen zu formen kam aber der Plastik zu. Daher war – so schrieb der Dichter an anderer Stelle – von allen Zeiten her »die Bildhauerkunst das eigentliche Fundament aller bildenden Kunst gewesen«. Goethe erörterte sogar die »Vorteile, die ein junger Maler haben könnte, der sich zuerst bei einem Bildhauer in die Lehre gäbe«. Alle plastische Verewigung einer menschlichen Gestalt schloß jedoch, wie die Geschichte der Kunst erwies, eine Idealisierung ein. Hegel definierte die Bildhauerei als »Kunst des klassischen Ideals« und erkannte, »daß die Skulptur mehr wie jede andere Kunst eigentümlich an das Ideal gewiesen bleibt«. Diese ideale Seinsform und die Grenzen des Bildwerkes meinte auch Schelling; er betonte, die Skulptur müsse Götter darstellen, »wenn sie nur sich selbst und ihren besonderen Forderungen genügen will«. Alle diese Aussprüche zeigen, daß man sich sehr wohl über die Problematik dieser Kunstgattung im klaren war. So großartige Leistungen die führenden Bildhauer des Klassizismus auch vollbrachten, es unterlag keinem Zweifel, daß die Zeit zum Individualismus und Subjektivismus tendierte. So mußte sich – je länger, je mehr – eine paradoxe Situation ergeben. Den Bildhauern, deren Kunst in weit stärkerem Maß als die der Maler öffentlich ist, wurde im Verlauf des 19. Jahrhunderts eine Fülle offizieller Aufträge zuteil, die Werke aber spiegeln jenen Zwiespalt allzu häufig wider.

Dies gilt vor allem von der führenden Aufgabe des bürgerlichen Zeitalters überhaupt: der Denkmalsplastik. Die individuelle Wirklichkeit der dargestellten Persönlichkeit, die sich zudem den Forderungen des historischen Bewußtseins unterwerfen mußte, und die Idealisierung gerieten in Widerstreit. An der Frage des schicklichen Kostüms entzündeten sich lebhafte Auseinandersetzungen. Selbst ein Denker wie Hegel wußte keinen rechten Ausweg: »Ist der ganze Gehalt der Individuen nicht idealisch, so darf es auch nicht die Kleidung sein ... Dessenohnerachtet macht auch die moderne Kleidung wieder dadurch manche Schwierigkeit, daß sie der Mode unterworfen und schlechthin veränderlich ist ... Deshalb sind auch nur solche Bekleidungsarten für Statuen beizubehalten, welche den spezifischen Charakter einer Zeit in einem mehr dauernden Typus ausprägen; im allgemeinen aber ist es rätlich, einen Mittelweg zu finden ... Am besten machen sich deshalb bloße Büsten, die denn auch leichter ideal gehalten werden können.«

So wurde die Malerei zu derjenigen Kunst, die in der Ästhetik des Zeitalters die führende Rolle spielen sollte. Und keine Deutung wird den gestalterischen Kräften dieser Epoche gerecht, die den grundlegenden Wandel in den Beziehungen der Künste verkennt. Mit dem Sieg der Romantischen Bewegung, die den Durchbruch des Künstlers zu individueller Freiheit und zur Vielzahl persönlicher Ausdrucksmöglichkeiten erbrachte, rückte die Malerei – erstmals in der Geschichte des Abendlandes – in den höchsten Rang auf. Für Hegel zählte sie zusammen mit Musik und Poesie zu jenen Künsten, »welche die Innerlichkeit des Subjektiven zu gestalten berufen sind«. Für E. T. A. Hoffmann war sie – wiederum mit der Musik – Ausdruck für »die jeder Verleiblichung entgegenstrebende Tendenz der christlichen, modernen Welt«. Ebenso stellten die Brüder Schlegel der »materiellsten« Kunst der Skulptur die »geistige« Kunst der Malerei als antike und moderne Kunst gegenüber. Und noch Gauthier begründete den Vorrang der Malerei ganz ähnlich mit dem Hinweis, daß »von allen Künsten sicherlich die Bildhauerei am wenigsten für die romantische Ausdrucksweise geeignet ist, hat sie doch offensichtlich von der Antike ihre endgültige Form empfangen. Daher ist jeder Bildhauer notwendigerweise der Klassik verhaftet; im Grunde seines Herzens gehört er stets der Religion der Olympier an.«

Das 19. Jahrhundert – die Epoche des Individualismus – wurde die Zeit einer Vorherrschaft der Malerei. In dieser liegen zugleich die größten künstlerischen Leistungen, denn aus einer höheren Notwendigkeit heraus wandten sich die hervorragendsten unter den schöpferischen Geistern ihr zu. Der Malerei räumt darum auch unsere Darstellung den breitesten Raum ein. Spontan nennt jeder noch heute eine Fülle von Malernamen, wenn nach den Exponenten der künstlerischen Kultur jener Zeit gefragt wird. Erst in unserer Gegenwart scheint sich wiederum das Schwergewicht verschoben zu haben.

CATHEDRALE

DE METZ,

A LOUER.

LES Citoyens sont avertis que le 4 floréal, de l'an trois de la République françoise, une & indivisible, ou le 23 avril 1795 (vieux style), les neuf heures du matin, pardevant les citoyens Administrateurs du Directoire du District de Metz, il sera procédé à l'adjudication, au plus offrant & dernier enchérisseur, de la laisse à bail, pour trois, six ou neuf années;

Du local de la ci-devant Cathédrale de Metz.

Aux charges, clauses & conditions portées au procès-verbal d'adjudication, dont sera donné communication

Un Corse a arresté la Revolution l'an 8 en 1800 Et la paix avec l'allemagne l'an 9 en 3 fait ses grandes Conquetes. Bonaparte né à... Ajaccio en 1769 en Corse

6 »Kathedrale von Metz zu vermieten«. Öffentliche Bekanntmachung von 1795

Die Architektur und die Dekoration

Frankreich

»Kathedrale von Metz zu vermieten!« Schockierend ruft dieses Plakat (Abb. 6) aus der Zeit der Schreckensherrschaft den Bruch mit der abendländischen Tradition in das Bewußtsein. Das christliche Gotteshaus – seit eineinhalb Jahrtausenden die höchste Bauaufgabe – schien seiner Funktion verlustig gegangen zu sein. Die »jakobinische Axt« zerstörte in ihrem Bildersturm gegen Féodalité und Superstition nicht nur Altäre, Bauplastik und Heiligenstatuen, sondern wollte auch die Kirchen dem Erdboden gleich machen. Der offizielle Beschluß zum Abbruch der ehrwürdigen Kathedrale von Chartres war bereits gefaßt, – allein die zu erwartenden Kosten solcher Unternehmung unterbanden seine Durchführung.

Machthabern und Baumeistern, mögen ihre politischen Überzeugungen noch so unterschiedlich gewesen sein, wurden andererseits die Forderungen des Massenzeitalters gegenwärtig. In den Wirrnissen der Revolution konnte nur wenig verwirklicht werden. Die hervorragenden Idealprojekte blieben auf dem Papier. Dennoch stehen sie am Beginn der neuen Architektur. Die zwei bedeutendsten Künstler waren Louis-Étienne Boullée (1728–1799) und Claude-Nicolas Ledoux (1736–1806). Was ein Sprecher des Konvents 1793 ausrief, hatten sie längst zu ihrer eigenen Maxime gemacht: »L'architecture doit se régénerer par la géometrie.« Sie sind – trotz ihrer archäologischen Kenntnisse – nicht Klassizisten im akademischen Sinn zu nennen, gehören vielmehr in die Reihe der großen Utopisten, deren die Entwicklung der Baukunst zuweilen bedarf.

Ledoux hatte noch für Madame du Barry gearbeitet und war 1773 zum Architecte du Roi ernannt worden. Doch weisen schon seine frühen Bauten im Stil des Louis-seize archaisierend-heroische Züge auf. Bei dem Theater von Besançon, 1775–1784, ist der ionische Portikus

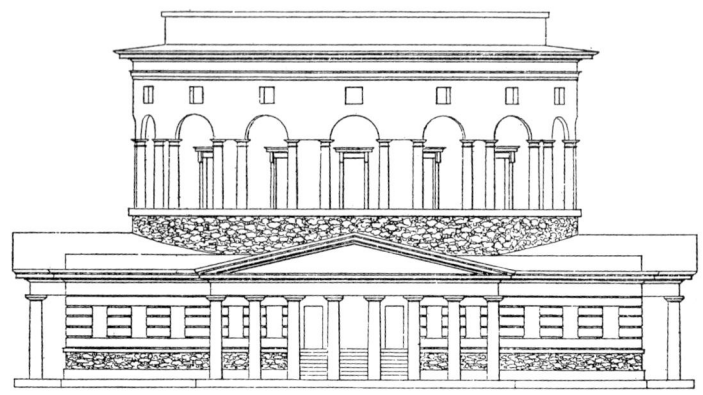

7 Claude-Nicolas Ledoux, Barrière de Saint-Martin. 1784–1789

einem kubischen Block vorgestellt. Im Torbau der Saline von Chaux, 1774 entworfen, sind in monumentaler Form dorisierende Säulen verwendet. Die kurz vor der Revolution, 1784–1789, entstandenen Zollhäuser von Paris zeigen Verwandlungen mannigfacher historischer Vorbilder; die eigenwilligsten sind zugleich die kühnsten Neuschöpfungen. Im Grundriß der *Barrière de Saint-Martin* (Abb. 7) durchdringen sich Quadrat, Kreis und Kreuzform. Das niedrige Untergeschoß ist ein gedrungener quadratischer Block, vor drei Seiten steht jeweils eine flache Giebelhalle mit schweren Pfeilern; der zylindrische Oberbau öffnet sich in Arkaden mit gedoppelten Säulen. Ledoux' Vermächtnis ist das auch soziologisch höchst aufschlußreiche Stichwerk *L'architecture considérée sous le rapport de l'art, des mœurs et de la législation,* erschienen 1804. Wie durch neuere Forschungen nachgewiesen, gehören die radikalen Entwürfe für die Idealstadt von Chaux der Epoche um 1790 an. Ging der Künstler im ersten Radialplan von dem aufklärerischen Rationalismus des Barock aus, so sind im endgültigen Stadium die abstrakt stereometrischen Bauten pittoresk in eine ›romantische‹ Landschaft gestreut. Antike, Mathematik und Natur waren nur verschiedene Wegzeichen zurück zu den Ursprüngen. In dieser Stadt gab es das ›Haus aller Tugenden‹, das ›Haus der Einheit‹, den ›Tempel zum Gedächtnis der Frauen‹. Den meist auf die Grundformen reduzierten, denkmalhaften Architekturen kam dabei symbolische Bedeutung zu: Das ›Haus der Reifenmacher‹ etwa ist aus Kreisen konstruiert.

8, 9 Louis-Étienne Boullée, Kenotaph für Newton, Innenansicht: oben Armillar-Version, unten Version mit Sternhimmel. 1784. Gouache, je 49,5 × 75 cm. Bibliothèque Nationale, Paris

Auch Boullée definierte die Architektur als »l'art de présenter des images par la disposition des corps«. Acht Jahre älter als Ledoux, hatte er noch in den Ateliers von Pierre, Blondel und Boffrand gelernt, sehr früh war er Lehrer an der École des Ponts et Chaussées geworden. Seine ausgeführten Bauten – einige Hôtels und eine Kapelle in Saint-Roch zu Paris – wurden abgerissen oder verändert. Unser Urteil beruht auf dem erst vor wenigen Jahrzehnten veröffentlichten *Essai sur l'Art* und auf zahlreichen, meist in der Pariser Bibliothèque Nationale bewahrten Entwürfen. Noch kompromißloser als Ledoux' Phantasien beschränken diese sich auf Kubus, Zylinder, Kugel und Pyramide. Die riesigen Abmessungen übertreffen alles, was bisher im Abendland erdacht wurde. Noch 1785 ist der Komplex des *Palais de Souverain* datiert. Dann umspannen Boullées Ideen ein *Palais National* und eine *Métropole*, Rathaus, Justizpalast, Nationalbibliothek, Massenzirkus und Nekropole. Gigantisch mutet der Kenotaph für Newton von 1784 an (Abb. 8, 9), dessen Kugelgestalt und Lichteffekte nicht weniger als das Universum in seinem Wechsel von Tag und Nacht darstellen sollten. Den romantischen Zug zu den ›Müttern‹ zugleich mit der Megalomanie offenbart ein Tempel, dessen Entwürfe der Verfasser in den Uffizien auffinden und veröffentlichen konnte. Er gehört wohl in das

10 Bernard Poyet (?), Die Rue des Colonnes in Paris

11 Barthélémy Vignon, Giebelfront der Kirche Sainte-Madeleine in Paris. Zeitgenössischer Stich

Jahr 1793: Gleichsam die Kuppel des Pantheons ist auf das Colosseum getürmt, in dem kraterartigen Innern wird eine Statue der ›Natur‹ verehrt.

Reiner als in derartig hybriden Projekten dieser sogenannten Revolutionsarchitekten ist der Geist der Zeit in bescheideneren Zweckbauten ausgedrückt. Das erhaltene Teilstück der wohl von Bernard Poyet (1742–1824) errichteten *Rue des Colonnes* in Paris (Abb. 10) läßt noch heute ein die antike Bürgertugend beschwörendes Pathos spüren: gedrückte offene Arkaden, getragen von schweren dorischen Säulen und von Eckpfeilern, darüber flache Wände, in die schmucklose Fenster eingeschnitten sind. Die gedeckten Gänge dieser Straße scheinen das Vorbild für napoleonische Anlagen – wie die Rue de Rivoli – abgegeben zu haben.

Der Kaiser empfand sich als Erbe der Cäsaren. Römisch war seine Staatsverwaltung mit Senat und Präfekten, römisch das Recht. Wie er

sich als Triumphator mit dem Lorbeerkranz auf dem Haupt malen ließ, so forderte er Kaiserforen und Prachtstraßen, Thermen und Tempel, Ehrensäulen und Triumphbögen. Den offiziellen Klassizismus vertritt am besten die *Madeleine* (Abb. 11). Als christliche Kirche schon 1764 begonnen, wurde sie 1809 unter Napoleon zu Ehren der Grande Armée als Temple de la Gloire aufgeführt – 1816 freilich wieder in ein Gotteshaus verwandelt: Der kaiserliche Architekt Barthélémy Vignon (1762–1846) entwarf einen Giebelbau auf hohem römischen Podest mit umlaufenden korinthischen Säulen. Die zu gleicher Zeit aufgerichtete *Vendôme-Säule* (Abb. 12) trägt Spiralbänder mit Reliefs nach dem Vorbild der Trajanssäule. Der mit einer Quadriga geschmückte Triumphbogen an der *Place du Carrousel* von 1806/07 ist dem Severusbogen nachgebaut. Bedeutend selbständiger sind antike Anregungen verarbeitet in demjenigen auf dem *Étoile* (Abb. 49) von Jean-François Chalgrin (1739–1811), der schon 1799 das Theater *Odéon* geschaffen hatte. Fünfzig Meter hoch, verzichtet der Bogen auf die sonst obligaten Säulenstellungen und wirkt vor allem durch die Harmonie der Massen. Er wurde 1806 begonnen, jedoch erst 1837 vollendet; auch erst in den dreißiger Jahren erhielt er die monumentalen Wandskulpturen.

Liebenswerter als die napoleonische Architektur bieten sich Innendekoration und Kunstgewerbe dar. Sie sind es, an denen sich

12 Jacques Gondouin und Jean-Baptiste Lepère, Die Vendôme-Säule in Paris. 1806–1810

der Stilbegriff ›Empire‹ gebildet hat. Die Lieblingskünstler des Kaisers, das Freundespaar Charles Percier (1764–1838) und Pierre-François-Léonard Fontaine (1762–1853), waren Enkelschüler von Boullée. Sie haben die Häuser der Rue de Rivoli und den Carrousel-Bogen errichtet, wichtiger aber sind die Ausstattungen der Schlösser und Palais. Das Sammelwerk *Recueil de décorations intérieurs* von 1812, das die zum Teil schon früher veröffentlichten Entwürfe zusammenfaßt, wurde zum richtungweisenden Lehrbuch der Dekoration innerhalb und außerhalb Frankreichs (Abb. 13, 14). Griechische, römische, pompejanische und ägyptische Anregungen sind mit Erinnerungen an das Louis-seize, jedoch auch an moderne englische Möbel verschmolzen. Archäologische Treue einerseits und freizügiges Schalten mit den Vorlagen auf der anderen Seite, repräsentativer Reichtum der Details, ja Überladenheit, doch auch feine Linearität und bewußtes Einbeziehen leerer Flächen haben zu einem überraschend einheitlichen Ausdruck von großem Charme geführt. Dieser Stil äußert sich besonders in der höfischen Goldschmiedekunst. Die vierzig Zentimeter hohe Henkelkanne in Vermeil mit der Meistermarke des Jean-Baptiste Odiot (1763–1850) war ein Geschenk Napoleons aus dem Jahr 1804 an seine Gemahlin Joséphine (Farbtaf. 1). Gestalt und Dekor sind eine großartige Einheit eingegangen. Der Gefäßkörper von aufrechtstehender Eiform und mit schön geschwungenem Ausguß ruht auf einem Rundfuß; der hohe Griff von Schilfwerk wird von einem Maskeron gestützt und mündet in einen Schwan aus. Dem polierten Mantel sind vier Medaillons in Lorbeerkränzen aufgelegt: Zwei zeigen antike Reliefköpfe, eines den kaiserlichen Adler. Am Hals sieht man drei kleinere Kränze mit einer Krone und zwei gesternten »J«.

Die Restauration unter den Bourbonen legte den Schwerpunkt baukünstlerischer Tätigkeit auf die Kirchen. Den ersten Auftrag – die Sühnekapelle zur Erinnerung an Ludwig XVI. und Marie-Antoinette – erhielt merkwürdigerweise Percier. Er errichtete 1815–1824 den Kuppelbau am Ende eines Campo Santo in einem schweren, feierlichen Klassizismus. Einer seiner vielen Schüler, Louis Hippolyte Lebas (1782–1867), entwarf 1823 *Notre-Dame-de-Lorette* als fünfschiffige altchristliche Basilika. Eine mehr an der Renaissance geschulte Formensprache zeigt die gleichfalls fünfschiffige Kirche *Saint-Vincent-de-Paul*. Der Kölner Jakob Ignaz Hittorf (1792–1867), der sich durch

13,14 Charles Percier und Pierre-François-Léonard Fontaine, Himmelbett und Wanddekoration eines kleinen Salons. Zeitgenössische Stiche

seine Studien zur Polychromie griechischer Bauwerke einen Namen gemacht hatte, führte sie – zunächst noch gemeinsam mit seinem Schwiegervater Lepère – in den Jahren 1824–1844 aus. Ein anderer Kölner, Franz Christian Gau (1790–1853), schuf mit *Sainte-Clotilde* in Paris von 1846 an die erste neugotische Kirche, der in Frankreich ungezählte andere folgen sollten: Allein 1852 wurden zweihundert erbaut.

Neugotik und Restauration waren verschwistert. Parallel dazu aber entwickelte sich – zunächst noch unter historizistischer Verkleidung verborgen – eine Architektur, in der neue Aufgaben mit neuen Baustoffen bewältigt wurden. Hittorf hat sich noch selbst für den Nordbahnhof in Paris der Eisenkonstruktion bedient. Schon vorher sind in den ausgehenden vierziger Jahren andere Pariser Bahnhöfe unter Verwendung von Glas und Eisen entstanden. Henri Labrouste (1801 bis 1875), ein Schüler Lebas', war die schöpferische Persönlichkeit dieses Übergangs in Frankreich. Die neunzehnachsige Fassade der Bibliothek *Sainte-Geneviève* (Abb. 15), 1843 entworfen, ist der italienischen Renaissance verpflichtet und doch in der Leichtigkeit der Gliederung und der Durchbildung der Einzelformen von beachtenswerter Eigen-

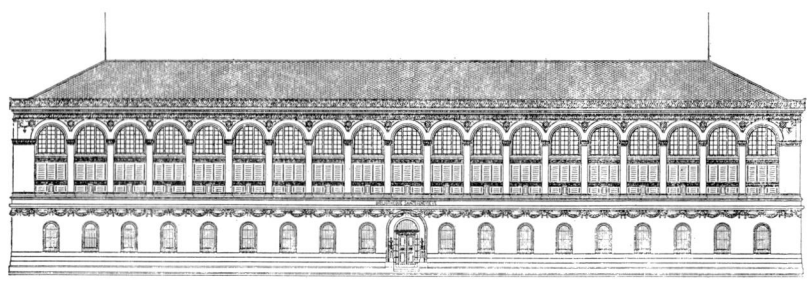

15 Henri Labrouste, Fassade der Bibliothek Sainte-Geneviève in Paris

art. Der weiträumige Lesesaal dahinter wird von einem eisernen Dachstuhl überspannt. Hier hat sich die kommende Zeit in einem imposanten Bau angekündigt.

Italien

In Italien, das zu weiten Teilen schon früh dem Herrschaftsbereich Napoleons eingegliedert wurde, sollte sich die Macht des Kaisers auch architektonisch darstellen. Das seit 1806 geplante *Forum Bonaparte* in Mailand wäre das monumentale Dokument dieses Bauwillens geworden, doch blieb es unvollendet. Giovanni Antonio Antolini (1754 bis 1842) hat sein Projekt 1814 im Kupferstich veröffentlicht. Die kreisrunde Anlage von gewaltigen Ausmaßen durfte den antiken Kaiserforen in nichts nachstehen. Fertiggestellt, freilich erst 1838, wurde allein der marmorne *Arco della Pace* von Luigi Cagnola (1762–1833). In Anlehnung an den Konstantinsbogen entworfen, von dem Sechsgespann mit dem triumphierenden ›Frieden‹ bekrönt und durch Reliefschmuck von Pompeo Marchesi (1789–1858) bereichert, ist er das Wahrzeichen jener Epoche des Lombardischen Reichs geblieben.

Rom sah in dieser Zeit nur einen Bau des Neoklassizismus entstehen: die 1806 vollendete kleine Kirche *San Pantaleo* des aus dieser Stadt stammenden Giuseppe Valadier (1762–1839). Ungleich wichtiger ist der Künstler durch sein städtebauliches Hauptwerk geworden, die Gestaltung der *Piazza del Popolo* (Abb. 16). Er hatte eine schwierige Aufgabe zu lösen, denn es galt nicht nur, den Platz als nördlichen Eingang zur Hauptstadt auf eine Achse hin anzulegen, sondern den seitlichen Abhang des Pincio, der zu einem öffentlichen Park geworden war, einzubeziehen. In jahrelangen Überlegungen seit 1793 geplant, durch Eingriffe aus Paris verändert und erst nach Rückkehr des Papstes aus dem Exil weitergeführt, ist die Anlage doch zu einer beachtenswerten Platzschöpfung geworden.

Im Königreich Neapel ließ Joachim Murat das Opernhaus *San Carlo* 1809 durch einen Franzosen umbauen; in den folgenden Jahren fügte der Toskaner Antonio Niccolini (1772–1850) die eigenwillige Fassade hinzu: Ein hohes, durch Arkaden gegliedertes, mit Flachreliefs geschmücktes Rustikageschoß trägt ein glatt behandeltes Obergeschoß, das sich in einer Reihe von vierzehn schlanken Säulen öffnet und seinerseits von einem flachen Giebel mit Skulpturengruppe bekrönt wird. Sehr reizvoll sind die Dekorationen, die während der napoleonischen Ära im Schloß von Caserta geschaffen wurden. Noch für des Kaisers Bruder Joseph Bonaparte, den Vorgänger Murats, stattete dort Antonio de Simone, dessen Lebensdaten unbekannt geblieben sind, im Jahre 1807 einige Säle neu aus. Diese verkörpern in ihrer hoheitsvollen Glie-

16 G. Valadier, Neugestaltung der Piazza del Popolo in Rom. Entwurf von 1816

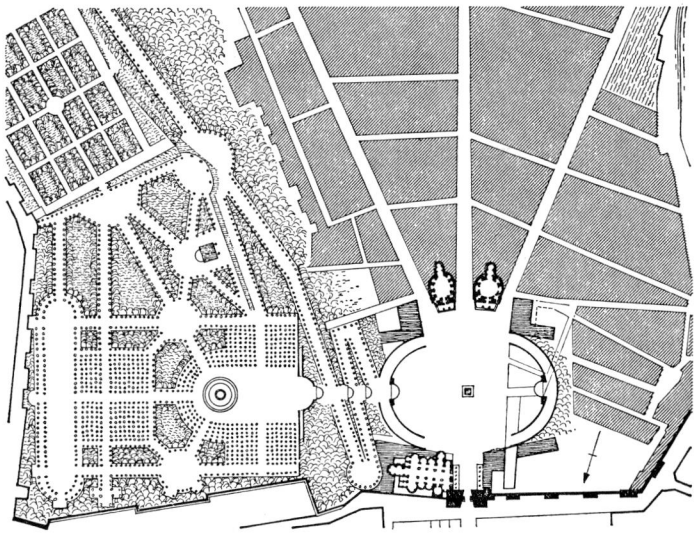

derung, in der Verbindung architektonischer Elemente mit großflächigen Figurenreliefs, in der prunkhaften und doch zurückhaltenden Polychromie der Materialien den Stilwillen des Empire sehr rein.

In der Epoche der Restauration wurden auch in Italien – wie in anderen Ländern – manche Planungen der vorangegangenen Zeit weitergeführt. Papst Pius VII. ließ, so hörten wir, die *Piazza del Popolo* fertigstellen. Raffaelle Stern (1774–1820) erbaute für ihn von 1817 an den als Museum der antiken Skulpturen bestimmten *Braccio Nuovo* des Vatikan in einem strengen Klassizismus mit kassettiertem Tonnengewölbe und mit Rundbogennischen für die Statuen. Die vornehmste Aufgabe in Rom aber blieb der Wiederaufbau der durch Feuer zerstörten frühchristlichen Basilika *San Paolo fuori le Mura*. Drei Jahrzehnte – von 1825 bis 1856 – wirkte hier eine Reihe von Architekten, ohne doch – trotz allen Aufwandes – der Rekonstruktion wahres Leben einhauchen zu können.

Bezeichnenderweise war es auch eine sakrale Anlage, welche die zurückgekehrten Bourbonen in Neapel als ersten Großbau errichten ließen. Ferdinand I. stiftete 1816 *San Francesco di Paola*. Der an der Mailänder Akademie geschulte Pietro Bianchi (1787–1849) führte die Kirche bis 1824 aus. Städtebaulich geschickt plaziert, schwingt das Rund in Kolonnaden weit aus. Mit der im Innern von zweiunddreißig korinthischen Säulen getragenen Flachkuppel und dem aus acht ionischen Säulen gebildeten Portikus knüpft es augenfällig an das römische Pantheon an, während die Flügelbauten mit ihren vierundvierzig dorischen Säulen Berninis Platzgestaltung vor St. Peter frei variieren.

In Mailand, Genua, Turin, in Possagno und Livorno wären Bauwerke zu erwähnen. Alle werden übertroffen – nicht an Umfang, aber an Eleganz der Behandlung überkommener Formen – durch das *Caffè Pedrocchi* in Padua, errichtet in den Jahren 1816 bis 1831 durch Giuseppe Jappelli (1783–1852). Mit den rahmenden Pavillons ist es »sicherlich das hübscheste Café des 19. Jahrhunderts in der ganzen Welt und darüber hinaus das schönste Gebäude des Romantischen Klassizismus in Italien« (Henry-Russell Hitchcock). Zudem erhielt es – für dieses Land außergewöhnlich – 1837 von Jappelli einen neugotischen Flügel.

Seinen künstlerisch bedeutsamsten Ausdruck aber hat das Zeitalter in Italien nicht in der Baukunst oder der Innendekoration gefunden, sondern in einem begrenzten Zweig des Kunsthandwerks: den Druck-

17 Giambattista Bodoni, Manuale Tipografico, Parma 1818. Titelseite

werken des Giambattista Bodoni in Parma (1740–1813), die zu den Meisterleistungen der Buchkunst zählen (Abb. 17). Die von Bodoni entwickelten Schrifttypen sollten nach den Worten ihres Schöpfers »Regelmäßigkeit, Sauberkeit, guten Geschmack und Anmut« besitzen, und diese »einfache Schönheit der Typen« wurde vor allem im Titelsatz durch weite Zeilenabstände und breite Papierränder zu herrlicher Wirkung gebracht.

Die Britischen Inseln

England besaß seit Inigo Jones eine ungebrochene klassizistische Tradition. Im frühen 18. Jahrhundert war der Barock-Klassizismus des Christopher Wren durch den Palladianismus Lord Burlingtons abgelöst worden, den international bedeutenden Gegenpol zu Spätbarock und Rokoko. 1762 hatten James Stuart und Nicholas Revett den ersten Band der epochemachenden *Antiquities of Athens* veröffentlicht. Die

Gebrüder Adam, Schotten wie Stuart, hatten in den siebziger Jahren einen besonderen antikisierenden Stil geschaffen, die Parallele zum Louis-seize oder Zopfstil des Kontinents. Um 1790 mußte dieser Adam Style dem Romantischen Klassizismus weichen. Es war freilich ein sehr persönlich gefärbter Ausdruck des allgemeinen Zeitstils.

Sir John Soane (1753–1837) darf als der größte englische Architekt seiner Zeit gelten. Dem Schüler der Londoner Akademie war 1776 die Goldene Medaille verliehen worden. Während des anschließenden Italienaufenthaltes, der ihn die Antike erleben ließ, konnte er noch Piranesi aufsuchen. Das entscheidende Ereignis seiner Laufbahn trat aber erst ein, als Soane – schon fünfundvierzigjährig – zum Surveyor, das heißt zum Baudirektor, der *Bank of England* berufen wurde. Im Laufe eines Menschenalters hat er diesen Gebäudekomplex um das Doppelte vergrößert und fast jeden Teil umgebaut. Mehr als an dem heute veränderten Äußeren – dem Tivoli Corner oder dem Governor's Court – ist seine Gestaltungskraft in den Innenräumen zu erfassen. Um 1794 und wieder von 1818 ab errichtete er die großen Schalterräume. Das *Old Colonial Office*, 1818–1823, ist wohl die reifste Lösung dieser Aufgabe (Abb. 18). Die abstrakt mathematische Grundstruktur des Raumes, das Komponieren mit glatten, zart und doch scharf profilierten Flächen, das Gleichgewicht zwischen Masse und linearer Eleganz, der Verzicht auf archäologische Details: Einige dieser Prinzipien finden sich vielleicht nur in den radikalen Entwürfen von Ledoux und Boullée oder auch denen von Soanes Lehrer George Dance d. J. (1741–1825) angedeutet. Dieselbe Freiheit gegenüber der Konvention zeichnet auch andere Werke dieses Architekten aus: die Toreinfahrt in Tyringham, 1793 ff., die *Dulwich Gallery*, 1811–1814, die *Stables* des Chelsea Hospital, 1814–1817, das Familiengrab bei St. Pancras, 1816, und schließlich des Künstlers eigenes Haus in London, in dem heute das Sir John Soane's Museum untergebracht ist.

John Nash (1752–1835) war neben Soane die einzige Persönlichkeit von hoher schöpferischer Begabung. Fast genau gleichaltrig wie dieser, verfügte er über eine breitere Spannweite der Möglichkeiten; auch die Virtuosität, mit der er modische Anregungen aufnahm, war größer. Er entwarf Cottages in normannischem, tudoreskem, italienisierendem Stil. Für den Regenten und späteren König George IV., dessen besonderer Gunst er sich erfreute, baute er von 1821 an den klassizistischen

18 Sir John Soane, Old Colonial Office. Entwurf 1818–1823. Kolorierter Stich. Sir John Soane's Museum, London

Buckingham Palace, aber schon vorher – von 1815 bis 1823 – den in allen Kunstgeschichten abgebildeten *Royal Pavillon* in Brighton. Dieser elegante Bau mit seiner vor- und zurückschwingenden, durchbrochenen Fassade und der in Zwiebelkuppeln, Rundtürmen und Minaretts aufgelösten Silhouette mutet wie ein orientalisches Märchen an, er gilt als Hauptbeispiel des pittoresken Stils und muß doch außerhalb jeder Schule gestellt werden. Aus chinesischen, sarazenischen und indischen Motiven ist ein einheitliches Ganzes geworden. Kühn sind die schlanken Eisenträger sichtbar gelassen, wobei freilich etwa die Säulen des Küchenraumes durch kupferne Palmblätter in vegetabile Elemente umgedeutet werden. Nash war vor allem ein Stadtplaner von hohem Rang, der die große Tradition Englands seit dem 18. Jahrhundert – in den *Crescents* von Bath des jungen John Wood oder in der Londoner *Adelphi Terrace* der Gebrüder Adam gegenwärtig – würdig fortsetzte. Nash, der 1813 Surveyor General wurde, legte in den Jahren 1812–1827

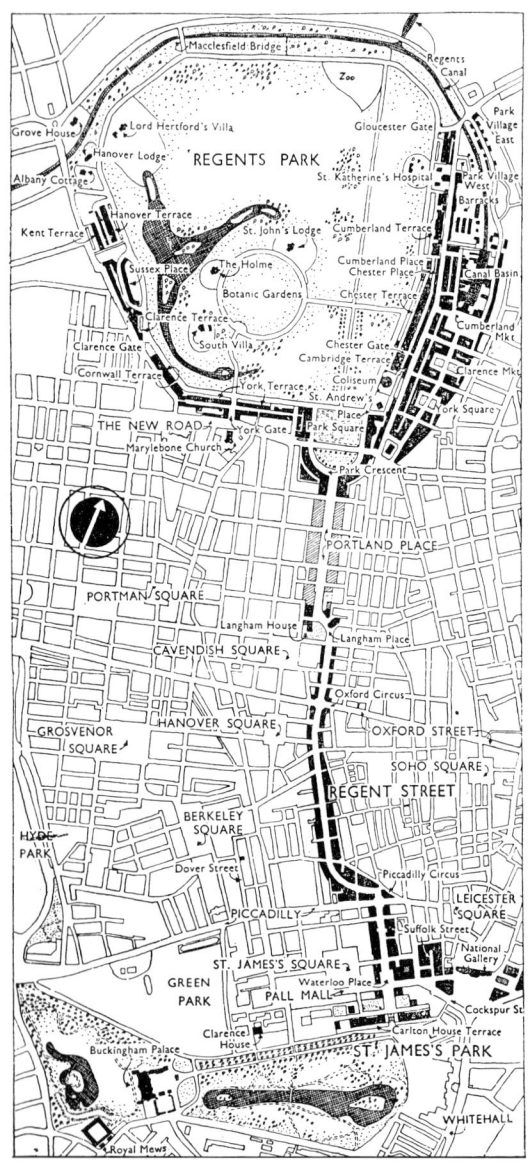

19
John Nash,
Anlage der
Regent Street.
1812–1827. Ausschnitt aus dem
Stadtplan von
London

den langen Zug der *Regent Street* an (Abb. 19), die sich von der bevorzugten Residenz Georges IV., dem Carlton House, über Waterloo Place, Piccadilly Circus und Oxford Circus bis zum Regents Park mit dessen Randbebauung, der Chester Terrace und der durch James Thomson (1800–1883) ausgeführten Cumberland Terrace, hinzieht: eine von barockem Rationalismus und von cäsarischem Klassizismus gleich weit entfernte liberale Konzeption.

Unter den Jüngeren, die mit archäologischer Begeisterung die griechische Kunst wiederzubeleben suchten, ist zuerst William Wilkins (1778–1839) zu nennen. 1807 hatte er die aus eigener Anschauung erarbeiteten *Antiquities of Magna Graecia* herausgegeben. Von seiner Hand sind die Entwürfe zum *Downing College* in Cambridge, 1804, und zum Londoner *University College,* 1827/28. Er hat 1808/09 die hohe Nelsonsäule in Dublin errichtet. Sein Hauptwerk ist jedoch die *National Gallery* in London. 1832–1838 unter Verwendung der Säulen von Henry Hollands (1745–1806) Carlton House geschaffen, vermag sich das Gebäude trotz eines Stufenpodestes nur schwer gegenüber dem Trafalgar Square durchzusetzen.

Reiner noch kommt die Richtung des Greek Revival bei Sir Robert Smirke (1781–1867) zum Ausdruck, dem wohl begabtesten Schüler Soanes. Auch Smirke kannte griechische Originale. Das an der Westseite des Trafalgar Square liegende *College of Physicians,* 1824–1827, und die Fassade des gleichzeitig begonnenen *General Post Office* sind ausgewogene Beispiele seines Stils. Vor allem aber ist das *British Museum* mit seinem Namen verknüpft. Die Bauzeit umfaßt die Jahre 1824–1847. Die ganz mit schlanken ionischen Säulen – man zählt insgesamt 48 – besetzte Südfront wirkt wie ein wahres Heiligtum der Kunst: Der mittlere Portikus trägt einen reliefgeschmückten Tempelgiebel und wird von vorgezogenen Flügelbauten mit flacher Attika eingegrenzt.

Schottlands Baumeister folgten den griechischen Vorbildern als besonders gelehrige Nachahmer. Edinburgh sollte in eine Stadt des Klassizismus umgewandelt werden. Das größte Einzelprojekt wurde indessen nicht vollendet. Die aus England stammenden William Henry Playfair (1789–1857) und Charles Robert Cockerell (1788–1863) wollten als Nationaldenkmal zur Erinnerung an die Schlacht bei Waterloo eine getreue Kopie des Parthenons auf dem Calton Hill errichten. Eine weitaus persönlichere Schöpfung ist die 1825 begonnene *High School*

20 Thomas Hopper, The Conservatory. Dreischiffige Halle im Carlton House, London. 1811/12. Kolorierter Stich nach einer Zeichnung von C. Wild

des geborenen Edinburghers Thomas Hamilton (1785-1858), einem der Begründer der dortigen Akademie. Durch seine ausgezeichnete Lage an der Südseite jenes Hügels auf hohem, gequadertem Sockel, durch seine Gliederung – breit gelagerte Säulenhalle mit vorspringender Giebelfront – und seine wohlproportionierten Maße besitzt der Bau durchaus Eigenwert, wenngleich auch hinter ihm die Propyläen und der Theseustempel Athens aufleuchten.

Neben dem Klassizismus entwickelte sich eine andere Strömung in der Architektur. Von dem Inselreich ausgehend, wurde sie noch folgenschwerer für die Entwicklung der Baukunst des Abendlandes. Wir meinen die Neugotik. In Schottland und England war der Bruch mit dem Mittelalter nie völlig vollzogen worden. Man muß also zwischen dem ›Survival‹ und dem ›Revival‹ der Gotik unterscheiden. Die Neugotik hatte um die Mitte des 18. Jahrhunderts als literarische Mode der Vorromantik begonnen: Das Landhaus *Strawberry Hill* von Horace Walpole, zwischen 1748 und 1777 erbaut, gilt als erster Markstein. Um 1800 war sie als Baustil anerkannt. Die beiden künstlerischen Bewegungen schlossen sich zunächst keineswegs als diametral entgegengesetzt aus. Der Romantische Klassizismus selbst trug pittoreske Züge, von denen auch Meister wie Wilkins oder Smirke nicht frei waren. Klassizist war George Dance d. J. (1741-1825) trotz der Verwendung gotisierender Formen in der Londoner Kirche St. Bartholomew und in der *Guildhall* von 1789. Vom Klassizismus ging ebenso James Wyatt (1748-1813) aus, der seit 1796 für den Romantiker William Beckford das gotische Gartenhaus *Fonthill Abbey* in Wiltshire erbaute.

Es ist gerade für die englische Neugotik charakteristisch, daß sie liebevoll die Sonderformen der eigenen Vergangenheit wiedererstehen ließ. Das wird etwa in dem gotischen *Conservatory des Carlton House* (Abb. 20) von Thomas Hopper (1776-1856) sichtbar, einem Künstler, der im übrigen als Hauptvertreter des ›Norman Revival‹ gilt. Die 1811/12 errichtete dreischiffige Halle des Carlton House ist auch interessant, weil sie ein Skelettbau aus Eisen ist – ein frühes Beispiel der Gußeisengotik.

Auch Sir Charles Barry (1795-1860), der nach dem Tod von Soane und Nash der führende englische Architekt werden sollte und den berühmtesten Profanbau der Neugotik entwarf, hatte sich durch klassizistische Entwürfe einen Namen gemacht. Er war in Italien und Grie-

21 London, Houses of Parliament. Erbaut ab 1836 nach einem Entwurf von Charles Barry

chenland gereist. 1824 hatte er in Manchester das Gebäude errichtet, welches später zur *Art Gallery* bestimmt wurde. Sein *Travellers Club*, 1829–1831, der benachbarte *Reform Club*, 1837–1840, beide in London, sowie das *Manchester Atheneum*, 1837–1839, sind jedoch nicht mehr griechischen Vorbildern nachempfunden, sondern italienischen Palazzi der Renaissance; sie bedeuten somit eine Spätphase des Klassizismus, die als ›Renaissance Revival‹ dem kontinentalen Rundbogenstil entspricht. Dieser Barry nun gewann 1836 den Wettbewerb für den Neubau des zwei Jahre zuvor durch Brand vernichteten Parlamentsgebäudes, für das der spätgotische Perpendicular Style vorgeschrieben worden war (Abb. 21). Der sogleich begonnene, aber erst nach Jahrzehnten zu Ende geführte Komplex der *Houses of Parliament* zeichnet sich durch eine vorzügliche Planung aus. Die überlegte Disposition der Teile erwächst aus deren Zwecken. Harmonisch sind die verschiedenen Baumassen gegliedert, Waagerechte und Senkrechte in schönem Ausgleich. Die fast überreichen Detailformen ordnen sich doch dem

Gesamteindruck unter. Angesichts einer solchen schöpferischen Leistung bedarf die ausschließlich negative Wertung dieses Historizismus einiger Korrekturen.

Die Entwürfe der Einzelformen und die Innenausstattung des Parlaments werden Augustus Welby Pugin (1812–1852) zugeschrieben. In diesem Künstler, Sohn eines aus Frankreich eingewanderten, auf der Londoner Akademie und im Atelier von Nash ausgebildeten Verehrers der Gotik, gipfelte die Bewegung. Sie wurde nun vornehmlich in den Dienst des Sakralbaus gestellt. Schon seit dem ausgehenden zweiten Jahrzehnt des neuen Jahrhunderts hatte eine Welle kirchlicher Neubauten eingesetzt. Daß von insgesamt 214 allein 174 in neugotischem Stil errichtet wurden, geschah aber – wie Kenneth Clark meint – aus praktischen Gründen, denn solche Ziegelbauten waren billig. Pugin jedoch erklärte die Gotik zur christlichen Architektur schlechthin. Er begründete diese Überzeugung in mehreren Publikationen und trat 1834 – eine folgerichtige persönliche Entscheidung – zur katholischen

22
Thomas Hope,
›Ägyptisches‹
Zimmer

23
Augustus Welby
Pugin,
›Gotisches‹
Zimmer

Kirche über. »I assure you« – so schrieb er einem Freund – »that ... I feel perfectly convinced the Roman Catholic Church is the only true one, and the only one in which the grand and sublime style of church architecture can ever be restored.« Von seinen vielen eigenen Kirchen sei die St.-Georgs-Kathedrale in London, 1840–1848, erwähnt. Mehr von Pugins programmatischen Schriften angeregt als von seinen Bauten trat die sakrale Neugotik ihren Siegeszug an: 1844 gewann ein Engländer – Sir Gilbert Scott (1811–1878) – den Wettbewerb für die *Nikolaikirche in Hamburg*, 1856 gewannen zwei andere Engländer den Wettbewerb für die *Kathedrale von Lille*.

Pugin mußte es erleben, daß dieser von ihm so religiös verstandene Stil zu einer äußerlichen Mode verflachte. Gotische Formen wurden nicht nur in der Architektur, sondern auch im Kunstgewerbe beliebt. Seit dem ausgehenden 18. Jahrhundert hatten englische Möbel einen hohen internationalen Ruf besessen und waren in zahlreichen Stichwerken verbreitet worden. Noch um die Jahrhundertwende erschienen u. a. Vorlagebücher von Thomas Sheraton (um 1750–1806) und Thomas Hope (1770?–1831; Abb. 22). Nun, als um 1837 das »Eisenbahnzeitalter« (Nikolaus Pevsner) begann, wurde die viktorianische Gotik zum bevorzugten Wohnstil des Großbürgertums. In dem 1841 veröffentlichten Pamphlet *The True Principles of Pointed or Christian Architecture* brachte Pugin abschreckende Beispiele neugotischer (Abb. 23) und anderer historizistischer Architekturen und Ausstattungen: »Ein Mensch, der auch nur einige Zeit in einem modernen gotischen Raum verweilt und herauskommt, ohne Schaden erlitten zu haben durch einige Einzelheiten darin, der mag sich außerordentlich glücklich schätzen.«

Es wäre indessen nur die halbe Wahrheit, wollte man diese retrospektive Geisteshaltung als die allein maßgebende hinstellen. Revolution und Restauration zusammen ergeben erst das vollständige Bild der Epoche. Schon während des Klassizismus und der Romantik meldete sich auch in England der den Forderungen des Tages zugewandte Realismus gebieterisch an. Neben die historizistischen Strömungen, die – wie wir sahen – ihrerseits zuweilen bereits mit neuen Baustoffen arbeiteten, trat eine großartige Ingenieurbaukunst. Zwei Beispiele, vom Beginn und vom Ende der von uns behandelten Zeit, müssen hier genügen. Aus dem Jahr 1801 stammt der kühne Entwurf von Thomas

24 Thomas Telford, Entwurf zu einer pfeilerlosen gußeisernen Brücke über die Themse. 1801. Aquatinta

Telford (1757–1834) für eine pfeilerlose gußeiserne Brücke über die Themse (Abb. 24). Genau ein halbes Jahrhundert später, 1851, errichtete Joseph Paxton (1803–1865) den epochemachenden *Kristallpalast* aus Glas und standardisierten Eisenteilen, der am Anfang des Neuen Bauens steht (Abb. 25).

Deutschland

In demselben Jahr 1789, als in Paris die Französische Revolution ausbrach, entstand in Berlin das *Brandenburger Tor,* schon zu seiner Zeit ein populärer Bau und heute das Wahrzeichen der Stadt. Sein Schöpfer war Karl Gotthard Langhans (1732–1808). Er hatte nach seinen eigenen Worten die Propyläen der Akropolis, die ihm durch Stichwerke bekannt geworden waren, zum Vorbild gewählt. Doch die Aufgabe, der zum Königsschloß führenden preußischen Triumphstraße Unter den Linden einen monumentalen Auftakt zu setzen, und der idealistische Geist seiner eigenen Zeit beflügelten den bisher kaum das provinzielle Niveau überragenden Schlesier zu einer künstlerischen Leistung von bedeutendem Eigenwert. Je sechs hohe dorische Säulen, entgegen dem klassischen Kanon auf Basen gestellt und durch Mauern verklammert, tragen eine wuchtige Attika, deren vorspringender Mittelteil als

25 Joseph Paxton, Erster Entwurf zum Kristallpalast. 1850. Victoria and Albert Museum, London

Sockel für die machtvolle Quadriga Gottfried Schadows dient. Die niedrigen, als Tempel gebildeten Wachthäuser fügen sich rechtwinklig dem Tor an. In dieser preußischen Anverwandlung des Griechischen, die gleichsam dem Ethos Kants, Fichtes und Humboldts Gestalt verliehen hat, kündigte sich eine neue Baugesinnung an. Sie fand ihren radikalen und zugleich reinsten Ausdruck in Langhans' jung verstorbenem Schüler.

Friedrich Gilly (1772–1800) stammte aus einer Hugenottenfamilie und war der Sohn des tüchtigen Landbaumeisters David Gilly (1748–1808). Wir können seine geniale Begabung nur noch aus seinen Zeichnungen ermessen. 1796 beteiligte er sich an der Ausschreibung für die vornehmste Aufgabe des Königsreichs: das Denkmal Friedrichs des Großen (Abb. 26). Gillys wahrhaft monumentaler Entwurf ist vielleicht der großartigste Denkmalsplan, den ein Künstler des Abendlandes je ersonnen hat. In der Mitte des achteckigen Leipziger Platzes sollte sich über mächtigem, aus kubischen Massen, gewölbten Eingängen und dorischen Säulenstellungen komponiertem Unterbau von dunkler Farbe ein dorischer Peripteros aus hellerem Material und mit bronzenen Giebelreliefs erheben, in dessen Cella der Verewigte wie ein Jupiter thronend gedacht war. Ein schwerer Torbau mit flankierenden Säulenhallen, Obeliskenpaare und wasserspeiende Löwen hätten die Anlage zu einer heiligen Straße erweitert. Nicht nur in der Kühnheit

26 Friedrich Gilly, Entwurf für ein Denkmal Friedrichs des Großen

des Gedankens, sondern auch in der gewaltigen Wirkung plastischer Baumassen sucht dieser Entwurf in Deutschland seinesgleichen. Am ehesten denkt man an die Phantasien von Boullée und an verwandte Projekte anderer Revolutionsarchitekten. Aber Gilly war erst 1797 – ein Jahr danach – in Paris. Hier muß er sich freilich in seinen Ideen bestätigt gefühlt haben. Er wurde nicht müde, das Gesehene zu skizzieren (Abb. 10). Besonders erregten die Theater der französischen Hauptstadt sein Interesse, nicht weniger als vierzehn von ihnen hat er genau studiert. Bei dem in seinem Todesjahr 1800 entstandenen Entwurf zum Berliner Schauspielhaus sind diese Anregungen souverän verarbeitet (Abb. 27). Dem kantigen, profillosen, flachgedeckten Würfel des Bühnenhauses lagern sich an zwei Seiten Halbzylinder mit Pfeilerarkaden vor, deren einer den Zuschauerraum birgt; eine Giebelhalle mit dorischem Säulenportikus bezeichnet den Eingang. Wiederum ist der ganze Platz – der Gendarmenmarkt – in die künstlerische Rechnung einbezogen. Zahllose Skizzen städtebaulicher Visionen fand man im Nachlaß. Neben Gilly stand sein Freund und Schwager Heinrich Gentz (1766–1811). Obwohl er mehrere Jahre in Rom war, trug auch sein Hauptwerk, die 1798–1800 erbaute, jedoch 1886 abgerissene Alte Münze zu Berlin eher französische als italienische Züge: ein kubischer Block mit rustiziertem Sockelgeschoß und glatten Wänden, mit kleinen rechteckig oder halbrund einschneidenden Fenstern, einem umlaufenden Friesband und zwei dorischen Säulen im Mittelrisalit.

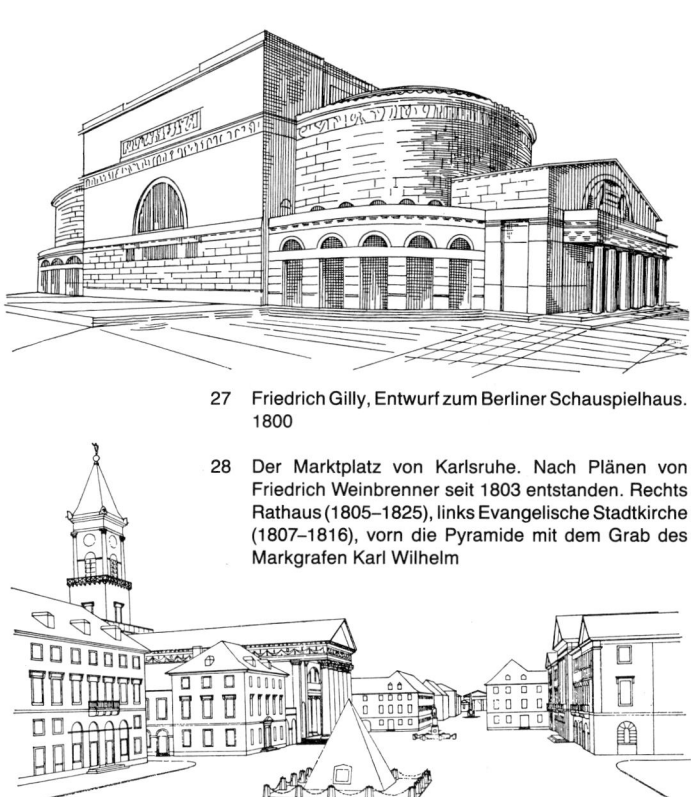

27 Friedrich Gilly, Entwurf zum Berliner Schauspielhaus. 1800

28 Der Marktplatz von Karlsruhe. Nach Plänen von Friedrich Weinbrenner seit 1803 entstanden. Rechts Rathaus (1805–1825), links Evangelische Stadtkirche (1807–1816), vorn die Pyramide mit dem Grab des Markgrafen Karl Wilhelm

Genau gleichaltrig mit Gentz war Friedrich Weinbrenner (1766 bis 1826). Im Gegensatz zu den Vorgenannten durfte er eine überaus reiche Bautätigkeit entfalten und eine Vielzahl von Schülern heranbilden. Mag man ihm eine gewisse Sprödigkeit am einzelnen Bau vorwerfen, er dachte aber stets in weiten Dimensionen; seine Vaterstadt Karlsruhe verdankt ihm heute noch ihre Gestalt. Nach Studien in Wien, Dresden und Berlin, wo er von Langhans und Gilly lernte und mit Carstens Freundschaft schloß, bildete er sich 1792–1797 in Italien weiter. Der frühe Entwurf zu einem Stadttor (dem Ettlinger Tor in Karlsruhe?) ist 1794 in Rom entstanden und berücksichtigt bereits die städtebauliche Situation mit den Straßenfronten (Abb. 29). Die schweren

29 Friedrich Weinbrenner, Entwurf zu einem Stadttor. 1794. Staatliche Kunsthalle Karlsruhe

Baumassen, das ungegliederte Quaderwerk, die eingeschnittenen Portale und Fenster, die gedrungenen dorischen Säulenhallen gehören nicht dem Formenkanon des italienischen Klassizismus an, sondern dem der Revolutionsarchitekten. Seit 1797 in badischen Diensten – zuerst als Bauinspektor, dann als Oberbaudirektor – drückte Weinbrenner dem gesamten Bauwesen des Landes seinen Stempel auf. Schon 1783 hatte man mit der Erweiterung Karlsruhes begonnen; der neue Marktplatz entstand nach seinen bis 1797 zurückreichenden Plänen in den Jahren ab 1803 (Abb. 28). Als Dominanten liegen auf dem in zwei Teilräume gegliederten Platz Rathaus und Evangelische Stadtkirche einander gegenüber. Ihr Stil ist jedoch nicht mehr jener der frühen Entwürfe. Der Künstler hatte inzwischen Durands grundlegendes theoretisches Werk studiert. Das 1805–1825 erbaute, sich über 26 Fensterachsen erstreckende Rathaus springt in drei Risaliten mit Dreiecksgiebeln vor, die beiden Obergeschosse sind durch eine übergreifende Ordnung zusammengezogen; die Kirche, 1807–1816, wird beherrscht durch die Vorhalle mit den sechs schlanken korinthischen Säulen und

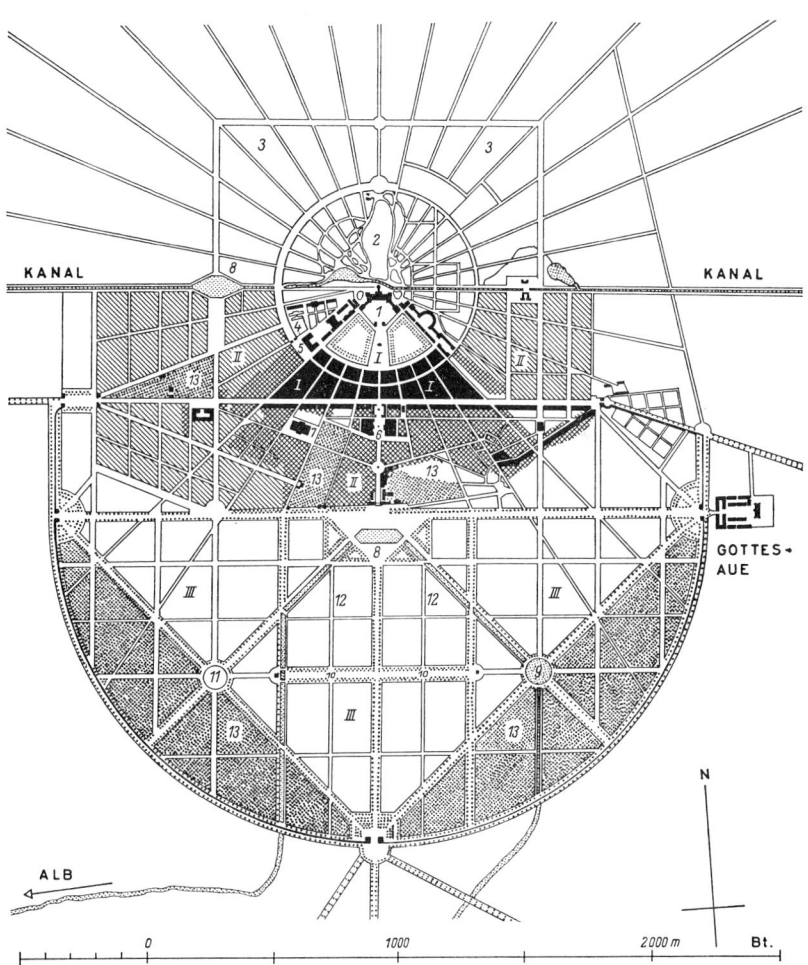

30 Karlsruhe mit dem nicht ausgeführten Erweiterungsplan Friedrich Weinbrenners von 1815. I. Älteste Stadtanlage von 1715, II. Stadterweiterung unter Weinbrenner bis 1826, III. Geplante Stadtvergrößerung von 1815. 1. Schloß (1751–1755) und Schloßgarten, 2. Schloßpark, 3. Wildpark, 4. Botanischer Garten, 5. Akademie, später Kunsthalle, 6. Marktplatz mit Rathaus und Evangelischer Stadtkirche, 7. Katholische Stadtkirche St. Stephan, 8. Projektierte Hafenanlagen, 9. Schwimmbassin, 10. Pferderennbahn, 11. Schaustellungsplatz, 12. Gedeckte Geschäftsstraßen, 13. Grünanlagen

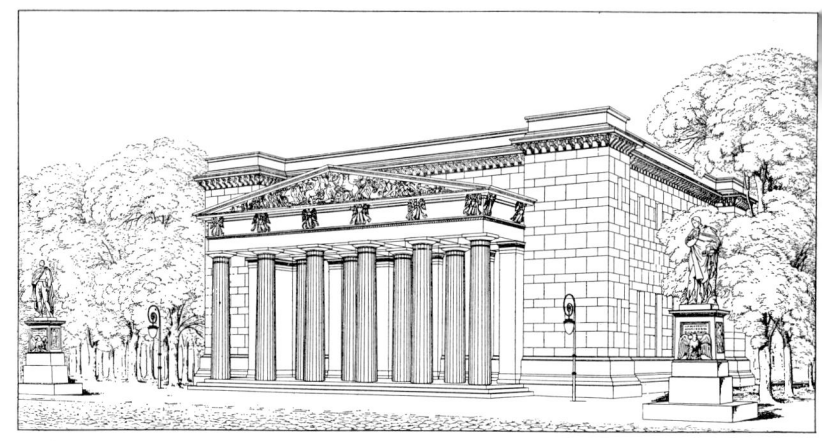

31 Karl Friedrich Schinkel, Perspektivische Ansicht des neuen Wachtgebäudes in Berlin. Zeitgenössischer Stich

dem der augusteischen Ara pacis entlehnten Dekor. Ursprünglich sollten umlaufende niedrige Markthallen den Platz mit der Pyramide als Mittelpunkt noch stärker zusammenfassen, aber auch in der endgültigen Gestalt ist der Komplex »mit seinen klar herausgearbeiteten kubischen Baumassen das schönste Beispiel eines klassizistischen Platzes in Deutschland und in seiner Geschlossenheit eine der größten Leistungen des europäischen Städtebaus« (Arnold Tschira). Noch ausgreifender und logischer durchdacht erscheint Weinbrenners – nicht ausgeführter – Erweiterungsplan von Karlsruhe aus der Zeit um 1815 (Abb. 30). Die Durchdringung eines Rechteck- und Quadratschemas mit einem Diagonalschema, die spannungsreiche Abfolge verschieden gestalteter Plätze, die zwingende Verbindung von fürstlicher Altstadt und bürgerlicher Neustadt sind zugleich eine architektonische Darstellung der damaligen Staatsverfassung.

Mehr als eineinhalb Jahrzehnte jünger als Weinbrenner und ein Jahrzehnt jünger als Gilly – also gleichaltrig mit Armin und Cornelius oder mit Ingres und Stendhal – waren die beiden Baumeister, die den Romantischen Klassizismus in Deutschland nach den Freiheitskriegen seiner Höhe zuführten. Karl Friedrich Schinkel aus Neuruppin (1781–1841) muß als der größte deutsche Architekt des 19. Jahrhunderts gelten. Von universaler Begabung, war er auch Plastiker, Maler und Graphiker, Zeichner für Kunsthandwerk und Bühnenbildner (Farbtaf. 2), dazu Verwaltungsbeamter mit umfassenden Aufgaben. Seit 1810 stand er in preußischen Diensten, zuletzt als Oberlandesbaudirektor. Der Lieblingsschüler Gillys entwarf um 1815 einen gewaltigen gotischen Dom als Nationaldenkmal der Freiheitskriege. Doch sind seine ausgeführten Bauten fast ausschließlich in klassizistischem Stil gehalten. Das früheste seiner berühmten Werke in Berlin – die *Neue Wache* von 1816 (Abb. 31) – zeigt noch Wesenszüge seines Lehrers: die blockhafte Geschlossenheit eines römischen Castrum mit Eckpylonen und dorischem Portikus. Aber schon in dem wenige Jahre später entstandenen Königlichen Schauspielhaus, 1819–1821, gab sich die Auffassung einer jüngeren Generation kund (Abb. 32). Schinkel mußte die Grundmauern des abgebrannten Hauses von Langhans übernehmen und auch die Säulen von diesem Bau wieder verwenden. Dennoch war sein oberster Grundsatz, »daß der Charakter des Gebäudes sich von außen vollkommen ausspreche und das Theater durchaus nur für ein Theater gehalten werden kann«. Die Differenziertheit aller Teilräume ergibt sich somit aus deren verschiedenen Funktionen: statt der kubi-

32   Karl Friedrich Schinkel, Entwurf zu dem 1819–1821 erbauten Schauspielhaus Berlin. Nationalgalerie, Berlin-Ost

schen Massenwirkung eine Überkreuzung und Durchdringung längs- und breitgerichteter Achsen. Die Wandflächen sind – völlig unantik und höchst modern – durch doppelte Reihen hoher Fenster aufgelöst. Das Motiv der figurenreichen Dreiecksgiebel ist nicht archäologisch gemeint, sondern verkündet den geradezu sakralen Rang dieser Stätte. Ähnlich sind auch die Front der 18 ionischen Säulen und die zentrale Rotunde des *Alten Museums* aus den Jahren 1824–1830 zu verstehen, sprach Schinkel doch angesichts des Mittelraumes selbst von einem »Heiligtum«. Wie er hier einen Entwurf des zwanzig Jahre zuvor erschienenen Lehrbuches von Durand in großartiger Umbildung verwirklichte, würde eine eigene Untersuchung verdienen.

In den christlichen Kultbauten des Meisters wird die Problematik des Historizismus eindringlich spürbar. So legte Schinkel für die 1824–1830 errichtete *Kirche auf dem Werderschen Markt* zu Berlin – ähnlich wie Latrobe es in Baltimore getan hatte – Entwürfe in mehreren Stilarten vor: einen römischen Tempel, eine Kirche in renaissancistischen Formen und schließlich eine in gotisierenden. Eine Reise des Jahres 1826 nach England brachte ihn jedoch noch mit den veränderten Forderungen des Massenzeitalters in Berührung. In den Zentren der Industrie mußte er erkennen, daß »der Sinn fürs Monument verloren gegangen« war. Mit dem großzügigen Entwurf des Folgejahres zu einem lichtdurchfluteten Kaufhaus, das wie ein neuzeitlicher Skelettbau anmutet und Schutzdächer aus Eisenblech über den Gehsteigen erhalten sollte, stieß Schinkel in Neuland vor. Um 1900 konnte sich die moderne Baubewegung auf ihn als einen Ahnherrn berufen.

Auch Leo von Klenze (1784–1864), ein Mitteldeutscher aus der Gegend des Harzes, hatte in Berlin noch Gillys Einfluß erfahren, bevor er sich bei Durand und bei Percier & Fontaine in Paris fortbildete und Italien besuchte. 1816 erfolgte seine entscheidende Berufung nach München. Fast fünf Jahrzehnte hindurch wirkte er hier als Hofbauintendant. Die bayerische Hauptstadt ist wesentlich von ihm umgestaltet worden. Allein für Ludwig I. errichtete er etwa dreißig Bauten. Sie liegen meist an den beiden neu geschaffenen Straßenzügen, die von der Nordwestecke der Residenz ausstrahlen: der nach Westen gerichteten Briennerstraße mit dem abschließenden Forum des Königsplatzes sowie der am ehemaligen Schwabinger Tor und am Odeonsplatz beginnenden, nach Norden führenden Ludwigstraße (Abb. 36). Der früheste

33 Leo von Klenze, Die Walhalla bei Regensburg. Um 1830. Aquarellierte Zeichnung, 20,8 × 29,2 cm. Hamburger Kunsthalle

Auftrag bedeutete zugleich die Auseinandersetzung mit einer der wichtigsten Bauaufgaben des Zeitalters, der des Museums. Er ging aus einer Konkurrenz hervor, an der sich auch Carl Haller von Hallerstein (1774–1817) und Karl von Fischer (1782–1820) beteiligten. Klenzes *Glyptothek* (Abb. 78), 1816–1834, war zur Aufstellung der Antikensammlungen des Kronprinzen bestimmt. Der eingeschossige quadratische Bau mit offenem Innenhof ist von außen fensterlos und nur gegen den Königsplatz hin mit einer übergreifenden Tempelfront aus acht ionischen Säulen geschmückt. Der edle, festlich-ernste Charakter der Raumfolge wurde bis zum Zweiten Weltkrieg durch die Fresken des Peter Cornelius wirksam betont. In den späteren großen Galeriegebäuden – der Münchner *Alten Pinakothek* von 1826 und der neuen *Eremitage* in St. Petersburg von 1839 – lehnte sich Klenze an den Formenschatz der italienischen Renaissance an, wie er schon 1816 mit dem *Leuchtenberg-Palais* am Beginn der Ludwigstraße ein erstes Beispiel des

34 Georg Ludwig Friedrich Laves, Entwurf zum Leineschloß. Niedersächsisches Hauptstaatsarchiv, Hannover

Neurenaissance-Stils gegeben hatte. Dem Wunsch seines Herrschers gehorchend, vermochte er 1826 für die Allerheiligen-Hofkirche die Capella Palatina zu Palermo als Vorbild zu wählen oder um 1825 dem Königsbau der Residenz die Fassade des Palazzo Pitti in Florenz vorzublenden. Dennoch ist sein Name für die Nachwelt vornehmlich mit der *Walhalla* (Abb. 33) verbunden, dem erfüllten Bautraum idealistischer Griechensehnsucht und mächtig aufflammenden Nationalgefühls, in Vorzügen wie in Fehlern ein Dokument der Epoche. Schon 1814 hatte Ludwig einen Aufruf erlassen für eine Ruhmeshalle zum Andenken großer Deutscher »in reinstem antiken Geschmacke«. Die eingereichten Entwürfe – darunter solche Hallersteins – befriedigten ihn nicht. Auch als Klenze 1821 den endgültigen Auftrag erhielt, dauerten die gemeinsamen Überlegungen noch Jahre an. Erst am 18. Oktober 1831 – einem Gedenktag der Völkerschlacht bei Leipzig – konnte der Grundstein gelegt werden; zwölf Jahre später fand die Einweihung statt, zu der 30 000 Menschen zusammenströmten. Auf einer von Eichwald bestandenen Bergeshöhe oberhalb der Donau bei Regensburg erhebt sich über mächtigen Terrassenstufen ein dorischer Tempel. Er

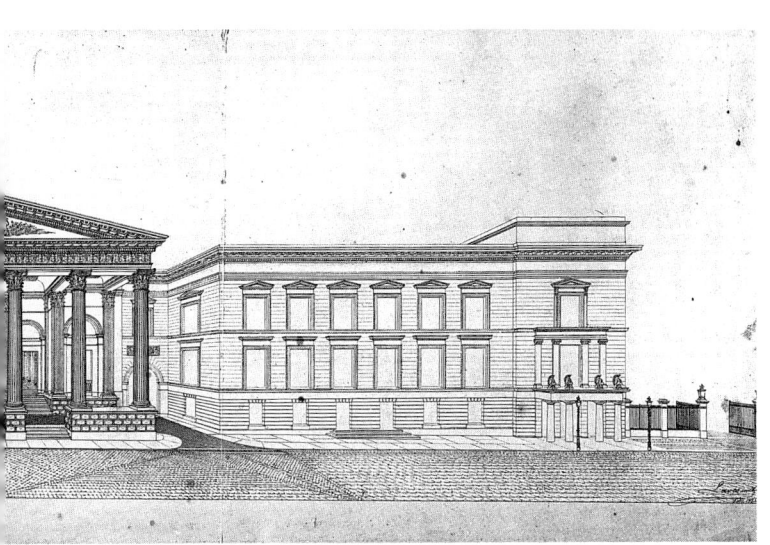

birgt im Innern einen ionischen Festsaal mit den Marmorbüsten der Auserwählten. Überspannt aber wird er von einem – eisernen Dachstuhl. Die geschichtliche Situation kann nicht besser verdeutlicht werden als durch diese Diskrepanz.

Wie Schinkel oder Klenze wurde auch Georg Friedrich Laves (1788 bis 1864) in den achtziger Jahren geboren. Was jene beiden Persönlichkeiten für die preußische oder die bayerische Hauptstadt bedeuteten, war er für Hannover. Erst durch Forschungen der letzten Jahrzehnte sind Werk und Leistung dieses Baumeisters umfassend deutlich geworden. Bei seinem Onkel Jussow in Kassel geschult und auf wiederholten Reisen nach Italien, Frankreich und England weitergebildet, hat Laves in einer fünf Jahrzehnte währenden Tätigkeit das Stadtbild Hannovers entscheidend geprägt, sowohl durch neue Straßenzüge und Platzanlagen wie den Waterlooplatz (1825) als auch durch repräsentative Bauten: das Leineschloß – heute Niedersächsischer Landtag – mit majestätischem Säulenportikus (ab 1817; Abb. 34), Wangenheimsches Palais (ab 1827), Opernhaus (1843–1852). Der romantische Klassizist war aber zugleich – und das ist für die historische Situation ungemein aufschlußreich – ein erfinderischer Bauingenieur: Zum Wettbewerb für die Londoner Weltausstellung von 1851 sandte er den Entwurf einer aus Eisenbahnschienen vorzufabrizierenden Halle ein.

Mit der präromantischen Welle war im 18. Jahrhundert auch die Mode der Neugotik nach Deutschland gelangt. Der englischem Lebensstil zugetane Fürst Leopold Friedrich Franz von Anhalt-Dessau, der um 1770 inmitten eines modernen Parks durch den Klassizisten Friedrich Wilhelm von Erdmannsdorff (1736–1800) das Schloß zu Wörlitz mit einer korinthischen Giebelvorhalle hatte erbauen lassen, befahl eineinhalb Jahrzehnte später, durch Georg Christoph Hesekiel (1732–1818) dort auch ein ›Gotisches Haus‹ aufzuführen. Und die *Löwenburg* auf Wilhelmshöhe, die der Landgraf von Kassel kurz vor 1800 von dem klassizistischen Baumeister Heinrich Christoph Jussow (1754–1825) als künstliche Ruine erstellen ließ, gehört ebenso noch jener Modeströmung an.

Es bedurfte erst der nationalen Besinnung in der Zeit napoleonischer Herrschaft, daß die Begeisterung für die Gotik – die fälschlicherweise freilich als der typisch vaterländische Stil des Mittelalters angesehen wurde – eine umfassende Baubewegung ins Leben rief. Vor allem der unvollendet aufragende Kölner Dom wurde zu einem Sinnbild einstiger Herrlichkeit. Forster, Friedrich Schlegel, die Boisserées, Görres und Schinkel hatten auf dieses Werk hingewiesen oder gar Vorschläge für den Ausbau vorgelegt. 1823 konnte mit den ersten Reparaturarbeiten begonnen werden, 1840 erfolgte die Gründung des Dombauvereins. Es war ein symbolischer Akt der umfassend verstandenen Vereinigung von Thron und Altar, als der protestantische König Friedrich Wilhelm IV. von Preußen 1842 den Grundstein zum Südportal legte. Die Neugotik verbreitete sich als Sakralstil – wie in den übrigen Ländern so auch in Deutschland – mit einer fast epidemisch zu nennenden Gewalt. Schon bis 1863 baute ein einziger Architekt – Vinzenz Statz (1819–1898) – weit über hundert neugotische Kirchen, davon in der Erzdiözese Köln allein vierzig. Erst Untersuchungen letzter Jahrzehnte versuchen, die künstlerischen Werte dieser Richtung herauszustellen.

Unter den Profanbauten waren es das befestigte Schloß und die Burg, die der Erinnerung an das Mittelalter besonders nahestanden und für die daher der neugotische Stil bevorzugt angewendet wurde.

35 Schloß Anif bei Salzburg

Das Kleinod im deutschsprachigen Raum ist Schloß Anif bei Salzburg (Abb. 35). Es mutet wie die steingewordene Dekoration Schinkels für Fouqués Oper *Undine* an. Alois Graf von Arco-Stepperg, Sohn der Kurfürstin Maria Leopoldine von Bayern, hatte 1837 den wohl aus dem 14. Jahrhundert stammenden Bau erworben und ließ ihn in den folgenden zehn Jahren völlig neugestalten. Es ist »kein mittelalterliches Schloß geworden, sondern es ist die Sehnsucht danach« (Johannes Moy). Die leitende Idee und manche Stilelemente haben ihren Ursprung in England, das der Bauherr mehrmals besuchte: Kopien von Nashs *Mansions of England in the Olden Time,* 1839–1841, und von Shaws *History and Antiquities of the Chapel at Luton Park,* 1830, befanden sich in Arcos Besitz, und eine Bank der handwerklich vorzüglich gearbeiteten Ausstattung hält sich getreu an die Vorlage in Augustus Welby Pugins *Gothic Furniture in the Style of the 15th Century,* veröffentlicht 1835. Dennoch ist auch der heimische Anteil – der »germanische Styl« Ludwigs von Bayern – sehr stark spürbar. Vor allem aber erhöht die unvergleichlich pittoreske Lage inmitten des spiegelnden

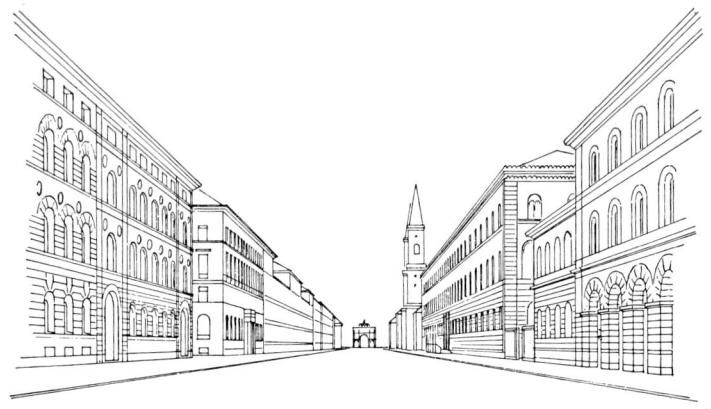

36 Die Ludwigstraße in München nach Plänen von Leo von Klenze und Friedrich von Gärtner. Entstanden ab 1817. Rechts Staatsbibliothek und Ludwigskirche, als nördlicher Abschluß das Siegestor

Sees, umgeben von der englischen Parkanlage der Zeit um 1800 und vor der Folie des Alpenmassivs, den Zauber dieser romantischen Schöpfung. Ebenso wie angesichts des 1834 von Schinkel für den Prinzen Wilhelm von Preußen erbauten *Schlosses Babelsberg* wird man auch in Anif trotz allem Historizismus noch eine fast naive Anmut empfinden, die in den späteren Anlagen der Neugotik – etwa der für Ludwig II. von Bayern in den Jahren 1869–1886 erbauten Burg Neuschwanstein – vergeblich gesucht wird.

Neben der antikisierenden und der gotisierenden Strömung muß als dritte Komponente der Baukunst in der ersten Hälfte des 19. Jahrhunderts der Rückgriff auf die Formensprache der Renaissance betrachtet werden. Während die beiden erstgenannten Bewegungen zumindest theoretisch Gegensätze waren (die allerdings selbst in den bedeutenden Künstlern nebeneinander bestehen konnten), entwickelte sich diese folgerichtig aus dem Klassizismus und darf daher als dessen Spätphase angesehen werden. Sie wurde in Deutschland bereits von den Zeitgenossen als ›Rundbogenstil‹ bezeichnet. Wir sahen, daß schon Leo von Klenze sich ihrer zuweilen bediente. Für Klenzes jüngeren, aber vor ihm verstorbenen Rivalen Friedrich von Gärtner (1792–1847) war dieser Rundbogenstil, der sich ebenfalls je nach den historischen Vorbildern variieren ließ, die bestimmende architektonische Ausdrucksweise. Der aus Koblenz Gebürtige hatte nach dem Besuch der Münchner Akademie auf Studienreisen Frankreich, Italien, Holland und England kennengelernt. 1820 als Professor in die bayerische Hauptstadt zurückberufen, wurde er 1841 hier Direktor jener Anstalt, in die einst der Schüler eingetreten war. Gärtners Werk ist die endgültige Gestaltung der Ludwigstraße (Abb. 36) mit der Feldherrnhalle am Odeonsplatz (1841–1844), der Staatsbibliothek (1831–1840), der Ludwigskirche (1829–1840), der Universität (1834–1840) und dem abschließenden *Siegestor* (1843–1850). Nicht alle diese Bauten befriedigen im einzelnen: Die Feldherrnhalle hält sich allzu sklavisch an die Loggia dei Lanzi in Florenz. Dennoch ist der Straßenzug großzügig in seiner Planung und harmonisch in den Proportionen der Massen; selbst dem Verkehr des 20. Jahrhunderts zeigt er sich noch gewachsen. Er fordert zum Vergleich mit einer zehn Jahre später entstandenen Straße heraus. König Maximilian II. wollte den Prinzipienstreit zwischen ›klassisch‹ und ›romantisch‹ beenden und regte 1851 einen Wettbewerb für einen »neuen Baustil« an. Als Gesamtanlage ist auch die *Maximilianstraße* mit der rhythmischen Abfolge verschieden breiter Teile und Querachsen nicht ohne Wirkung, aber die einzelnen Häuser enttäuschen durch eine als künstlich empfundene Stilmischung, in der sich nun wieder – am englischen Perpendicular Style ausgerichtete – gotisierende Elemente vordrängen. Gärtners Schüler Friedrich Bürklein (1813–1872) war für die meisten von ihnen verantwortlich.

Welche neuzeitlichen Möglichkeiten der Rundbogenstil in sich barg, war inzwischen längst erwiesen. Die fähigsten unter den Schülern Weinbrenners hatten sich von den klassizistischen Lehren abgewandt. Georg Mollers (1784–1852) Schauspielhaus in Mainz, 1829–1833, ging in der funktionellen Klarheit, der Entsprechung von Innen und Außen, der Auflösung der Wände und der Rhythmisierung aller Glieder weit über Schinkels Schauspielhaus hinaus. Heinrich Hübsch (1795–1863), Weinbrenners Nachfolger in Karlsruhe, kam schon während seiner Lehrzeit zu der Überzeugung, »daß die antike Architektur auch bei der freiesten Behandlung für unsere heutigen Gebäude unzulänglich sey«. In einem Manifest von 1828 mit dem – mißverständlichen – Titel *In welchem Style sollen wir bauen?* sagte er dem »Lügen-Styl« des historisierenden Klassizismus vollends den Kampf an. Das

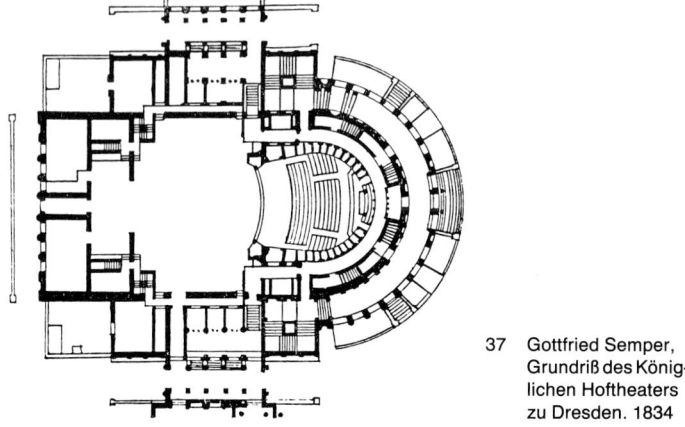

37 Gottfried Semper, Grundriß des Königlichen Hoftheaters zu Dresden. 1834

von ihm 1827 geplante Finanzministerium ist ein unverputzter Ziegelbau, ganz auf die Verwaltungsarbeit hin entworfen. Bei der Polytechnischen Schule, 1832–1836, und der Kunsthalle, 1840–1849, wurde aus sachlichen Erwägungen auf pathetische Repräsentation verzichtet. Friedrich Eisenlohr (1805–1855) wandte in seinen nun der Zeit zum Opfer gefallenen Bahnhöfen von Karlsruhe, Heidelberg und Freiburg den Rundbogenstil auf diese neue Bauaufgabe an.

Die bedeutendste Persönlichkeit unter den deutschen Baumeistern um die Mitte des Jahrhunderts war der Hamburger Gottfried Semper (1803–1879). Der Schüler Gärtners in München und Hittorfs in Paris hatte schon 1834 geschrieben: »Der Kunstjünger durchläuft die Welt, stopft sein Herbarium voll mit wohl aufgeklebten Durchzeichnungen aller Art und geht getrost nach Hause, in der frohen Erwartung, daß die Bestellung einer Walhalla à la Parthenon, einer Basilika à la Monreale, eines Boudoir à la Pompeji, eines Palastes à la Pitti, einer byzantinischen Kirche oder gar eines Bazars im türkischen Geschmacke nicht lange ausbleiben könne.« In demselben Jahr 1834 nach Dresden berufen, schuf er hier als erstes Hauptwerk das Königliche Hoftheater (Abb. 37), das bereits 1868 abbrannte und dann wiederum nach seinen Plänen, jedoch pompöser erneuert wurde. Dem frühen Entwurf, der an Mollers Gedanken anknüpfte, kommt durch die klare Lösung des Grundrisses ein Ehrenplatz in der Geschichte des Theaterbaus zu.

Als Semper nach der Achtundvierziger Revolution Deutschland verlassen mußte, fand er in England Zuflucht und wurde anläßlich der Londoner Weltausstellung von 1851 künstlerischer Berater des Prinzgemahls Albert. Sein im folgenden Jahr erschienenes Bändchen *Wissenschaft, Industrie und Kunst* ist ein Markstein im Vorfeld der neuen Kunstgewerbe-Bewegung. Klarsichtig stellte Semper dem »verworrenen Stilgemisch« und der »kindischen Tändelei«, wie sie die Ausstellung in Tausenden von Beispielen geboten hatte, die Erzeugnisse außereuropäischen Kunstfleißes entgegen. Der »anerkannte Sieg, den die halbbarbarischen Völker ... über uns davon trugen«, solle zur Besinnung führen. Aber es ist für die tragische Gespaltenheit jener Übergangsepoche charakteristisch, daß selbst dieser Weitblickende in seiner späteren Laufbahn, die ihn erneut nach Dresden, nach Zürich und Wien führte, nicht vom Historizismus loskam. War er doch – wie sein Sohn berichtet – der Überzeugung, »daß unser Zeitalter vermöge seiner ganzen Kultur und Bedürfnisse eigentlich nur eine Fortsetzung des Renaissance-Zeitalters sei, und daß es daher dem modernen (sic!) Architekten vor allem obliege, die Tendenzen der Renaissance-Architektur wieder aufzunehmen ... und fortzubilden«.

Die übrigen Länder Europas

Der Romantische Klassizismus war gerade in der Baukunst von so umfassender Wirkung, daß sich ihm kaum eine Nation – vor allem bei ihren repräsentativen Gebäuden – entziehen konnte. Auch seine Spätphase – der Rundbogenstil oder Renaissance Revival – fand vielerorts Nachfolge. Führend blieben Frankreich, England und später auch Deutschland. Es kann nicht unsere Aufgabe sein, allen Verzweigungen dieses breiten Stromes nachzugehen. Birgt doch selbst ein Land wie die Schweiz zahllose, mitunter vortreffliche Werke dieser Epoche. In anderen Staaten wäre wenigstens ein bestimmter Bau zu nennen, auf den sich die Bemühungen vereinigten. Wenige Beispiele müssen genügen. Die leider abgerissene Alte Börse in Amsterdam von Jan David Zocher (1791–1870; Abb. 38) war ein dorischer Architravbau mit giebelloser, von ionischen Säulen getragener Vorhalle. Die Genter Universität des Holländers Lodewijk Roelandt (1786–1864), zwischen

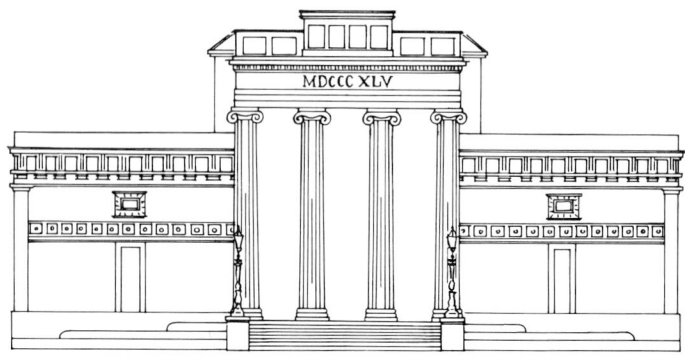

38 Jan David Zocher, Die Alte Börse in Amsterdam. Erbaut 1845

1819 und 1826, besitzt in dem achtsäuligen korinthischen Portikus und dem an das Pantheon erinnernden Kuppelsaal eher römische Züge; daß ein späterer Bau dieses Architekten, der 1846 vollendete Justizpalast in Gent, der Renaissance huldigt, bestätigt einmal mehr den allgemeinen zeitgeschichtlichen Wandel. In Wien, der Kaiserstadt der Donaumonarchie, sollte erst die zweite Jahrhunderthälfte eine gesteigerte Bautätigkeit bringen. Immerhin sei der 1826–1832 entstandene noble *Schottenhof* von Joseph Kornhäusel (1782?–1860) erwähnt, der trotz seiner Ausdehnung, trotz flacher Modellierung und sparsamer Dekoration seiner Wände viel von der liebenswürdigen Leichtigkeit des Louis-seize bewahrt hat. Das Nationalmuseum Budapest dagegen wurde 1837–1844 von Michael Pollák (1773–1855) in konventioneller Weise als großer Rechteckblock mit korinthischem Portikus erbaut.

Einen eigenen Abschnitt in der Baugeschichte der Zeit verdient das Zarenreich. Unter den ausländischen Baumeistern, die im 18. Jahrhundert nach Rußland gegangen waren, hatten die Italiener den Ton angegeben. Der Barock-Klassizismus des Bartolomeo Francesco Rastrelli (um 1700–1771) hatte das Stadtbild von St. Petersburg geprägt. Giacomo Quarenghi (1744–1817), der Palladio-Verehrer und Schüler von Mengs, war 1779 von Katharina II. an den russischen Hof gezogen worden und blieb bis zu seinem Tod in zaristischen Diensten. Die Akademie der Wissenschaften, 1783–1785, das Theater der Eremitage, 1783–1787, und das Großfürstliche Palais in Zarskoje-Selo, 1792–1796, sind nach seinen Entwürfen im italienisierenden Stil errichtet worden. Unter Alexander I. und dessen Bruder Nikolaus I. wurde der Ausbau St. Petersburgs in wahrhaft cäsarischen Dimensionen fortgesetzt. Alexander galt dabei als ein so liberaler Herrscher, daß ihm Ledoux 1804 sein Stichwerk widmete. In demselben Jahr begann der Franzose Thomas de Thomon (1754–1813) mit dem Bau der Börse (Abb. 39), die in der Blockhaftigkeit des Baukörpers, der Schwere ihrer dorischen Kolonnaden oder dem mächtigen Halbkreis der frontalen Lünette tatsächlich an Entwürfe der Revolutionsarchitekten gemahnt. Doch nutzte Thomon die einzigartige Lage an der Newa, indem er die gequaderten Ufermauern gleichsam als unteren Sockel einbezog und zwei flankierende Leuchtturmsäulen, mit Schiffsschnäbeln dekoriert, hinzufügte. Ebenso huldigte er der russischen Vorliebe für farbigen Stuck. Indessen konnte Alexander auch auf fähige Architekten unter seinen Landeskindern zurückgreifen. Andrej Nikiforowitsch Woronichin (1760–1814) ist der Meister der Bergakademie, deren Vorhalle sich mit zwölf dorischen Säulen dem Fluß zukehrt. Andrej Dmitrijewitsch Sacharow (1761–1811) schuf ab 1806 die städtebaulich wichtige Admiralität. Der Rechteckblock von 400 m Länge trägt nicht allein durch seine gewaltige Ausdehnung, sondern mehr noch durch die Vielfalt seiner Silhouette russische Züge, ist jedoch ebensowenig ohne Paris zu denken. Und in einem – wiederum eigenartigen – Empire wurde auch Moskau nach dem Brand von 1812 erneuert. Die Restaurationsepoche bevorzugte freilich wie in anderen Ländern die Neugotik: Erlöserkirche von 1817 und Nikolaskija-Turm des Kreml.

39 Thomas de Thomon, Die Börse in St. Petersburg. 1804–1816. Zeitgenössischer Stich

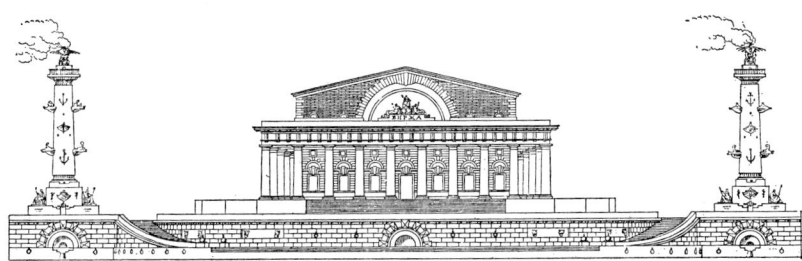

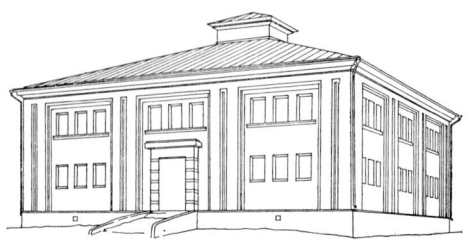

40 Carl Ludwig Engel,
Kornmagazin in
Tammersfors
(Finnland). 1838

Zar Alexander wurde 1809 in dem bisher schwedischen, nun aber mit Rußland durch Personalunion verbundenen Finnland neuer Großfürst. Die Hauptstadt Helsingfors erhielt unter ihm und seinem Nachfolger ein ›klassisches‹ Gesicht, doch es war ein maßvoller nordischer Klassizismus, eher der deutschen und skandinavischen Kunst verwandt als der russischen. Der führende Meister, Carl Ludwig Engel (1778–1840), stammte aus Berlin. Nach seiner Lehre als Feldmesser hatte er die preußische Bauakademie besucht und war 1809 als Stadtbaumeister nach Reval gegangen. Von 1818 an schuf er mit Senatspalast, Universität und Bibliothek sowie der Nikolai-Kirche ein stadtbeherrschendes Forum. 1824 zum Generalintendanten für das gesamte öffentliche Bauwesen ernannt, entfaltete er seine rege Tätigkeit über ganz Finnland und entwarf nicht nur Kirchen, Kasernen und Rathäuser, sondern auch Volksschulen und Getreidemagazine. Sein Kornmagazin in Tammersfors (Abb. 40), ein schlichter Ziegelbau, überrascht durch das Datum 1838, denn es könnte im 20. Jahrhundert entstanden sein.

Im skandinavischen Raum ragt als ein Meisterwerk der Epoche die edle, 1811–1829 errichtete Frauenkirche zu Kopenhagen von Christian Friedrich Hansen (1756–1845) hervor (Abb. 41). Sie ist eine dreischiffige Basilika mit sechzig Meter hohem Turm und dorischem Säulenportikus an der Fassade. Das Mittelschiff wird von einem kassettierten Tonnengewölbe aus Holz überspannt und endet in einer halbrunden Apsis. Pfeilerarkaden trennen die Seitenschiffe ab, dorische Säulen öffnen sich zu den darüberliegenden Emporen. Der an einen römischen Thermensaal erinnernde monumentale Raum ist von distanzierender Kühle und erhält seine künstlerische wie ikonologische Vollendung erst durch den Skulpturenzyklus Thorvaldsens. Das nach diesem Bildhauer benannte Museum von Hansens Schüler Michael Gottlieb Bindesböll (1800–1856) darf als zweites Beispiel des Klassizismus in Kopen-

41 Innenraum der Frauenkirche in Kopenhagen mit Skulpturenschmuck von Bertel Thorvaldsen (1811–1829). Lithographie. Königliche Bibliothek, Kopenhagen

hagen genannt werden; 1838–1847 entstanden, zeigt es in seinen schweren, abgeschrägten Formen Anklänge an ägyptische Vorbilder, wie sie in Frankreich schon um 1800 auftreten.

Zwei jüngere Träger des dänischen Namens Hansen – Hans Christian (1803–1883) und Theofil Edvard (1813–1891) – haben neben den Deutschen Klenze und Gärtner erheblichen Anteil an der Neugestaltung Athens. Mit ihren Bauten mußte sich der Romantische Klassizismus des 19. Jahrhunderts unmittelbar der Berührung mit der griechischen Klassik stellen. Das Stadtbild Athens verdankt noch heute diesen vier Baumeistern wesentliche Akzente.

Die Vereinigten Staaten von Amerika

»The genius of architecture seems to have shed its maledictions over this land.« Was Jefferson 1781/82 über Virginia niederschrieb, könnte für ganz Nordamerika gesagt worden sein. In den Vereinigten Staaten, die ein halbes Jahrzehnt zuvor ihre Unabhängigkeit erklärt hatten, traf man zu jener Zeit eine im wesentlichen englische Kolonialkunst an: eine bescheidene Nachfolge Christopher Wrens. Thomas Jefferson (1743–1826), der geniale Amateur und hochgebildete Staatsmann, war es selbst, der Amerika aus diesem provinziellen Niveau herausführen sollte. Enthusiastisch studierte er die Stichpublikationen über die römische Kunst und begeisterte sich an Palladio. Schon als Vierundzwanzigjähriger begann er mit Entwürfen für sein Landhaus *Monticello*, und zeitlebens baute er daran: eine klassische Villa auf der Höhe eines Berges. 1784–1789 besuchte er Europa, und hier entstanden die Pläne für das von 1785 an errichtete *Virginia State Capitol* in Richmond. Unter Mitarbeit seines französischen Freundes Charles-Louis Clérisseau (1722–1820) wählte er die berühmte Maison Carrée in Nîmes zum Vorbild; nach seinen eigenen Worten »ein alter römischer Tempel, der als das vollkommenste erhaltene Beispiel dessen gilt, was man Kubische Architektur nennen könnte«. Jefferson nahm damit den Baugedanken der *Madeleine* vorweg, hatte ihm für das Gebäude doch längst vor seiner Reise die Form eines Tempels vorgeschwebt. Als er nach der Rückkehr die Stellung eines Secretary of State übernahm, suchte er seinen Einfluß auf die Neugestaltung der Bundeshauptstadt

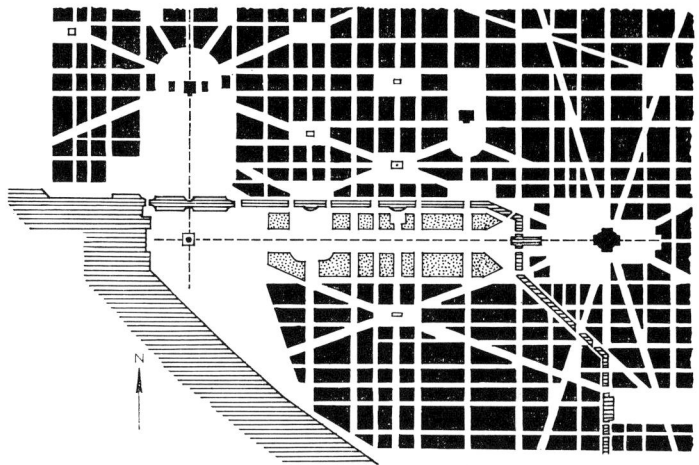

42 Pierre Charles L'Enfant, Plan für die Stadterweiterung von Washington. 1792

Washington, D. C., im Sinne des römischen Klassizismus geltend zu machen und beteiligte sich 1792 anonym an dem Wettbewerb für das Weiße Haus mit einem auf Palladios Villa Rotonda basierenden Entwurf. Wie bereits für Richmond, so zeichnete er auch selbst eine Skizze für die Stadtanlage und beriet schließlich den französischen Bauingenieur Pierre Charles L'Enfant (1754–1825), dessen Plan von 1792 mit den zwei rechtwinklig zueinander stehenden Hauptachsen und den kühnen Diagonalzügen der Erweiterung zugrunde gelegt wurde (Abb. 42).

Jeffersons Meisterwerk aber ist die *University of Virginia* (Farbtaf. 3), deren Errichtung und Organisation sich der Staatsmann nach seiner Amtszeit als Präsident der Vereinigten Staaten widmete. Höchst modern mutet der schon um 1804/05 ausgesprochene Gedanke an, nicht ein einziges monumentales Gebäude, sondern »an academical village« zu errichten. Die 1817–1826 verwirklichte Anlage gruppiert sich um ein freies Rechteck. An den Längsseiten sind je fünf Pavillons mit Hörsaal und Professorenwohnung aufgereiht, verbunden durch Säulenloggien, hinter denen die Zimmer für Studenten liegen. Die Gestalt der Pavillons variiert, um den Schülern möglichst viele Beispiele guter Architektur zu zeigen. An der vorderen Schmalseite ursprünglich offen, wird das Feld in der Tiefe durch die den Blick beherrschende Bibliothek geschlossen: eine verkleinerte, freie Nachbildung des Pantheons. Die Zweckmäßigkeit der Anlage, die baukünstlerische Einheit in der Vielheit der Glieder, nicht zuletzt die harmonische Farbwirkung des weißen Verputzes und der blauen Dächer fügen sich zu einem Ganzen von überraschendem Reiz zusammen.

Jefferson hat noch die nächste Phase der amerikanischen Baukunst – den ›Greek Revival‹ – eingeleitet. Unter seiner Präsidentschaft wurde Latrobe zum Surveyor der öffentlichen Bauten ernannt; und um Mills kümmerte er sich schon während dessen Studienzeit. Latrobe und Mills aber sind mit Strickland und Bulfinch die Exponenten dieses neuen Stils.

Benjamin Henry Latrobe (1764–1820) war als Sohn eines Predigers der United Brethren im englischen Leeds geboren worden und mit zwölf Jahren in den deutschen Brüdergemeinden Niesky und Barby zur Schule gegangen. Nach dem Besuch der Universität Leipzig und nach einer kurzen Dienstzeit als Cornett der Armee Friedrichs des Großen hatte er in England den Beruf des Ingenieurs und Architekten ergriffen. 1796 war er in den Staaten eingetroffen, hatte zuerst in Virginia an Kanalbauten mitgewirkt und Jefferson bei der Fertigstellung des Richmond Capitol geholfen. Sein erster bedeutender Bau – das früheste Zeugnis des ›griechischen‹ Stils in der Neuen Welt – war die *Bank of Pennsylvania* in Philadelphia, 1789–1800 errichtet und schon in den sechziger Jahren des 19. Jahrhunderts abgerissen: ein rechteckiger Block mit je einem ionischen Giebelportikus an den Schmalseiten, jedoch mit einer zentralen, von einer gemauerten Kuppel überwölbten Rotunde. Latrobe hat auch in der langen und komplizierten Baugeschichte des *Capitols* zu Washington einen wichtigen Platz; ausgezeichnete Pläne aus der Zeit vor und nach dem Brand von 1814 und einige der schönsten Innenräume sind erhalten. Als er 1805 Entwürfe für die Kathedrale in Baltimore – Amerikas erste große katholische Kirche – lieferte, dachte er zunächst an einen gotischen Bau über dem Grundriß eines dreischiffigen lateinischen Kreuzes. Doch wählte man seinen Alternativvorschlag: eine Kreuzkuppelkirche mit mächtigem an das Pantheon erinnerndem Kuppelrund, das auf acht durch Bögen miteinander verbundenen Zentralpfeilern ruht. Es ist ein imposantes – um 1890 freilich verändertes – Beispiel des klassizistischen Sakralbaues.

Wie Latrobe waren auch seine in den Staaten geborenen Schüler Mills und Strickland – und diese Tatsache ist gegenüber den europäischen Verhältnissen bemerkenswert – ebenso Ingenieur wie Architekt. Um so merkwürdiger aber auch, daß beide schon früh mit der Neugotik in Berührung kamen. Robert Mills (1781–1855), der Wasserwerke und Leuchttürme konstruierte, war Bauleiter für die 1807 in gotisierendem Stil begonnene Philadelphia Bank seines Lehrers, nicht zu verwechseln mit der älteren ›griechischen‹ Bank of Pennsylvania. Bald aber brach sein Klassizismus durch. Die Ehrensäule für George Washington in Baltimore, 1815–1819, ist ein frühes Zeugnis; der riesige Obelisk für den ersten Präsidenten in der Bundeshauptstadt, 1833–1848, gehört der späteren Zeit an. In dieser Stadt stehen auch Mills' wichtigste Bauten, sämtlich mit säulengetragener Vorhalle: außer dem *Patent Office* und dem *Post Office* von 1839 vor allem die stattliche *Treasury*, 1836–1842. William Strickland (1788–1854) zeichnete 1809 eine gotische *Masonic Hall* für Philadelphia. Zehn Jahre später gewann er den Wettbewerb für die *Branch Bank* ebenda mit einer Nachbildung des Parthenons. Ein Tempel ist auch das *State Capitol* in Nashville, Tennessee, 1845–1849 errichtet. Sein eigenwilligster Bau darf zugleich als sein bester gelten: die *Merchant's Exchange* in Philadelphia, 1832–1834. Sie zeichnet sich durch ein halbrund vorspringendes Vestibül mit einem die beiden oberen Stockwerke zusammenfassenden Säulenumgang aus. Neben, ja vor der Latrobe-Schule wirkte der Bostoner Charles Bulfinch (1763–1844), zuerst in seiner

43 Der Bahnhof in Lowell, Massachusetts, nach einem Entwurf von P. Anderson. 1835. Holzstich des 19. Jahrhunderts

Heimatstadt, dann als Nachfolger Latrobes am Capitol zu Washington. Es ist typisch für die Neue Welt, daß hier der Klassizismus – im Gegensatz zu Europa – nicht nur für repräsentative öffentliche Gebäude bevorzugt wurde, sondern auch für reine Zweckbauten, ja selbst für Industriebauten. Das reizvollste Beispiel ist der frühe Bahnhof in Lowell, Massachusetts, von 1835 (Abb. 43): ein kleiner Tempel mit vier Säulen an den Giebel- und acht Säulen an der Längsseite, der – einzige – Gleisstrang gedeckt hinter dieser Kolonnade hindurchgeführt.

Die Neugotik war dem Greek Revival gegenüber in den Vereinigten Staaten eine Bewegung von beschränktem Radius. Ohne Tradition in den Zeiten der Kolonialkunst, konnte sie sich trotz der erwähnten vereinzelten Vorstöße erst nach dem Tod von Latrobe durchsetzen, doch blieb sie auf den sakralen Bereich begrenzt. Einige Kirchen der dreißiger Jahre in und um Boston, vor allem aber die *Trinity Church* von Richard Upjohn (1802–1878) und die *Grace Church* von James Renwick (1818–1895), in New York 1834–1846 bzw. 1843–1846 erbaut, sind Parallelen zu Pugins englischen Bemühungen. Die Zukunft der amerikanischen Architektur sollte anderswo liegen.

Die Bildhauerkunst

Italien

Die klassizistische Erneuerung der Bildhauerkunst erfolgte in Rom angesichts der bedeutenden Werke aus Antike und Renaissance. Antonio Canova (1757–1822) war von der Terra ferma gekommen und hatte den Unterricht der Kunstakademie zu Venedig genossen. Erst in Rom aber entschied sich sein Schicksal durch Aufträge zu den Grabmälern zweier Päpste. An demjenigen für Clemens XIV. in SS. Apostoli arbeitete er von 1782 bis 1787, das für Clemens XIII. in St. Peter wurde 1792 vollendet. Beide Monumente künden von dem programmatischen Bruch mit dem Barock. Allzu bereitwillig hat die auf den Klassizismus folgende Zeit den Stilwillen Canovas als Unvermögen gewertet. Freilich fordern diese Denkmäler zum Vergleich mit der stolzen Reihe der Papstgräber des Barock heraus. Zumal dasjenige für Clemens XIII. (Abb. 44) muß nach der örtlichen Situation geradezu als Gegenstück zu dem Nischengrab Alexanders VII. von Gianlorenzo Bernini empfunden werden. Und auch dem heutigen Betrachter wird es schwer, der asketischen Strenge Canovas gerecht zu werden. In dem voll tönenden Spätwerk des genialen Barockmeisters sind alle Register gezogen. Figuren und Architektur bilden ein untrennbares Ganzes. Die Teile greifen ineinander über und verschleiern das geometrische Gerüst der symmetrischen Komposition. Der polychrome Reichtum des verschiedenen Materials ergibt einen rauschenden, sonoren Klang. Ein Triumph der Erlösungsgewißheit! Vor Canovas Werk stehen wir ernüchtert. Wir spüren, wie sich die Reflexion auch der Fragen über die Letzten Dinge bemächtigt hat. Die Farblosigkeit zwingt zu kühler Distanz. Ganz bewußt ist eine antithetische Struktur im großen wie im einzelnen durchgeführt. Der architektonische Aufbau, dessen Grundlinien klar gezogen sind, bezieht den leeren Raumgrund in die künstlerische Rechnung ein. Die asymmetrisch angeordneten Figuren verschmelzen nicht mit der Folie, Canova selbst hat von seinen Monumenten gespro-

44 Antonio Canova, Entwurf zum Grabmal für Papst Clemens XIII. in St. Peter, Rom. 1792 vollendet. Zeitgenössischer Stich

chen, »deren Architektur, wenn man die Statuen wegnähme, nicht angeben würde, wo und wie diese genau anzubringen wären«. Auch unter sich sind die Figuren gegensätzlich aufgefaßt. Zwei Löwen flankieren die Grufttür (die in Wirklichkeit zu Nebenräumen der Kirche führt), die allegorischen Gestalten Fides und Thanatos beiderseits des Sarkophages scheinen in stummem Dialog begriffen, zuoberst kniet der Verstorbene im Gebet. Canovas Ziel war – den ästhetischen Gesetzen seiner Zeit gemäß – die erhabene Form. Der Weg dorthin führte über eine Skala von Entwürfen und Modellen und bedeutete stärkste Disziplinierung. Welcher Intensität des Gefühls dieser Künstler fähig war, lehrt einer der wenigen erhaltenen Bozzetti. Die kaum handgroße Terrakotta einer Trauernden ist die Invenzione der *Mansuetudo* am Grabmal Clemens' XIV. (Abb. 45). Jenseits aller traditionellen Gebärden und aller gegenständlichen Angaben ist die souverän modellierte Gestalt ein Bild dumpfer Verzweiflung und strömender Klage. Erst ein Jahrhundert später haben Bildhauer wie George Minne und Ernst Barlach wieder – mit ähnlichen Mitteln – einen ähnlich vollkommenen Ausdruck der Trauer erreicht.

45 Antonio Canova, Bozzetto zur Figur der Mansuetudo für das Grabmal Papst Clemens' XIV. Um 1783

Canovas Einzelfiguren und Gruppen vereinen formale Sicherheit und technische Brillanz mit einer dem Künstler eigenen Anmut; die Gegenwart empfindet sie zuweilen als allzu glatt und kühl. Die immer wieder reproduzierte Gruppe *Amor und Psyche,* von der Fassungen im Louvre und in der Villa Carlotta am Comer See bewahrt werden, ist das bekannteste Werk des Künstlers. Wie Apuleius berichtet, war Psyche eine Sterbliche, der die Götter wegen ihrer standhaften Liebe zu Amor die Unsterblichkeit verliehen. Die deutsch-dänische Schriftstellerin Friederike Brun hat die Marmorgruppe im Januar 1796 in der

Werkstatt des Bildhauers gesehen und in ihrem Tagebuch beschrieben: »Amor und Psyche, im Augenblick wo diese, von den aus der geöffneten Vase der Proserpina aufsteigenden stygischen Dünsten umnebelt, sterbend hinsinkt, und jener ihr schnell zu Hilfe eilt ...« Nicht also als Liebesszene darf die Umarmung mißverstanden werden. Die schwebende Zartheit des Zueinanderstrebens, die einen erotischen Gehalt nur eben anklingen läßt, sublimiert das Geschehen zu der Begegnung einer Menschenseele mit göttlicher – freilich heidnischer – Liebe. Daß Canova von den Zeitgenossen ein Philosoph der Kunst genannt wurde, wird vor einem solchen Werk verständlich. Wie hier aber inhaltlich ein äußerstes gewagt worden ist, so auch formal. Die beiden Gestalten sind einem Schema eingefügt, das man beinahe als abstrakt bezeichnen kann: den sich verschränkenden Rundungen innen und den wie Balken eines Schrägkreuzes oder wie Windmühlenflügel ausgreifenden Diagonalen außen. Die Oberfläche des Marmors ist auf das feinste ausgearbeitet.

Canovas früher Ruhm mußte die Aufmerksamkeit Napoleons und seines Hauses erregen. Es war die Spannweite seines Ausdrucks von heroischem Pathos bis zu weiblicher Grazie, die den Künstler zum vornehmsten Repräsentanten des Empire in der Skulptur werden ließ. Schon 1797 hatte der General Joachim Murat eine Gruppe von Venus und Amor bestellt, 1802 erhielt Canova eine Einladung nach Paris, um das Bildnis des Ersten Konsuls zu fertigen und ein Denkmal vorzubereiten. 1810 war er wiederum in Frankreich und porträtierte die Kaiserin Marie-Louise. Im folgenden Jahr schuf er die bronzene Kolossalstatue des Herrschers für Mailand, von der eine Marmorausführung im Wellington-Museum zu London bewahrt wird. Wie ein Standbild der römischen Kaiserzeit (Abb. 46) steht Napoleon in idealer Nacktheit, mit der Linken das hohe Szepter umgreifend und in der Rechten die Statuette der über der Erdkugel schwebenden Victoria, als der ersehnte neue Augustus und Friedensfürst; doch wird man eingestehen müssen, daß selbst dieser Künstler der unzeitgemäßen Aufgabe des heroisierenden Monumentalbildes nicht mehr gewachsen war, vielmehr seinen Helden der Lächerlichkeit preisgab. Auch bei höfischen Aufträgen blieb Canova am glücklichsten, wenn er sinnliche Schönheit in den Bereich idealer Hoheit emporheben durfte. Hier vermochte er sogar, der schönen, aber leichtlebigen Pauline Borghese eine

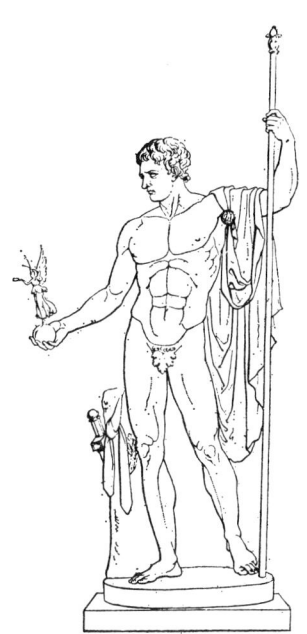

46 Antonio Canova, Statue Napoleons I.
1811. Zeitgenössischer Stich

mythologische Erhöhung zuteil werden zu lassen. Im Jahre 1808 stellte er die Schwester Napoleons als »siegreiche Venus« dar (Rom, Villa Borghese). Die Fürstin liegt auf antikischem Ruhebett gegen die Kissen gelehnt. Der rechte Arm stützt den Kopf mit dem kunstvoll aufgebundenen Haar, die linke Hand hält als Attribut den Apfel des Paris. Der Körper ist nackt, nur Hüften und Schenkel sind von einem Tuch bedeckt. Die Figur bietet ein vollendetes Gleichgewicht zwischen Ruhe und Gespanntheit. Obwohl sie flächenhaft auf eine Hauptansicht berechnet ist, erlaubt sie dem Betrachter doch das Umschreiten. In schwebendem Ausgleich sind auch Nähe und Ferne: Das Schockierende der bewußten Zurschaustellung des Aktes wird durch den entrückten, in unbestimmte Ferne wandernden Blick zu Unnahbarkeit verwandelt. Freilich ist wiederum eine Grenze erreicht, die Künstler minderen Ranges kaum hätten wahren können. Die Frage – so berichtete der Hofklatsch – ob sie sich in diesem Aufzuge als Modell wohl gefühlt habe, habe Pauline mit der frivolen Bemerkung beantwortet, es sei ja geheizt gewesen. Die Anekdote legt nochmals die

47 Charles-Louis Corbet, Napoleon I. als Konsul. 1801. Gips, Höhe 82 cm. Musée national du Château de Versailles

Diskrepanz zwischen Schein und Sein bloß, die der Künstler bewundernswürdig gemeistert hat.

Canova galt zu seinen Lebzeiten als der größte Bildhauer, mit seinem Ruhm kann sich nur der Thorvaldsens messen. Sein Einfluß reichte weit über den engen Kreis der Schüler hinaus und bestimmte die Skulptur Italiens bis zum Ausgang des 19. Jahrhunderts. Das Schicksal der italienischen Bildnerei kann dabei als beispielhaft auch für die Entwicklung in den übrigen Ländern gelten. Denn der akademische Klassizismus verband sich seit der Mitte des Jahrhunderts allerorten mit einer Tendenz zu modellgetreuem Naturalismus, der um so peinlicher wurde, je mehr er sentimentalen und deklamatorischen Neigungen dienen mußte. Dies gilt vor allem von der offiziellen Skulptur, in der die eigentlich plastischen Werte malerischer Wirkung und der Fülle des Details geopfert wurden. Von dem Schulkreis Canovas seien Carlo Finelli (1785–1853), Adamo Tadolino (1788–1868), Pietro Tenerani

48 Joseph Chinard, Mme Récamier. Nach 1811. Terrakotta, Höhe 56 cm. Staatliche Museen Preußischer Kulturbesitz, Skulpturengalerie, Kaiser-Friedrich-Museums-Verein, Berlin-West

(1787–1869) und Pompeo Marchesi (1789–1858) genannt. Selbständiger in der Richtung auf den Naturalismus war die toskanische Schule von Lorenzo Bartolini (1777–1850) bis zu Giovanni Dupré (1817–1882).

Frankreich

Der französischen Bildhauerkunst um 1800 fehlte die überragende Persönlichkeit, die schulbildend gewirkt hätte. Napoleons und seines Hauses Gunst galt vor allem dem Italiener Canova. Und doch teilten sich auch zahlreiche heimische Kräfte in die Aufgaben, welche die neue Ära ihnen stellte. Jean-Antoine Houdon (1741–1828), der berühmteste Menschenbildner des 18. Jahrhunderts, verewigte noch die Revolutionäre von 1789, so Bailly, Lafayette und Mirabeau, und modellierte gar noch 1806 den Kaiser. Die realistische Gesinnung, auf der die sprühende Lebenswahrheit seiner Meisterwerke beruht, gab er einigen Künstlern weiter, die gleichaltrig mit Canova waren. Der Name von Charles-Louis Corbet (1758–1808) fehlt in fast allen älteren Kunstgeschichten. Und doch hat man das nach der Natur gearbeitete Bildnis Bonapartes von 1799 mit Recht »le chef-d'œuvre du temps« genannt (Lille, Replik in Versailles von 1801, beide Gips; Abb. 47). Der Erste Konsul trägt den Generalsrock und die schmucklose Halsbinde. Der weite Mantel schließt den Umriß der Figur ab und isoliert die Gestalt gegenüber der Umwelt. Das ungepflegte, strähnige Haar klebt fast an dem schmalen Gesicht. Alle Aufmerksamkeit ist auf die Physiognomie konzentriert. Die asketischen, scharf geschnittenen Züge deuten auf verzehrende Energie und brennenden Willen. Zu gleicher Zeit aber verleihen die tief in den Höhlen liegenden, überschatteten Augen, denen die Bohrlöcher etwas Flackerndes und Unstetes geben, dem Dargestellten einen Ausdruck unbestimmter Trauer. Diese Gespaltenheit, die in dem phrasenlosen Vortrag so anschaulich wird, läßt auf ein gestörtes Verhältnis von Mensch und Welt, von Idee und Wirklichkeit schließen und Napoleon als einen Exponenten der romantischen Epoche erscheinen. Joseph Chinard (1756–1813) hat den Verismus mit echt französischer Grazie in der 1811 geschaffenen Büste der Madame Récamier verbunden (Terrakotta in Berlin, Marmor in Lyon; Abb. 48). Die ›göttliche Juliette‹ hält die schönen Hände anmutig über einen verhüllenden Schal gekreuzt, der gleichwohl die linke Brust freigibt. Der Kopf mit dem antikischen Aufputz ist ein wenig geneigt, das liebliche Gesicht kokett und unschuldig zugleich. Chinard wurde auch von Napoleon beschäftigt, doch waren Pierre Cartellier (1757–1831) und Denis-Antoine Chaudet (1763–1810) unter dem Empire bevorzugt. Der erstere schuf eine Reihe offizieller Standbilder, von dem letzteren stammt die Kolossalstatue des Kaisers, die 1810–1814 die Säule der Grande Armée krönte (Abb. 12).

Erst die Generation der um 1780–1790 Geborenen arbeitete mit neuen Vorstellungen vom Wesen der Skulptur. Zwar war Jean-Pierre Cortot (1787–1843), der fruchtbarste Bildhauer der Restauration und der Julimonarchie, zehn Jahre in Rom und blieb auch später meist in akademischer Manier befangen. Aber Pierre-Jean David d'Angers (1788–1856) hat – weniger in seinem monumentalen Hauptwerk, dem Giebelschmuck des Pantheons von 1837, als in seinen individuell

49 Jean-François Chalgrin, Arc de Triomphe. 1806–1837. Reliefs von François Rude u. a. Zeitgenössischer Stich

geformten Büsten und vor allem in seinem temperamentvoll modellierten Medaillenwerk, das die umfassendste Porträtgalerie Frankreichs bildet – den Schritt vom Klassizismus in die Romantik getan. François Rude (1784–1855) besaß wohl die stärkste bildnerische Kraft. Schüler des Klassizisten Cartellier, hatte er 1812 den Rompreis gewonnen; doch anstatt nach Italien ging er als überzeugter Republikaner – wie der alte Jakobiner Jacques-Louis David – bei der Rückkehr der Bourbonen nach Brüssel in das Exil. Sein Meisterstück ist das große

Hochrelief *Der Auszug der Freiwilligen von 1792* am Arc de Triomphe zu Paris (1833-1836; Abb. 49). Zu Häupten einer pathetischen Gruppe teils nackter, teils antikisch gekleideter Männer und Jünglinge erscheint, von einem Fahnentuch und Speeren hinterfangen, der Genius der Freiheit: Gestalt gewordenes Zeichen ungestümen Siegeswillens. »Was immer an Gesetzen der Plastik und des Reliefstils überliefert war, hier ist es kühn zerbrochen; dies ist der formgewordene Geist der Revolution, ein steinernes Kampflied, der Marseillaise vergleichbar« (Gustav Pauli). Antoine-Louis Barye (1795-1875) hatte bei Gros die Malerei erlernt und mit Delacroix zusammen die Löwen des Tiergartens beobachtet. 1824 hatte er begonnen, Modelle von Tieren für einen Silberschmied zu formen. Seither entwickelte er sich zu einem Spezialisten für stürmisch bewegte Tiergruppen aus dem mythologischen oder exotischen Bereich. Seine halbmeterhohen Bronzen – *Roger und Angelika auf dem Drachen* nach Ariost oder *Pferd vom Löwen angefallen* (Abgüsse im Louvre) – muten wie plastische Parallelen zur Kunst Delacroix' an. Mit diesem Maler befreundet war auch Antoine-Augustin Préault (1809-1879). Impulsiv, scharfsinnig, theoretisierend, war er ein Romantiker par excellence. Der Werkstoff wurde heftiger Expression dienstbar gemacht. Ein an die Spätgotik gemahnender Kruzifixus ist dafür ein Beispiel (Paris, Saint-Gervais), noch mehr das *Massaker* von 1834. Gespenstisch drängen sich michelangeleske oder füßlihaft verzerrte Spukgestalten, voluminös wirkend und doch in flachestem Relief gefangen (Chartres).

Es war der ein Jahr ältere Honoré Daumier (1808-1879), der die französische Plastik aus diesen Tiefen der Imagination in die Wirklichkeit zurückführte. Es geschah beiläufig, denn er war vor allem Graphiker. Zur Vorbereitung zweier Lithographie-Serien von Parlamentariern der Julimonarchie modellierte er die Köpfe in Ton. Alle 36 Büsten der Deputierten sind nach dem Besuch der Kammern aus dem Gedächtnis gefertigt, nur so konnte Daumier die wesentlichen Merkmale karikierend hervorheben. Später wurden die Modelle in Bronze gegossen. Nach dem Staatsstreich von 1851 schuf der Künstler als Vorbild für zahlreiche seiner polemischen Blätter die Figur des *Ratapoil* (Abb. 50), in der die Republikaner den verhaßten Typus des Agitators im Sold Louis Napoleons verkörpert sahen. Rasch, wie der Lithograph zu arbeiten gewohnt, ist die hagere Figur geknetet. Das unsympathische

50 Honoré Daumier, Le Ratapoil.
    1814. Bronze, Höhe 44 cm.
    Städtische Kunsthalle
    Mannheim

und angeberische Gebaren ist durch Physiognomie und Haltung meisterlich wiedergegeben. Die fast impressionistische Unmittelbarkeit dient zugleich der Charakterisierung. Doch obwohl sie nur ein Viertel Lebensgröße besitzt, ist die Statuette eindringlich, ja denkmalhaft. In dem nicht mit Sicherheit zu datierenden Relief der *Flüchtlinge,* von dem zwei Fassungen bekannt sind, hat diese innere Monumentalität zeitlose Gestalt gewonnen. Daumier hat darin ein Thema angeschlagen, das im 20. Jahrhundert bestürzende Realität werden sollte.

Deutschsprachige Länder

Auch im deutschsprachigen Bereich leitete die um die Jahrhundertmitte geborene Generation den Umschwung ein. Am leichtesten vollzog sich die Abkehr vom Barock in Österreich. Hier hatte die Bildhauerkunst schon seit Georg Raphael Donner eine an der Antike geschulte formale Zügelung erfahren. Der Allgäuer Martin Fischer (1741–1820), der seit 1760 in Wien wirkte und Donners Marktbrunnen erneuerte, schenkte dieser Stadt eine Reihe von Brunnen eigener Erfindung. An Begabung überragte ihn weit Franz Anton Zauner aus Tirol (1746–1822). Sein Meisterwerk ist das 1802–1807 entstandene Denkmal Kaiser Josephs II. vor der Nationalbibliothek. Der steinerne Sockel ist mit bronzenen Reliefs geschmückt, deren Figuren in den Bewegungen eine edle Gemessenheit zeigen; die weit überlebensgroße, als römischer Imperator gekleidete Figur des Kaisers auf ruhig ausschreitendem Roß ist eine würdige Verwandlung des Marc Aurel. Einen ähnlich maßvol-

51 Johann Heinrich Dannecker, Schillerbüste, Gipsabguß (ca. 1810–1830) des Originals von 1805–1810. Höhe 82 cm. Staatsgalerie Stuttgart

len Klassizismus vertrat eine Reihe von Künstlern aus dem Südwesten Deutschlands. Der Schwabe Valentin Sonnenschein (1749-1828) hat in der Schweiz zahlreiche kleinformatige Figuren und Gruppen in Terrakotta gearbeitet. Landolin Ohnmacht (1760-1834) übersiedelte aus Schwaben nach Straßburg, er schuf vor allem lebensvolle Bildnisse von Zeitgenossen. Aus dem schweizerischen Schaffhausen stammte Alexander Trippel (1744-1793), der die letzten eineinhalb Jahrzehnte seines Lebens in Rom zugebracht und uns eine schöne Marmorbüste Goethes hinterlassen hat (1789, Arolsen). Allen diesen Bildhauern überlegen war Johann Heinrich Dannecker aus Stuttgart (1758-1841). Nach dem Besuch der Hohen Carlsschule hatte er sich bei Pajou in Paris vervollkommnet, in Rom war er 1785 mit dem ein Jahr älteren Canova zusammengetroffen und hatte dessen Einfluß erfahren. Doch sind seine Werke ein durchaus selbständiger Beitrag zum Klassizismus. Als Schiller 1794 die Heimat besuchte, modellierte Dannecker ein Bildnis des Jugendfreundes (Abb. 51). Ein Jahrzehnt später – unter dem bestürzenden Eindruck des frühen Todes – hat er den Kopf erneut vorgenommen: »Schiller muß kolossal in der Bildhauerei leben, ich will eine Apotheose.« In der Tat ist es ihm gelungen, dem idealischen Wesen des Genius gerecht zu werden. Die Büste als Herme gearbeitet und durch das Fehlen der Kleidung zu zeitloser Würde emporgehoben, das kühne Haupt mit der hohen Stirn in leichter Wendung angespannt und von dem Fall der Locken umrahmt: Bis heute lebt der Dichter in der Gestalt fort, die ihm Dannecker gegeben hat.

Die stärkste künstlerische Kraft der deutschen Plastik jener Epoche war Gottfried Schadow (1764-1850). Er hat von allen Bildhauern des Klassizismus wohl die größte innere Nähe zum Griechentum erreicht. Im 18. Jahrhundert verwurzelt geblieben, vertrat er die neuen Theorien völlig undoktrinär. Der unbestechliche Verismus des geborenen Berliners bewahrte seine Schöpfungen vor aller Verstandeskälte und Blutleere, die man so oft jenem Stil vorwerfen kann. Die Überzeugung, daß ein Bildhauer bei allem Streben nach kanonischer Schönheit stets »seine Originalität darbieten« müsse, führte zu harmonischem Ausgleich von Natur und Ideal.

Sein größtes und bedeutendstes Werk schuf der junge Schadow unmittelbar nach Rückkehr von einem zweijährigen Aufenthalt in Rom. Der natürliche Sohn Friedrich Wilhelms II., Alexander Graf von

52 Johann Gottfried Schadow, Entwurf zum Grabmal des Grafen von der Mark. Um 1787.

der Mark, war 1787 im Alter von acht Jahren gestorben. Der König hatte ihn zärtlich geliebt und nun die Errichtung eines ungewöhnlich prunkvollen Grabmals befohlen. Schadows ehemaliger Lehrer, der aus Flandern stammende Hofbildhauer Antoine Tassaert, hatte bereits einen Entwurf modelliert. Sein plötzlicher Tod bot dem Vierundzwanzigjährigen die Chance, nicht nur in die Stelle des Meisters einzurücken, sondern seine eigenen Vorstellungen zu verwirklichen. 1790 konnte das Monument in der Dorotheenstädtischen Kirche aufgestellt werden. Es ist ein architektonischer Aufbau in mehreren Raumschichten und in mehreren Zonen übereinander. Vor einer 6 m hohen Rückwand mit Inschrifttafel, Lünettenbild und Dreiecksgiebel steht – um zwei Stufen erhöht – der reliefgeschmückte Sarkophag. Auf ihm ruht – wohl nach dem Vorbild einer antiken, in Rom bewahrten Figur – der Knabe in einer kurzen Tunika, die über Brust und linke Schulter herabgeglitten ist. Das Schwert ist der rechten Hand entsunken und liegt quer über den nackten Beinen, der mächtige Helm ist neben die Kissen gelegt, die den Kopf stützen. In wundervoller Weise hat der Künstler das starre Schema der Aufbahrung vermieden. Der kindliche Körper ruht gelöst und wie zufällig, als sei er nicht tot, sondern nach dem Waffenspiel eingeschlafen. Das weiche Fließen der Gestalt und die zarte Modellierung der Haut verstärken den Eindruck des friedlichen Schlummerns. Die ausgewogene, kunstvoll verschränkte Gruppe der drei Parzen in der Nische oben ist räumlich zurückgesetzt und als Relief in anderem Erscheinungsgrad gegeben. Das Monument steht einzigartig in der reichen Geschichte des klassizistischen Grabmals. Der Bildhauer selbst, Inbegriff des nüchtern urteilenden Skeptikers, sagte später, er habe es »im wachenden Traume« erfunden. Die spontane Skizze der ersten Idee (Abb. 52) läßt den Entstehungsprozeß noch ahnen. Sie ist unerhört malerisch, enthält jedoch schon die Zweiteilung. Im Verlauf der Arbeit wurde die Vorstellung geklärt und den Gesetzen der großen Form unterworfen, die Lünettengruppe mußte die Asymmetrie aufgeben und verlor die erdrückende Schwere. Aber auch in der endgültigen Fassung verzichtete Schadow nicht auf farbige Unterschiede: Außer statuarischem Weiß ist rötlicher, blaugrauer und schwarzer Marmor verwendet, und die vergoldeten Bronzebuchstaben der Inschrift setzen einen weiteren malerischen Akzent. Das Grabmal wurde im Zweiten Weltkrieg zerstört, die Reste werden seither in der Nationalgalerie bewahrt.

Das populärste aller Bildwerke Schadows ist die lebensgroße Gruppe der Prinzessinnen Luise und Friederike von Preußen. Die jugendschönen Schwestern aus dem Hause Mecklenburg waren die Schwiegertöchter des Königs. Durch ihr Erscheinen »hatte sich in Berlin ein Zauber verbreitet, welcher über alle Stände ausging«. Den Worten des Künstlers kann man entnehmen, daß auch dieser dem Zauber erlegen war. Bereits 1794 durfte er Porträtbüsten der Prinzessinnen arbeiten; sie zählen zu den frischesten Bildnissen seiner Hand. Der Meister berichtet sehr anschaulich, wie während der entscheidenden Sitzung der vorgesehene »Idealkopf« einer »Profilierung der Natur« wich. Diese Büsten mögen den Anstoß zu der ganzfigurigen Gruppe gegeben haben, die schon ein Jahr später im Gipsmodell vorgestellt werden konnte und deren leicht veränderte Marmorfassung (Abb. 53) in der Akademie gezeigt wurde. Kaum jemals ist schwesterliche Freundschaft so überzeugend gestaltet worden. Luise setzt das linke Bein frei über das rechte, lehnt sich leicht an die jüngere Schwester an und legt dabei ihren Arm um deren Schultern. Friederike hingegen steht fest mit vor-

gestelltem linkem Bein und stützt so die ältere, ihrerseits aber umfaßt sie die Hüfte der Schwester und ergreift mit rührend liebevoller Gebärde deren Hand. Die zukünftige Königin blickt erhobenen Hauptes in die Ferne, die jüngere neigt den Kopf verträumt zur Seite. Die faltenreichen Gewänder sind antikisch geschürzt und lassen zugleich die Mode des Directoire erkennen. Das Zusammenspiel aller Formen ist vollkommen. Und doch konnte auch Schadow Vorbilder benutzen. Man hat an Standbilder der Antike erinnert, an die berühmte Gruppe von Castor und Pollux, die schon Poussin nachgezeichnet hat. Wir sollten indessen bedenken, daß die freundschaftliche Umarmung auf den ›empfindsamen‹ Gruppenporträts der englischen Malerei des ausgehenden 18. Jahrhunderts durchaus üblich war. Dieses konventionelle Schema hat der Bildhauer mit Leben und Idealität zugleich erfüllt. Die Zeitgenossen bewunderten die Doppelstatue der Prinzessinnen »wegen des darin herrschenden ächt griechischen Styls«. Der Künstler selbst hielt weibliche Bildnisse für eine der schwersten Aufgaben in der Kunst, denn sie erforderten »Ähnlichkeit, mit Anmut zu vereinigen, in einem Moment den Reiz zusammenzufassen, der im Leben durch das beseelte Bewegte, Mannigfaltige unendlich vieler Momente liegt«.

Die deutsche Bildnerei nach Schadow ging – zunächst unauffällig, dann betont – den gefährlichen Weg in den Naturalismus. Von den Schülern des Meisters blieb Friedrich Tieck (1776–1851), der Bruder des frühromantischen Dichters, dem Klassizismus am engsten verhaftet, hielt er sich doch einige Zeit bei David in Paris auf. Durch Vermittlung Goethes berufen, schuf er Skulpturen für das Weimarer Schloß. Derjenige aber, welcher dem Lehrer noch zu dessen Lebzeiten den Rang streitig machte, war Christian Rauch aus Arolsen (1777–1857). Nach dem Besuch der Berliner Akademie geriet er 1804–1811 in Rom unter den Einfluß Thorvaldsens. Noch ein zweiter längerer Aufenthalt in Italien ging seiner endgültigen Übersiedlung an den preußischen Hof voran. Gleich das erste bedeutende Werk von seiner Hand begründete seinen frühen Ruhm: das marmorne Grabmal der Königin Luise im Mausoleum zu Charlottenburg von 1812/13. In der liegenden Gestalt sind Tod und Verklärung in eins gesehen, Hoheit und Anmut

◁ 53 Johann Gottfried Schadow, Prinzessinnengruppe. 1797. Marmor, Höhe 172 cm. Nationalgalerie, Berlin-Ost

glücklich vereint. Auch weiterhin war die Denkmalsplastik Rauchs bevorzugtes Tätigkeitsfeld. Neben einer Reihe von trefflichen Bildnisbüsten entstanden die Statuen der Heerführer in der Hauptstadt (Abb. 31), des Theologen Francke in Halle, Kants in Königsberg, Dürers in Nürnberg. Für Ludwig von Bayern arbeitete er 1833 nicht nur kränzehaltende Viktorien der Walhalla, in denen sich noch einmal Ideal und Leben mit Grazie vereinen, sondern schon vorher, um 1829, auch die monumentale Sitzfigur des verstorbenen Königs Max Joseph vor der Münchner Residenz. Die umfassende Aufgabe eines bronzenen Denkmals für Friedrich den Großen beschäftigte ihn zwölf Jahre lang, 1839–1851. Nach dem Zweiten Weltkrieg war das Monument für mehrere Jahrzehnte von seinem alten Standort Unter den Linden zwischen Staatsbibliothek und Universität entfernt und deponiert, ist jedoch heute wieder in seinem ursprünglichen Ambiente aufgestellt. Jede Einzelheit zeugt von der Begabung und dem technischen Geschick Rauchs. Die volkstümliche Gestalt des ›Alten Fritzen‹ in zeitgenössischer Tracht auf ruhig ausschreitendem Pferd bewahrt edle Würde. Jedoch eines überreichen figürlichen, allegorischen und inschriftlichen Programms wegen, das als Rundplastik, Hochrelief oder Tafel Platz finden mußte, ist der mehrfach gestufte Sockel unverhältnismäßig hoch geraten. Das Beiwerk, ein bildliches Kompendium preußischer Geschichte, drängt sich vor und droht die künstlerische Einheit zu gefährden. Noch vermochte ein antikisch geschulter Wille zu bändigen und zusammenzuzwingen, was bald nach Rauch auseinanderstreben sollte.

Die Entwicklung im süddeutschen Raum wurde von Martin Wagner aus Würzburg (1777–1858) eingeleitet. Im selben Jahr wie Rauch geboren und 1804 auch gleichzeitig mit diesem Thorvaldsen begegnend, war er doch von weit geringerer schöpferischer Kraft. Der große Völkerwanderungsfries in der Walhalla und die Gestalt der *Bavaria* auf dem Löwengespann, die das Siegestor Gärtners in München krönt, stammen von seiner Hand. Sein Name ist mit der Erwerbung der Aegineten durch Ludwig I. verknüpft. Als Parallelerscheinung zu Rauch ist trotz des Altersunterschiedes von fünfundzwanzig Jahren eher der Münchner Ludwig Schwanthaler (1802–1848) anzusprechen. Auch in der Fruchtbarkeit des Schaffens sind beide verwandt. Standbilder und Denkmäler nehmen bei Schwanthaler ebenfalls einen breiten

54 Friedrich Drake, Relief vom Beuth-Denkmal in Berlin mit der Darstellung des Daguerreschen Apparates. 1860. Bronze, Höhe 63 cm, Breite 144 cm, Tiefe 8 cm. Märkisches Museum, Berlin-Ost

Raum ein, zu den bekanntesten gehören das Mozarts in Salzburg, das Jean Pauls in Bayreuth und das Goethes von 1844 in Frankfurt. Die 16 m hohe Bronzefigur der Bavaria vor Klenzes Ruhmeshalle in München, um 1850 erstellt, eröffnet die Reihe der allegorischen Kolossalfiguren, die für die großbürgerliche zweite Hälfte des 19. Jahrhunderts so bezeichnend werden sollten. Ungleich liebenswerter zeigt sich der Künstler in den kleineren eigenhändigen Marmorarbeiten: Die *Quellnymphe* in Schloß Anif, zwischen 1840 und 1845 gemeißelt, ist das Meisterwerk des Romantischen Klassizismus. In der träumerischen Versunkenheit fügt sie sich der märchenhaften Stimmung des Schlosses auf das schönste ein.

Die mit Schwanthaler gleichaltrigen Schüler Rauchs leiteten die deutsche Bildhauerkunst vollends in den Naturalismus über. August Kiß (1802–1861) modellierte die bewegte Gruppe der Amazone vor Schinkels Museum in Berlin, deren Nachguß in bronziertem Zink auf der Londoner Weltausstellung von 1851 gewaltiges Aufsehen erregte. Ernst Rietschel (1804–1864) stellte 1857 die überlebensgroßen Gestalten Goethes und Schillers im Zeitkostüm als Gruppe auf den Theaterplatz von Weimar; in seinem 1868 vollendeten Lutherdenkmal zu Worms aber ist eine Vielzahl von Figuren jeweils auf Einzelsockel verteilt und die ›klassische‹ Konzeption des Monuments aufgegeben. Ein

Relief von Friedrich Drake (1805–1882) am Beuth-Denkmal in Berlin von 1860 (Abb. 54) mit der Darstellung des Daguerreschen Apparates verkündet schließlich anschaulich den Zeitenwandel.

Skandinavien

Skandinavien besaß in Johan Tobias Sergel (1740–1814), der von deutschen Eltern zu Stockholm geboren worden war, eine starke bildhauerische Begabung. Sergel hatte 1767 ein Stipendium erhalten und elf Jahre in Rom gelebt. Hier war schon 1770 sein Meisterwerk entstanden: der *Trunkene Faun* (Stockholm, Nationalmuseum). Auch diese Skulptur behandelt einen antiken Gegenstand und ist Vorbildern der Antike verpflichtet. Doch spiegeln die pralle Körperfülle und die dionysische Daseinsfreude dieser Figur das ungebrochene Lebensgefühl des

55 Bertel Thorvaldsen, Statue des Jason. 1802/03 modelliert, Marmorausführung 1827. Zeitgenössischer Stich

Spätbarock. Sergel steht noch diesseits jener großen geistesgeschichtlichen Wende zum 19. Jahrhundert. Aber in demselben Jahr, in dem er seinen Faun schuf, wurde ein Künstler geboren, der die neue bürgerliche Bildungswelt wie kaum ein anderer repräsentieren sollte. Mit ihm errang der Norden die Führung auf dem Gebiet der Bildhauerei.

Bertel Thorvaldsen (1768 oder 1770–1844) stammte aus Kopenhagen und starb auch dort. Doch hat er fast sein ganzes Leben in Rom gewirkt. Er war ein ernster, spätreifer Charakter von manisch-depressiver Anlage. Auf der Akademie seiner Vaterstadt war der Maler Nicolai Abraham Abildgaard (1743–1809) einer seiner Lehrer gewesen, der Freund Sergels und Füßlis. Aber den größten Eindruck hatte die Kunde von Werk und Schicksal des Jacob Asmus Carstens gemacht. Als Thorvaldsen 1797 nach Rom kam, durfte er sich nur noch ein knappes Jahr des Umgangs mit diesem erfreuen, um so enger schloß er sich dessen Freund Joseph Anton Koch an.

Als 1802 die Mittel aufgebraucht waren, schien seine Rückkehr in die Heimat unausweichlich. In einem Zustand äußerster Anspannung, ja Verzweiflung schuf Thorvaldsen das Werk, welches mit einem Schlage seinen Ruf begründete: die überlebensgroße Statue des *Jason* (Abb. 55). Die Anregung erhielt er durch Carstens' Argonauten-Zyklus. Nackt, das Haupt behelmt, mit umgehängtem Schwert tritt uns der Held leichten Schrittes entgegen. Über dem linken Arm hängt das eroberte Goldene Vlies, die Rechte hält den Spieß geschultert. Spielbein und Standbein sind nach kanonischer Regel klar unterschieden, der Oberkörper ist emporgerichtet, der Kopf zur Seite gewendet, als ob sich Jason mit stolzer Verachtung nach dem erschlagenen Drachen umsehe, wie Friederike Brun es empfand. In den Kreisen der Kenner erregte die Figur sogleich Aufsehen. In der Tat war mit ihr eine neue Stufe des Verständnisses antiker Hoheit gewonnen. Selbst Canova stand ergriffen vor dieser Auffassung griechischen Erbes. Der Jason hat etwas blockhaft Gesammeltes, keine ausfahrende Gebärde unterbricht diese Geschlossenheit, selbst dem Schritt fehlt das in den Raum Ausgreifende. Nicht so sehr der *Apoll vom Belvedere,* den Canova über alles gestellt und in seinem *Perseus* verwandelt hatte wiedererstehen lassen, wie der *Doryphoros* des Polyklet steht hinter Thorvaldsens Standbild. Unter der hellenistischen Antike schimmert hier erstmals die hohe Zeit der griechischen Klassik hindurch. Dessen werden wir bei dem

56, 57   Bertel Thorvaldsen, Triumphzug Alexanders. Ausschnitte aus der Dekoration eines Festsaals im Quirinalspalast zu Rom. 1812.

Vergleich von Figuren und Gruppen desselben Themas der zwei Künstler immer wieder inne: seien es *Amor und Psyche*, die *Drei Grazien*, *Hebe* oder *Venus-Aphrodite*. Die ehrende Bezeichnung eines ›dänischen Phidias‹, die der Archäologe Zoega dem Schöpfer des Jason beilegte, enthält kunstgeschichtlich gesehen einen wahren Kern. Und wir greifen hier vielleicht das Geheimnis jenes ungeheuren Erfolges, den Thorvaldsens Lebenswerk gerade bei den führenden Geistern des humanistischen Idealismus hatte; es sei nur Wilhelm von Humboldt genannt, der neue preußische Gesandte in Rom, zu dem der Bildhauer in enge freundschaftliche Beziehungen trat. Nicht von ungefähr wurde gerade die Figur des Jason zu einem Leitbild: Eineinhalb Jahrhunderte später ersteht sie neu im Argonauten-Triptychon Max Beckmanns.

1812 wurde Napoleon in Rom erwartet. Eilig ging man daran, die Räume im Quirinal neu auszustatten. Thorvaldsen fiel die umfangreichste Aufgabe zu. Für einen Festsaal arbeitete er als umlaufendes Schmuckband den *Alexanderfries* (Abb. 56, 57). Trotz der Länge von fast 35 m, die zu dekorieren waren, bewältigte er den Auftrag binnen dreier Monate. Was er tagsüber in Ton modellierte, wurde des Nachts in Gips abgeformt. Der Künstler erntete höchstes Lob. Der triumphale Einzug Alexanders des Großen in Babylon enthielt eine deutliche Anspielung auf den bevorstehenden Besuch des Kaisers der Franzosen. Doch war es nicht die politische Aktualität des Themas, der die Begeisterung der Zeitgenossen galt. Es scheint nicht einmal der unerschöpfliche Reichtum der Phantasie gewesen zu sein, in dem hier ein begrenz-

Marmor, Höhe 1,17 m, Gesamtlänge des Frieses 35,20 m. Zeitgenössischer Stich

ter Motivschatz immer neu variiert worden war. Vielmehr bewunderte man den Adel der Erfindung, die sparsam lockere, doch zwingende Verteilung der Gestalten auf der Fläche, den schönen Ausgleich von Figur und Grund. Die ewigen Gesetze der Reliefkunst schienen wiedergewonnen zu sein, die der soeben bekanntgewordene Parthenonfries einer gebildeten Welt enthüllt hatte. Es focht die Betrachter wenig an, daß dieser ein der Zeit enthobenes Ideal darstellte, Thorvaldsen aber ein bestimmtes, unwiederholbares historisches Ereignis vergegenwärtigen mußte. Man nannte den Bildhauer »Patriarch des Reliefs«.

Einer so gearteten, auf das Beispiel der griechischen Klassik ausgerichteten Kunst mußte das individuelle Bildnis wesensfremd bleiben. So zahlreiche Porträts Thorvaldsen auch geschaffen hat, kaum eines wird dem geistigen Rang der Persönlichkeit umfassend gerecht. 1817, während Lord Byrons Besuch in Rom, entstand eine Marmorbüste des Dichters (Abb. 58). Der symmetrische Aufbau und der ruhige Umriß betonen die durch Tracht und Frisur bewirkte Idealisierung der Gestalt. Die nach der Natur modellierten Gesichtszüge sind einziger Ausdruck der Individualität. Man hat darüber gelächelt, daß Byron von seinem Bildnis enttäuscht gewesen ist, weil es den Weltschmerz nicht offenbare, an dem er leide. Der Historiker sieht rückblickend den berechtigten Kern dieser Kritik eines Menschen von höchster Bewußtheit. Es ist in der Tat nicht jener Byron, dessen Werk und Schicksal auf die europäische Jugend von nachhaltigem Einfluß war: des feurigen Sängers der Freiheit, doch auch des prometheisch Aufbegehrenden, des

58 Bertel Thorvaldsen, Der Dichter Lord Byron. 1817. Marmor, Höhe 65,3 cm. Thorvaldsens Museum, Kopenhagen

Unruhvollen, des Zweiflers an Gott und an sich selbst. Nichts davon ist in dem Marmor Gestalt geworden. Mit den bildnerischen Mitteln des Klassizismus war der ›moderne‹ Mensch nicht mehr darzustellen. Hier berühren wir eine Grenze dieser Kunst.

Der umfangreiche Skulpturenschmuck der Frauenkirche von Kopenhagen ist das Hauptwerk aus den beiden letzten Jahrzehnten Thorvaldsens und zugleich das bedeutendste Beispiel der einheitlichen Ausstattung eines protestantischen Sakralbaues aus dem 19. Jahrhundert (Abb. 41). Eine Gruppe mit Johannes dem Täufer schmückt das Giebelfeld, Sakramentsreliefs zieren die Nebenräume, ein Fries mit der Kreuzigung zieht sich innen über die Apsis hin. Überlebensgroße Standbilder der Apostel stehen vor den Wandpfeilern des Langhauses, ausgerichtet auf die Christusfigur des Altars und den Taufengel davor. Der Heiland öffnet in milder Gebärde die Arme. Die edle Gestalt ist von idealistischer Schönheit, ihr Typus Raffael entlehnt und ihr Faltenwurf antiken Gewandfiguren nachgebildet. Sie hat eine Popularität sondergleichen erlangt, zahllose Kopien in großem und kleinem Format nahmen ihren Weg in Gemeinden und Bürgerhäuser. Was das Original – in den Zusammenhang des übergreifenden Programms eingeordnet und auf Distanz vom Betrachter berechnet – übersehen läßt, wurde so peinlich offenbar: die hinter dieser Auffassung Christi stehende Erlebnisschwäche. Kierkegaards Kritik entzündete sich gerade an dieser Figur, die das ›Skandalon‹ der evangelischen Botschaft verschweigt. Thorvaldsen selbst hat die Problematik tief gespürt, die für das Christentum in der klassizistischen Gestaltkunst liegt: »Ich weiß wohl, wenn ich tot bin, wird man von meinen christlichen Figuren sagen, daß sie griechisch sind – und man hat Recht, denn ohne die griechische Schule kann man nicht richtig und verständlich arbeiten. Und von meinen griechischen Figuren wird man sagen, daß sie christlich sind – und man hat Recht, denn ich konnte mich bei der Arbeit unmöglich bequemen, andere Gedanken zu hegen als die, auf die mein ganzes Streben ausgeht. Ohne diese Grundsätze hätte ich niemals meine Apostel oder meinen Christus machen können.«

Als Thorvaldsen im Alter München besuchte, nannte ihn König Ludwig »den größten aller Bildhauer seit Hellas blühendster Zeit«. Wer so hoch stieg, mußte wieder sinken. Gerade dieser Künstler wurde bald ein Opfer des Verdiktes, das eine spätere Generation über den Klassizismus sprach. Die Arbeit in seinem Atelier war freilich fast zu einer industriellen Produktion angeschwollen, Nachbildungen seiner Werke hatten Europa überschwemmt. Der Zugang zu den eigenhändigen Skulpturen – besonders kleinformatigen Reliefs – war verschüttet. Zu einer gerechten Würdigung des Meisters müßte man jedoch einige der originalen, in warmem Gelb schimmernden Marmorarbeiten unter dem Himmel Italiens sehen. Seine Verdienste als Lehrer aber werden durch zahlreiche tüchtige Schüler verschiedener Nationalität erwiesen.

England und die Vereinigten Staaten von Amerika

Die englischen Bildhauer des Klassizismus sind sowenig wie die anderer Länder ohne römische Schulung zu denken; gerade die beiden führenden Meister aber zeigten sich ebenso der Gotik aufgeschlossen, und so verbindet sich in ihren Werken antikisches Körperempfinden mit der Vorliebe für einen fast abstrakten Umriß und dem Gefühl für die Musikalität der Linie. Thomas Banks (1735–1805) studierte die englische Skulptur des Mittelalters und rettete die gotischen Statuen der Guildhall vor der Vernichtung. Er verbrachte sieben Jahre – von 1772 bis 1779 – in Rom und lernte dort nicht nur David, sondern auch Füßli kennen. Das während dieses italienischen Aufenthaltes entstandene Flachrelief *Thetis und ihre Nymphen trösten Achill* (Victoria and Albert Museum) offenbart jene Verschmelzung der zwei Tendenzen beispielhaft. Auch die erst um 1790 gearbeitete Gruppe *Thetis taucht den Knaben Achill in den Styx* (ebenda) besitzt solche Harmonie und ist auf die Wirkung des reinen Umrisses berechnet. Außer den Grabmälern der Penelope Boothby (Ashbourne Church, Derbyshire) und des Sir Eyre Coote in der Westminster Abbey zu London gestaltete der Bildhauer für Boydell das schon thematisch ungewöhnliche Werk *Shakespeare zwischen der dramatischen Muse und dem Genius der Malerei*.

Standen neben Banks noch seine Zeitgenossen Joseph Nollekens (1737–1823) und John Bacon d. Ä. (1740–1799), so wurde die nächste Generation durch John Flaxman (1755–1826) allein, jedoch mit inter-

59 John Flaxman, Der Traum der Penelope. Kupferstich nach einer Zeichnung von 1794 (veröffentlicht 1795)

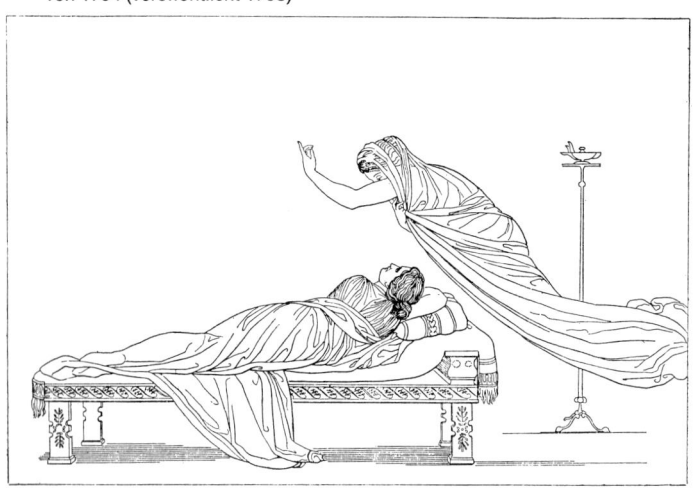

nationalem Ruf vertreten. Auch dieser hatte einen offenen Blick für die Gotik, er war mit Blake befreundet. Wie Banks weilte er sieben Jahre – von 1787 bis 1794 – in Rom. Seine Hauptwerke sind die Grabdenkmäler Lord Nelsons in St. Paul, Reynolds' und Lord Mansfields in der Westminster Abbey. Der 1805 bei Trafalgar gefallene Seeheld trägt die Admiralsuniform und stützt die Hand auf einen Schiffsanker mit Tauwerk. Zu seiten des mit antiken Götterfiguren geschmückten Rundsockels liegt rechts der britische Löwe; von links ist die allegorische Gestalt der Britannia herangetreten, um ihren Söhnen den Nationalheros als Vorbild zu zeigen. Die zeitgeschichtliche Problematik der Denkmalsplastik bleibt auch hier nicht verborgen. Wenngleich der Einfluß des zwei Jahre jüngeren Canova in seinen monumentalen Werken unverkennbar ist, so bewunderte Flaxman mehr noch seinen eigenen Landsmann. In Banks' Thetis-Relief rühmte er »sentiment and character«, und sein eigenes Relief am Grabmal der Agnes Cromwell von 1800 (Chichester Cathedral) ist offensichtlich von diesem abhängig.

Als Zwanzigjähriger war er längere Zeit in der Steingutmanufaktur von Josiah Wedgwood (1730–1795) tätig gewesen; hier stellte man das berühmte Geschirr her, das auf meist blauem Grund weiße Reliefszenen nach Art römischer Kameen zeigt. Flaxmans Mitarbeit hat wesentlich zum Weltruhm dieser Erzeugnisse beigetragen. Der Stil der damals neu in das Blickfeld der Gelehrten und Sammler getretenen antiken Vasenmalerei führte den Künstler dazu, die Dichtungen Homers, des Aischylos und Dantes in Umrißzeichnungen herauszugeben (Abb. 59). Und mit diesen Illustrationen beeinflußte Flaxman die europäische Kunst weit mehr, als er es mit seinen Bildwerken tat. Schon 1805 stellte der Kunsttheoretiker Carl Ludwig Fernow – auf diese Stiche und auf Nachzeichnungen Wilhelm Tischbeins blickend – fest: »Das Conturwesen à la Flaxman und à la Tischbein-Vasen nimmt gewaltig überhand, und die Deutschen glauben wunders, was sie daran haben.« Dennoch verdient Gottfried Sempers Urteil von 1852 über den Künstler Beachtung: »... da kann ich nicht umhin zu bekennen, als ob seit Flaxman, trotz der Elginmarbles, die Skulptur in England keine sonderlichen Fortschritte gemacht habe ... Und doch ist Flaxman, den man auf dem Continente wohl als geistreichen Erfinder, aber kaum als Bildhauer kennt, seit ich seine in der Universität von London befindlichen Modelle sah, in meinen Augen auch als Bildhauer bedeutender, als seine berühmteren Zeitgenossen Canova und Thorwaldsen.«

Es ist reizvoll zu beobachten, wie sich die Anfänge der nordamerikanischen Skulptur nach dem Erringen der politischen Unabhängigkeit aus dem Kunsthandwerk entwickelten. Nicht die Bildhauerei in Marmor oder Sandstein, sondern die Schnitzkunst stand am Beginn. William Rush aus Philadelphia (1756–1833) war in der Anfertigung von Galionsfiguren geübt. Ihm wird die hölzerne Büste Benjamin Franklins (Farbtaf. 4) zugeschrieben, in der sich naive Technik mit realistischer Beobachtung und hohem Sinn vereint haben. Rush wurde der erste Direktor der 1803 gegründeten Kunstakademie seiner Vaterstadt.

Aber als die nordamerikanischen Staaten daran gingen, offizielle Aufträge für Ehrenstatuen ihrer berühmten Männer zu vergeben, da war man sich allerorten klar, daß kein einheimischer Meister dieser Aufgabe genügen könnte. Virginia ließ 1785 den großen Franzosen Houdon über den Atlantik kommen, um das Standbild George Washingtons zu modellieren (Richmond, Capitol). North Carolina wandte sich 1815 anläßlich eines ähnlichen Vorhabens an Jefferson um Rat, und dieser empfahl »Old Canova«, der den Staatsmann seinen Erwartungen gemäß dann auch in römischer Tunika darstellte (Raleigh, Capitol; 1830 beim Brand des Hauses beschädigt, 1910 durch Gipsabguß ersetzt).

Der Neoklassizismus in der Nachfolge Canovas und Thorvaldsens blieb für die in Amerika geborenen Künstler bis weit in die zweite Hälfte des 19. Jahrhunderts hinein der verbindliche Stil. Alle namhaften Bildhauer studierten in Italien oder nahmen gar ihren ständigen Wohnsitz in Rom und Florenz. Horatio Greenough aus Boston (1805–1852) bildete 1843 in der ursprünglich für das *Capitol* von Washington bestimmten Reiterstatue den ersten Präsidenten als antikischen Heros halbnackt mit erhobener Rechter (Smithonian Institution). Die Übertragung dieser Stilprinzipien auf ein zeitgenössisches Thema wird in der Gruppe *The Rescue* von 1851 anschaulich (Washington, Capitol). Gleichaltrig mit Greenough war Hiram Powers (1805–1873). Er ging 1837 nach Italien und blieb bis an sein Lebensende dort. Die Marmorstatue der *Griechischen Sklavin* war der Mittelpunkt der nordamerikanischen Abteilung auf der Londoner Weltausstellung von 1851 (New York, Corcoran Gallery). Sie steht völlig im Bann des naturalistischen Klassizismus, wie er von den europäischen Akademien um die Mitte des Jahrhunderts vertreten wurde. Dabei erhält der idealisch geschönte Akt durch die Kette eine für das Großbürgertum typische sentimental-grausame Note. Wie sehr Powers den Geschmack der führenden Kreise getroffen hatte, geht auch daraus hervor, daß von dieser Figur heute noch fünf Repliken bekannt sind. Schüler Thorvaldsens in Rom war Thomas Crawford (1813–1857). Der frühe *Orpheus* von 1831 (Boston, Museum) und die *Sterbende Indianerin* von 1848 (New York, Metropolitan Museum) zeigen mehr von der Anmut seines Romantischen Klassizismus als die monumentalen Figuren und Gruppen.

Die Malerei

Frankreich

Französischer Klassizismus

»Man ließt in der Geschichte der Kunst von keinem Gemälde, das mehr Geräusch erwekt hätte, als die Erscheinung von diesem. Nicht nur die Künstler, Liebhaber und Kenner, sondern selbst das Volk läuft truppweise vom Morgen bis zum Abend herbey, es zu sehen ... Keine Staatsangelegenheit des ältern Roms, und keine Pabstwahl des neuern, setzte je die Gemüther in eine größere Bewegung.« So schilderte der römische Korrespondent des *Teutschen Merkur* in seinem Bericht vom 16. August 1785 das Aufsehen, welches *Der Schwur der Horatier* (Abb. 60) erregte. Jacques-Louis David (1748–1825) hatte den Auftrag zu diesem Bild vom königlichen Minister der Schönen Künste erhalten, war aber nach Rom gereist, um es hier angesichts der überall gegenwärtigen Antike zu malen. Bevor das Gemälde nach Frankreich geschickt werden sollte, hatte David es in seinem Atelier an der Piazza del Popolo zur öffentlichen Besichtigung ausgestellt. Auch in Paris wurde das Werk zur Sensation des Salons. »Man wird beim Anblick dieses Gemäldes« – so heißt es im *Journal de Paris* vom 17. September 1785 – »von einem Gefühl ergriffen, das Euch die Seele erhebt und das, um mich des Ausdrucks von J. J. Rousseau zu bedienen, etwas Herzerhebendes hat, das einen packt.« Hatte der Merkur den »Geschmack der antiken Simplicität« gelobt, so fühlte sich der Berichterstatter des Journals »in die ersten Zeiten der Römischen Republik versetzt«. Diese Worte mögen uns helfen, den ungeheuren Eindruck zu verstehen, den das Gemälde bei den Zeitgenossen machte. In den spannungsvollen Jahren unmittelbar vor Ausbruch der Revolution erschien das Bild als ein Weckruf zu politischer Freiheit, wie sie soeben von den Amerikanern errungen worden war. Die Begeisterung für die römische Bürgertugend war allgemein. Die Geschichte vom Heldenmut der drei

60 Jacques-Louis David, Der Schwur der Horatier. 1784. Öl auf Leinwand, 330 × 427 cm. Musée du Louvre, Paris

Horatier geht auf Livius zurück, Rollin hatte sie in seiner *Histoire Romaine* von 1738 neu erzählt. Auch die englische Bühne hatte sich des Stoffes angenommen, und das klassische Drama von Corneille war gerade erst 1782 in Paris wieder aufgeführt worden. David hatte das Stück gesehen und dadurch den Anstoß zur Wahl des Themas erhalten. Er soll gesagt haben: Wenn er das Thema seines Werkes Corneille verdanke, so das Bild selbst Poussin. Aber trotz aller Anregungen, die der Maler aus Natur und Antike empfangen hat oder von Poussin und Annibale Carracci, ja von Künstlern der eigenen Zeit wie Greuze, Hamilton und Füßli: David hat all das seiner Gestaltungskraft dienstbar gemacht. Niemals hätte der dargestellte Stoff, niemals hätten auch die fremden Anregungen jene ungeheure moralische Wirkung entfachen können. Das muß vielmehr die künstlerische Form vollbracht haben, sie aber war allein des Malers Leistung. Gewiß, ausländische Betrachter haben schon damals das »zu weit getriebene Theaterpathos in den Stellungen der Figuren« gerügt; uns Heutigen mögen die Gesten vollends deklamatorisch und hohl erscheinen: Gerade so aber wollten die fortschrittlichen Kräfte der Nation angesprochen werden. Ist Schillers Pathos weniger dramatisch als das Davids? Man muß an die Gebärden auf den sentimentalen Gemälden von Greuze zurückdenken, um der männlich gesammelten Kraft dieser Horatier gerecht zu werden. Man muß auch die Anhäufung antiquarischen Beiwerks auf den Bildern des akademischen Klassizismus in der Erinnerung haben, um die asketische Strenge dieser Komposition zu würdigen. Die Szene spielt in einem von hoher Architektur begrenzten, schachtartigen Hof. Eine dorisch-archaisierende Säulenstellung schließt sie parallel zur Bildebene ab, doch wirkt die dunkle Schattenzone des Ganges dahinter als unbestimmte, unheilverkündende Tiefe. Auf dieser schmalen Raumbühne entwickelt sich die Handlung, deren Gruppen ihrerseits flächig aufgereiht sind. Zwingend wie Fanfarenton wiederholt sich dreimal die Gebärde der Todesbereitschaft in den Brüdern, durch kaum merkliche Abweichungen gewinnt dabei das starre Schema an Leben. Zwingend leiten auch die ausgestreckten Arme zu den Schwertern hin, die der Vater den Söhnen reicht. Die Hand, welche die Waffen emporhält, ist nicht nur der formale Mittelpunkt, sondern zugleich das Bedeutungszentrum des Bildes. Die gegensätzliche Gruppe der klagenden Frauen schließlich läßt in ihrer Weichheit die Härte der Krieger auf der anderen Seite um so fühlbarer werden. Ein scharfes Seitenlicht beleuchtet die Figuren und modelliert Körper, Gewänder und Attribute mit schonungsloser Klarheit heraus. Indem die Personen so vor der dunklen, bedrohlichen Raumtiefe agieren, erhält die Handlung einen tragischen Klang: Ein unausweichliches Schicksal nimmt seinen Lauf.

Auch das Gemälde, mit dem David den Salon des Revolutionsjahres 1789 beschickte, behandelte einen Stoff aus der römischen Geschichte von höchster politischer Aktualität: Es verherrlicht Brutus, den Verkünder der Republik, der seine eigenen Söhne zum Tode verurteilen ließ, als diese Verrat an der Freiheit geübt hatten. Wenngleich das heute ebenfalls im Louvre hängende Bild die kompositionelle Dichte der *Horatier* vermissen läßt, erregte es doch wiederum einen Sturm der Begeisterung. Und als die Nationalversammlung im Jahr darauf den ersten großen Staatsauftrag an einen Maler erteilte, da kam nur David in Betracht, »der Schöpfer des Brutus und der Horatier, dieser französische Patriot, dessen Genie der Revolution vorangeschritten ist«; mit diesen Worten des Auftrages wurde die aktive Rolle des Künstlers bei der politischen Umwälzung gültig umrissen. Der Schwur im Ballhaus war am 20. Juni 1789 geleistet worden. Die mehr als 500 Abgeordneten des Dritten Standes hatten einander gelobt, nicht eher zu weichen, bis die neue Verfassung fertiggestellt sein würde. Die Feiern zum Jahrestag riefen dieses Ereignis in die Erinnerung zurück. Ein deutscher Reisender hat uns eine aufschlußreiche Schilderung jener Sitzung des Jakobinerklubs hinterlassen, in welcher der Plan zu dem Monumentalgemälde gefaßt wurde und der anwesende David »blaß vor Enthusiasmus« der Übernahme dieser Aufgabe zustimmte. Als in der Diskussion des Klubs mannigfache Vorschläge zur Ausgestaltung des Gemäldes gemacht wurden, da bat der Maler »zu bedenken, daß doch historische Wahrheit und Einheit im Bilde sein müsse«. Aber schlossen sich »historische Wahrheit« und »Einheit« nicht aus?! Zahlreiche Entwürfe und Studien des Meisters zeigen, daß in dieser Frage das kompositionelle Problem der Massenszene lag. Das chaotische Durcheinander jener tumultuarischen Versammlung, wie es die zeitgenössische Graphik überliefert hat, mußte durch künstlerische Mittel überwunden werden: durch Betonung der Grundlinien, Zusammenlegung von formalem Mittelpunkt und Bedeutungszentrum, Symmetrie und Subordination der Teile, reliefmäßige Schichtung, plastische Klarheit der Einzelformen. Im Vergleich zum *Schwur der Horatier* stellte der *Schwur im Ballhaus* die entgegengesetzte Aufgabe: Diese bestand damals in der Vergegenwärtigung eines Ideals, nunmehr aber in der Idealisierung eines gegenwärtigen Geschehens. Dieses Ziel ließ sich nur durch die Vergewaltigung der Wirklichkeit zugunsten einer höheren Wahrheit erzielen. Bei David wird zum ersten Male die grundsätzliche Schwierigkeit offenbar, die sich dem Historienbild des 19. Jahrhunderts stellen sollte. Begeistert begann der Maler die Arbeit, und im Salon von 1791 konnte er einen großformatigen Entwurf in Sepia vorlegen, der sogleich in ungezählten Stichen verbreitet wurde. Von dem geplanten Monumentalgemälde ist jedoch nur ein Fragment im Museum zu Versailles erhalten. Auf der immerhin mehr als 6 m breiten Leinwand sind lediglich einige Porträtköpfe ausgemalt, im übrigen nur die scharf gezogenen Umrißlinien gegeben; nach den Regeln des Klassizismus sind die Figuren als Akte gezeichnet, denen erst in einem späteren Arbeitsgang die Kleider angetragen worden wären. Gewiß lassen sich für das Unfertige des Bildes schwerwiegende äußere Gründe beibringen. Als fanatischer Parteigänger der Revolution hatte sich der Maler in die Politik gestürzt, 1792 zog er mit dem extremen Flügel der Montagnards in den Konvent, gelangte in die höchsten Funktionärsstellen und mußte zudem noch die offiziellen Staatsfeste organisieren. Überdies fielen die Urheber des Umsturzes selbst der Terreur zum Opfer: Sogar der untadelige Bailly, der den Schwur im Ballhaus vorgesprochen hatte und im Mittelpunkt der Darstellung Davids steht, wurde ungeachtet seiner Verdienste hingerichtet. Dennoch, meine ich, müssen es innerkünstlerische Gründe gewesen sein, die der Vollendung des Werkes hinderlich waren. Lebensgroße Figuren, in nahsichtigem Detailnaturalismus gemalt, bergen die Gefahr des ›lebenden Bildes‹ in sich, das als Antipode des Kunstwerks gelten muß. Max J. Friedländer hat einmal das Gesetz formuliert: »Je mehr Naturwahrheit geboten wird, um so mehr darüber hinaus wird verlangt. Die Illusion gleicht dem Gott, der seine Kinder verzehrt.« David war als Künstler zu ehrlich, um nicht zu fühlen, daß die ihm übertragene Aufgabe unlösbar war.

Aber er überwand alle Hemmnisse äußerer Art, wenn er die innere Notwendigkeit dazu verspürte. *Der Tod des Marat* (Farbtaf. 5) ist sein Meisterstück geworden. David malte es in einer Zeit höchster politischer Anspannung, ja in einem revolutionären Rausch. Sein Schüler Delécluze meinte, es sei »wie in Trance« entstanden. Das Gemälde in Brüssel ist ein bedeutendes Kunstwerk. Es zwingt uns zu einer Revision der Vorstellung, daß Kunst nur jenseits politischen Engagements blühen könne. Der ehemalige Physiker und Arzt Jean-Paul Marat war der unerbittlichste Verfechter der Volkssouveränität. Von geradezu pathologischem Haß erfüllt, besaß er mit seinem Blatt *Ami du peuple* das Ohr der Straße. Von einer schmerzhaften Hautkrankheit heimgesucht, fand Marat nur durch Bäder und Kompressen Linderung. In dieser Lage war er von Charlotte Corday, einer Aristokratin aus der Normandie, ermordet worden. Sein Tod erregte die Massen in unvorstellbarer Weise und wurde zum Ausgangspunkt eines regelrechten Kultes um diesen »Märtyrer der Freiheit«. David, dem Parteifreund, fiel die doppelte Aufgabe zu, ein Staatsbegräbnis zu inszenieren und den Toten in einem Gemälde zu verewigen. Anders als die populäre Graphik schilderte der Künstler nicht die Bluttat selbst. Im Konvent berichtete er, wie anders er vorzugehen gedächte. Am Abend vor der Ermordnung Marats hatte er diesem im Auftrag des Jakobinerklubs einen Besuch abgestattet: »Ich traf ihn in einer Haltung an, die mich frappierte. Er hatte neben sich einen Holzklotz mit Tinte und Papier, seine Hand schrieb aus der Wanne heraus die letzten Gedanken für das Wohl des Volkes nieder ... ich habe mir gedacht, es würde interessant sein, ihn in jener Lage zur Schau zu stellen, in der ich ihn getroffen habe: schreibend für das Glück des Volkes.« Diese Erinnerung hat dem Maler den Pinsel geführt. Angesichts der realistischen Kraft, mit welcher der prachtvoll modellierte, wenig unterlebensgroße Körper und die greifbar nahen Gegenstände des Dramas gemalt sind, übersieht man jedoch allzu leicht, daß hier eine höchst kunstvolle Ordnung waltet. Unauffällig, aber um so wirksamer ist die Darstellung einem Netz von Grundlinien eingefügt, meisterhaft ihr Ausschnitt gewählt. Kühn ist vor allem die gesamte obere Bildhälfte frei gelassen: Der unbestimmt flackernde Hintergrund – in der vibrierenden Technik des Frottis angelegt – erscheint als unwägbare Tiefe, das Bedrohliche des unbegrenzten Raumes wird nur durch eine leichte Aufhellung rechts gemildert. Letztlich aber läßt sich die Suggestionskraft, ja die geheime Sakralität dieses revolutionären Gemäldes nur daraus verstehen, daß dem Künstler für die Bildform des Toten die Vision des antiken Helden und sogar des christlichen Erlösers vor dem inneren Auge gestanden hat: Der tote Heiland der Pietà des Michelangelo in St. Peter gehört in die Ahnenreihe des so unchristlichen *Marat*.

Nie wieder ist dem Maler diese einzigartige Verbindung von Aktualität und Zeitlosigkeit, dieses spannungsvolle Gleichgewicht von realistischer Gegenwart und idealisierender Ferne geglückt. Nach dem Sturz Robespierres zunächst inhaftiert, konnte auch David sich dem Wandel des Geschmackes nicht entziehen. Sein *Raub der Sabinerinnen* (Louvre) zollt in den weiblichen Gewandfiguren und den männlichen Akten dem hedonistisch verfeinerten Ideal des Directoire den Tribut. Unter Napoleon stieg der ehemalige Jakobiner zum kaiserlichen Hofmaler auf und schuf großformatige Repräsentationsbilder. Die riesige *Krönung* (Louvre) stellte an ihn nochmals hohe Anforderungen: Mehr als achtzig Personen waren – möglichst porträtgetreu – auf dem Bild wiederzugeben. Im Gegensatz zu dem *Schwur im Ballhaus* traten diese aber als stumme Zuschauer einer feierlichen Zeremonie auf. Davids meisterliche Regie hat sie zur Einheit zusammengeschlossen. Instruktive Vorstudien, die das Fogg Art Museum bewahrt, erlauben es, dem Werden der Bildidee und der Ausarbeitung der einzelnen Gestalten nachzugehen. Neben diesen Aufträgen malte der Künstler eine Reihe großartiger realistischer Bildnisse. Während der bourbonischen Restauration begab er sich freiwillig in das Exil nach Brüssel. Delacroix legte ihm den Ehrennamen bei: »Vater der ganzen modernen Schule«.

Für Davids zahlreiche Schüler – man hat insgesamt mehr als vierhundert festgestellt – ist es freilich bezeichnend, daß sie jeweils nur bestimmte Grundzüge der Kunst des Lehrers übernahmen und diese den Zeitströmungen entsprechend fortbildeten. Jener strenge Stil, der zur Verherrlichung der Bürgertugend wie kein zweiter geeignet schien, war ja nicht der einzige künstlerische Ausdruck der Periode um 1800. Je nach der Persönlichkeit zeigte sich der Klassizismus in mannigfacher Abwandlung. Pierre-Paul Prud'hon (1758–1823) gehörte noch der Generation um die Jahrhundertmitte an. War David ein Jahr älter als Goethe, so er ein Jahr älter als Schiller. Auch Prud'hon hatte sich dem politischen Umsturz verschworen und war Jakobiner. Als Maler aber liebte er bei allem Gefühl für die Schönheit der Linie ein lyrisch gedämpftes Helldunkel, dessen Vorbild bei Correggio lag, dem poetischen Meister der Hochrenaissance. Sein bewundernswürdiges *Bildnis des Georges Anthony* von 1796 (Dijon, Museum) stellt ebenfalls einen Parteigänger der Revolution dar, es bezieht den eigenartigen Reiz jedoch aus der Verbindung einer – unauffällig wirksamen – Kraft der Komposition mit einer tonigen Harmonie der Farben. Das *Porträt der Kaiserin Joséphine* von seiner Hand (Louvre), 1805 geschaffen, erregte Delacroix' Bewunderung. Das Haupt der Romantik nannte es Prud'hons »Meisterstück« und notierte in sein Journal: »Hinreißender Maler ... der kaum angedeutete Busen, die Arme, der Kopf mit seinen Flecken von Gold sind göttlich.« Die zweite Gemahlin Napoleons, Marie-Louise, ernannte den Künstler zu ihrem Zeichenmeister und gab ihm 1810 den Auftrag, für ihre Gemächer in den Tuilerien die Fabel von *Venus und Amor* zu malen (London, Wallace Collection). Die Prunkwiege für den Herzog von Reichstadt (Wien, Kunsthistorisches

61 François Joseph Heim, König Karl X. verteilt die Preise an die Künstler nach Beendigung des Salons von 1824. Musée du Louvre, Paris. (An der Wand im Hintergrund erkennt man Ingres' ›Gelübde Ludwigs XIII.‹.)

Museum) ist nach seinem Entwurf gearbeitet worden. Es war der malerisch gelockerte, mitunter ins Verspielte und Preziöse gleitende Klassizismus, der Prud'hon zu einem bevorzugten Vertreter des Empire machte.

Auch die aus der Werkstatt Davids hervorgegangenen jüngeren Künstler konnten sich trotz dieser Schulung dem gewandelten Zeitgeschmack nicht entziehen. Anne-Louis Girodet (1767–1824) hatte 1789 den Rompreis gewonnen. Aber *Der schlafende Endymion,* mit dem er aus der Ewigen Stadt den Salon von 1793 beschickte, läßt in den gedehnten Proportionen des Aktes und dem visionären Licht des Mondes den heroischen Stil des Lehrers vermissen; man muß sich gegenwärtig halten, daß David in diesem Jahr den *Marat* gemalt hat! Näher als die Antike stand Girodet der ›Homer des Nordens‹, die Phantasiegestalt des schottischen Barden Ossian. Auf der *Apotheose der gefallenen Generale Napoleons,* 1801 für Schloß Malmaison gemalt, empfängt der greise Sänger die Helden in Odins Wolkenreich, umgeben von mittelalterlichen Rittern und leierschlagenden Jungfrauen mit griechischem Profil (Skizzen im Louvre und in der Hamburger Kunsthalle). Die *Grablegung der Atala* von 1808 (Louvre) interpretiert Chateaubriands Roman in einem katholisierenden Mystizismus, dessen Linienstil und flächiger Kolorismus sich nur durch den erotischen Einschlag von Bildern der deutschen Nazarener unterscheiden. Girodet hat den Begründer der literarischen Romantik in Frankreich auch porträtiert (Saint-Malo, Museum). Sobald der Künstler sich wie hier mit einem greifbaren Gegenüber auseinanderzusetzen hatte, wirkte sich ein verborgener Realismus wohltuend aus. Er traf die Attitüde der Persönlichkeit so gut, daß Chateaubriand allein dieses Bildnis von sich gelten lassen wollte. Die Ruine und die Berge des Hintergrundes sind in eine diesige Atmosphäre getaucht, die schon an Corot gemahnt. Da Chateaubriand damals in Ungnade gefallen war, hing das Porträt im Salon von 1810 unter der Bezeichnung: »Bildnis eines Mannes, der vor den Ruinen von Rom meditiert«. Napoleon ließ sich indessen nicht täuschen und bemerkte: »Er sieht aus wie ein Verschwörer, der gerade durch den Kamin herabgekommen ist.« Zugleich befahl er, dem Gemälde einen günstigeren Platz zu geben.

François Gérard (1770–1837) wurde der beliebteste Porträtist der Napoleonischen Familie. Seine Bildnisse pflegte er mit flott hingeworfenen Ölskizzen vorzubereiten. Gérards weiche, modische, leicht sentimentale Art führte dazu, daß man seiner *Madame Récamier* (Paris, Musée Carnavalet) vor der strengen Auffassung dieser Schönheit durch David (Louvre) allgemein den Vorzug gab. Das große Gemälde *Corinne am Kap Misenum* (Lyon, Museum) war ein Geschenk des Prinzen August von Preußen an die Récamier. Inspiriert durch Mme de Staëls Novelle, erregte es im Salon von 1822 Aufsehen. Es ist ein ausgezeichnetes Beispiel des Romantischen Klassizismus der Epoche: Ein romantischer Stoff wurde in klassischem Gewand vorgetragen. Dieser Mischstil entsprach offenbar in hohem Maß dem Geschmack der aristokratisch-großbürgerlichen Gesellschaft jener Ära. Aber er wurde bald als rückständig empfunden: In demselben Salon von 1822 stellte der junge Delacroix seine *Dantebarke* aus.

Es war Jean-Auguste-Dominique Ingres (1780–1867), der die klassizistische Komponente im Werk des Lehrers rein bewahrt hat. Wer von

1 Jean-Baptiste Odiot, Henkelkanne – Geschenk Napoleons I. an die Kaiserin Joséphine, Paris 1804

2 Karl Friedrich Schinkel, Theaterdekoration zur Zauberflöte: Sternenhimmel der Königin der Nacht, 1815

3 Thomas Jefferson, University of Virginia, Charlottesville, Virginia, 1817–1826

4 William Rush, Bildnisbüste Benjamin Franklins, um 1800

5 Jacques-Louis David, Der Tod des Marat, 1793

6 Antoine-Jean Gros, Bildnis des Sous-lieutenant Charles Legrand, um 1810

7 Eugène Delacroix, Der Tod des Sardanapal, 1827

8 Eugène Delacroix, Pferd im Gewitter, 1824

9 Eugène Delacroix, Die Mulattin Aspasia, 1826

10 Théodore Géricault, Bildnis einer Geisteskranken, 1822/23

11 Joseph Anton Koch, Heroische Landschaft mit Regenbogen, 1805

12 Philipp Otto Runge, Die Hülsenbeckschen Kinder, 1805/06

13 Caspar David Friedrich, Kreidefelsen auf Rügen, um 1820

14 Franz Pforr, Sulamith und Maria, 1811

15 Johann Heinrich Füßli, Satan flieht vor der Berührung durch Ithuriels Speer, 1802

16 Ferdinand Georg Waldmüller, Wolfgangsee, 1835

17 Karl Blechen, Das Walzwerk bei Eberswalde, um 1835 ▷
18 Adolf Menzel, Die Berlin-Potsdamer Eisenbahn, 1847 ▷

19 John Constable, Boote auf dem Stour, um 1811

20 William Turner, Licht und Farbe (Goethes Theorie) – Der Morgen nach der Sintflut – Moses schreibt das Buch Genesis, 1843

21 Dante Gabriel Rossetti, Die Hochzeit des hl. Georg mit der Prinzessin Sabra, 1857

22 Thomas Fearnley, Mondlicht in Amalfi, 1834

24 Antonio Fontanesi, Das Kirchlein

25 Giovanni Fattori, Die Rotunde von Palmieri bei Livorno

26 Edward Hicks, Das Reich des Friedens, um 1848

27 Francisco de Goya, Erhängung eines Mönchs, um 1810

28 Francisco de Goya, Die Erschießung eines Aufständischen vom 3. Mai 1808, 1814 (?)

dem *Marat* Davids zu seinem im selben Raum des Brüsseler Museums hängenden Gemälde *Tu Marcellus Eris* zurückblickt, wird diese Reinheit zu grandioser Einseitigkeit gesteigert finden: In strengem Relief sind die hart umrissenen, von atmosphärelosem Seitenlicht modellierten Figuren auf der Fläche verteilt, die Köpfe der Dargestellten nach römischen Bildnisbüsten der Kaiserzeit gezeichnet. Ingres erhielt 1801 den Rompreis, konnte jedoch erst fünf Jahre später in die Ewige Stadt reisen. Sein Aufenthalt verlängerte sich auf fast zwei Jahrzehnte. 1834 wurde er zum Direktor der Französischen Akademie in Rom ernannt und zog erneut für sieben Jahre nach Süden. Hier verstärkte sich die von Jugend auf genährte Liebe zu Raffael und milderte die abstrakte Liniensprache der David-Schule. Gerade in den offiziellen Aufträgen für Kirche und Staat macht sich dieses Vorbild des Meisters der Hochrenaissance zuweilen freilich unangenehm fühlbar. In der Tat sind die großen Gemälde nur Abwandlungen überkommener Schemata. Dieser formale Konservativismus im Verein mit der Ablehnung der »gemeinen Wirklichkeit« als Thema der Kunst machte Ingres zum geeigneten Hüter akademischer Tradition und zum bevorzugten Maler der bourbonischen Restauration. Die 1820 für S. Trinità dei Monti geschaffene *Schlüsselübergabe* nach Matthäus XVI, 19 (Louvre) gehört zu den berühmtesten Darstellungen Christi aus dem 19. Jahrhundert, aber im Vergleich zu dem Karton Raffaels, der Ingres zum Ausgangspunkt gedient hat, verrät sich auf das peinlichste die tiefe Krise des Gottesbildes. Das *Gelübde Ludwigs XIII.* (Montauban) wurde auf Befehl König Ludwigs XVIII. gemalt und stand im Mittelpunkt des Salons von 1824 (Abb. 61). Nach der traditionellen Ikonographie reicht der Monarch der in Wolken thronenden Himmelskönigin, die das Christkind auf den Knien hält und Raffaels *Madonna di Foligno* nachgebildet ist, Krone und Szepter empor; aber wiederum braucht man sich nur in die Erinnerung zurückzurufen, wie glaubwürdig noch der Barock die Beziehung zwischen irdischem und göttlichem Herrscher darzustellen gewußt hat, und man wird erkennen, daß im 19. Jahrhundert selbst dem bedeutenden Künstler die überzeugende Lösung eines solchen Themas nicht mehr glückte. Eindrücklicher, als es Worte vermögen, dokumentiert Ingres' Bild das Ende des Gottesgnadentums. Von den in offiziellem Auftrag entstandenen Monumentalgemälden sei nur noch die riesige *Apotheose Homers* von 1827 genannt

(Louvre). Der Generaldirektor der königlichen Museen hatte sie als Dekoration einer Decke des Louvre bestellt, aber sie ist nur ein vergrößertes Staffeleibild geworden. Vor einer griechischen Tempelfront sind um die Statue des blinden Sängers die Großen aus Dichtung und Kunst zur Huldigung versammelt; Ilias und Odyssee sitzen als allegorische Gestalten zu Füßen ihres Schöpfers. Obwohl der Maler hier gleichsam ein künstlerisches Glaubensbekenntnis gab, kam er über eine akademisch trockene und steife Komposition nicht hinaus. Die zahlreichen Persönlichkeiten der verschiedenen Zeitalter sind mit Hilfe von alten Bildnissen dargestellt und schematisch aneinandergereiht. Die Herrschaft des Umrisses und der abgegrenzten Farbflächen tun das ihre zu einer kalten, leblosen Wirkung. Man muß sich – wie vor allen diesen Gemälden – an Einzelheiten halten und etwa der Schönheit einer körperbezeichnenden Linie nachgehen.

Ungleich höher stehen denn auch die Bilder, in denen Ingres den Sphären der sakralen und weltlichen Historie sowie der Gedankenfülle des pathetischen Idealismus entsagt hat. Nicht zufällig gehört die Gruppe weiblicher Aktdarstellungen zu den berühmtesten Werken des Künstlers. In immer neuen Abwandlungen sind sitzende und liegende Frauen einzeln oder zu mehreren vereint auf dem Ruhebett oder im Bad wiedergegeben. Die *Große Odaliske* von 1814 (Abb. 62) wurde für die Königin Caroline Murat, die Schwester Napoleons, gemalt, infolge der politischen Ereignisse aber nicht mehr abgeliefert. Die nur mit einem Kopftuch geschmückte Gestalt ist fast vom Rücken her gesehen, wendet jedoch das Gesicht dem Beschauer zu. Trotz komplizierter Überschneidungen der Glieder ist der Körper wundervoll in die Fläche gebreitet. Wirken Ingres' Aktfiguren zuweilen porzellanhaft glatt und kalt, so blüht der Leib hier in warmer Sinnlichkeit zwischen dem noblen Komplementärkontrast des tiefblauen Vorhangs und des orangegoldenen Tuches. Der unnahbar kühle Blick steht in erregender Spannung zu den Reizen des Inkarnats. Ein geradezu musikalischer Wohllaut der Linie vereint sich mit einem delikaten Farbensinn. Die entwicklungsgeschichtliche Stellung dieser Liegenden festzulegen heißt, den Charakter des Übergangs in der Kunst um 1800 begreifen lernen. Ingres' Darstellung ist von den Gemälden Tizians und des Velazquez angeregt, aber nicht mehr eine Venus, sondern eine irdische Erscheinung. Insofern bereitet sie Manets fünfzig Jahre später entstan-

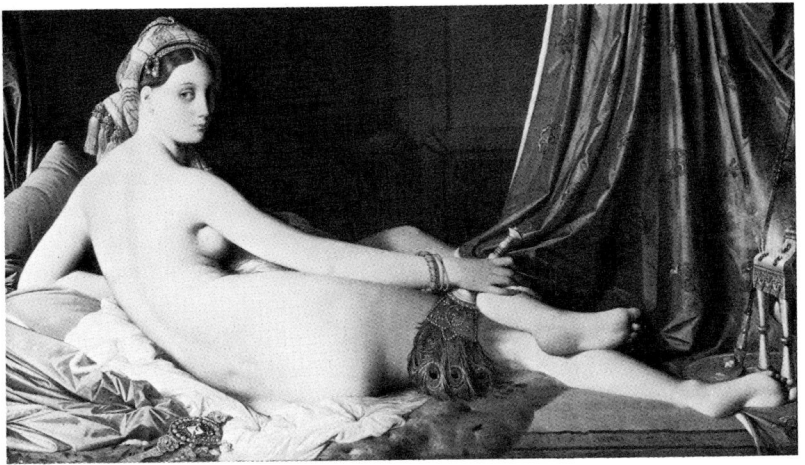

62 Jean-Auguste-Dominique Ingres, Die Große Odaliske. 1814. Öl auf Leinwand, 91 × 162 cm. Musée du Louvre, Paris

dene *Olympia* vor. Jedoch hält Ingres bei der Demokratisierung des Themas auf halbem Weg inne: Indem sein Modell als Odaliske bezeichnet ist, verbleibt es in einer der Alltäglichkeit enthobenen Idealität. Blickt man zu dem aggressiven und brutalen Realismus der *Nackten Maja* Goyas hinüber (Abb. 96), so rückt es vollends auf die Seite der Tradition.

Auch wer dem Maler mit Vorbehalt begegnet, wird dem Zeichner seine hohe Bewunderung nicht versagen. Insonderheit die Bildniszeichnungen (Abb. 63) weisen Ingres als einen der größten Meister aller Zeiten aus. Hier stellte sich die einzigartige Sensibilität für die Linie in den Dienst der auch diesem Franzosen eingeborenen Begabung für das scharfe Erfassen der Wirklichkeit, die in den Gemälden von den akademischen Prinzipien zurückgedrängt wurde. Der spitze Bleistift kann weich und hart zugleich sein, zart und bestimmt. Er kann schmeichelnd die Haut modellieren und mit äußerster Präzision ein Detail abgrenzen. Er kann den Umriß scharf ziehen und doch reiche Binnenformen geben. Aus dem vielfältigen Gespinst der Linien hebt sich stets der Kopf heraus, der Mensch erscheint immer als geistige Individualität. Dank Ingres ist das Gefühl für die Linie über den formauflösenden

Impressionismus hinweg bis in die Gegenwart gerettet worden. Renoir und Degas haben sich zu dem Künstler als ihrem Ahnherrn bekannt, die französische Malerei von Gauguin bis Picasso ist nicht ohne ihn zu denken.

Dieser historischen Fernwirkung gegenüber hat die Ingres-Schule im engeren Sinn geringeres Gewicht. Hippolyte Flandrin (1809–1864) führte den großflächigen Dekorationsstil des Lehrers fort, wie er in der *Apotheose Homers* programmatisch vorgegeben war. Indem dieser Stil auf christliche Themen angewendet wurde, nahm er archaisierende Züge an. Flandrin malte einige Kirchen von Paris mit Fresken aus. Sein erstes monumentales Werk entstand 1841 in Saint-Séverin. Kurz nach der Mitte des Jahrhunderts schuf er in Saint-Germain-des-Prés einen Zyklus von zwanzig Szenen aus dem Alten und dem Neuen Testament. Er griff dabei nicht so sehr auf Raffael wie auf die Meister des Cinquecento zurück, die er während einer Italienreise studiert hatte. Für den doppelten Fries mit Heiligen in Saint-Vincent-de-Paul dienten gar die frühchristlichen Mosaiken von S. Apollinare Nuovo zu Ravenna als Vorbild. Flandrins Kunst weist Parallelen zu jener der deutschen Nazarener auf und ist ein Bindeglied zur Beuroner Schule.

Théodore Chassériau (1819–1856) war die strahlendste Erscheinung unter Ingres' Schülern, wenngleich seine Persönlichkeit nicht frei von Düsterkeit und Schwermut blieb. Sein im Aufstand der Kommune zerstörtes Hauptwerk – die 1844–1848 ausgeführten Fresken im Pariser Rechnungshof – bekunden noch in den traurigen Fragmenten, wessen man sich von ihm hätte versehen dürfen. Doch er starb schon mit 37 Jahren. Dem auf San Domingo Geborenen war eine stürmische Entwicklung beschieden. Als begeisterter Eleve von Ingres eignete er sich eine melodisch reine Liniensprache an. Von Anfang an aber besaß er auch einen Sinn für koloristische Nuancen. Eindrücke einer 1846 unternommenen Reise nach Algier steigerten seine Empfindlichkeit für Farbe und Bewegung. Seither neigte er sich dem Antipoden seines Lehrers zu: Delacroix. Bewußt suchte er eine Ausdrucksweise, welche die Gegensätze in harmonischem Ausgleich vereinigte. Chassériau kann daher mit demselben Recht der Romantik zugeordnet werden wie dem Klassizismus. Daß er sich durch Lord Byrons tragische Dichtung *Mazeppa* anregen ließ, ist ebenso bezeichnend wie die Verve des Pinselstrichs, mit der er immer wieder seine schöne Geliebte malte.

63 Jean-Auguste-Dominique Ingres, Madame Destouches. 1816. Bleistiftzeichnung, 433 × 293 mm. Musée du Louvre, Cabinet des Dessins, Paris

Französische Romantik

»Ich vergötterte das Talent von Gros, das für mich noch heute ... zu den bemerkenswertesten in der Geschichte der Malerei gehört ...« So schrieb Delacroix über einen fast drei Jahrzehnte älteren Künstler. Und an anderer Stelle berichtete er: »Géricault betete Gros an. Ähnlich dem Prediger auf der Kanzel, der jedesmal, wenn er den Namen Jesu Christi ausspricht, sein Käppchen abnimmt, sprach er nie anders als mit Begeisterung und Respekt von ihm. Er verdankte ihm viel ...« Der Mann, den die zwei bedeutendsten Meister der französischen Romantik so glühend verehrten, war Antoine-Jean Gros (1771–1835). Er war 1785 zu David in die Lehre gekommen und gehörte zu dessen Lieblingsschülern; als der Meister in das Exil ging, übergab er ihm seine Werkstatt. Delacroix' Urteil, daß David der Vater der ganzen modernen Schule gewesen sei, bestätigt sich. Man mag Gros als einen Künstler des Übergangs vom Klassizismus zur Romantik bezeichnen. Nach seiner entwicklungsgeschichtlichen Stellung und seinem antiklassizistischen Stil, aber auch nach seinem zwiespältigen Charakter und seinem tragischen Schicksal sollte dieser Maler an den Beginn der französischen Romantik gestellt werden.

Unter der Terreur verdächtigt, mußte Gros aus der Heimat fliehen. Sein Lehrer – zugleich hoher Parteifunktionär – verschaffte ihm einen Paß nach Italien. 1793 war er in Genua, hier wurde ihm der *Hl. Ignatius* von Rubens zum entscheidenden Erlebnis. Joséphine Beauharnais stellte den Fünfundzwanzigjährigen in Mailand dem Oberkommandierenden der Armee, Napoleon Bonaparte, vor. Gros malte den General als Kriegshelden (Versailles, Museum; Ölskizze im Louvre). Napoleon ist in dem Augenblick wiedergegeben, als er mit der Fahne in der Linken die Brücke von Arcole stürmt. Vehement reißt er den Kopf zu den ihm folgenden Soldaten zurück. Der kühne Bildausschnitt, die durch die vorherrschenden Diagonalen suggerierte Bewegung, die lockere Pinselführung und die Glanzlichter auf der Stickerei des Uniformrocks wirken zusammen zu einem »lebendigen Sinnbild heroischer Aktion« (Delacroix).

Nach dem Staatsstreich stellte der Erste Konsul die Malerei vermehrt in seine Dienste. Dem Innenminister gab er Anweisungen, die fähigsten Künstler mit Schlachtenbildern der letzten Kriege zu beauftragen.

64 Antoine-Jean Gros, Der Kampf um Nazareth. 1801. Ölskizze auf Leinwand, 135 × 195 cm. Musée des Beaux-Arts, Nantes

Aus einem Wettbewerb des Jahres 1801 ging Gros mit dem Entwurf für den *Kampf um Nazareth* als Sieger hervor. Am Berg Tabor hatte General Junot im April 1799 mit zahlenmäßig schwachen Kräften eine weit überlegene türkische Streitmacht vernichtend geschlagen. Gros ging mit Feuereifer an die Arbeit. Ihn reizte das Thema gleichermaßen als historisches Ereignis wie als malerisches Schauspiel. An seine Mutter schrieb er: »Die andern mögen den alten Alexander gemalt haben, ich male den neuen. Diese Mamelukken, diese orientalischen Trachten, diese Araberpferde!« Die Vorstudien und vor allem die stattliche Ölskizze (Abb. 64) gewähren uns einen hervorragenden Eindruck von seinem Schaffen. Gros war über den Hergang der Schlacht genau informiert worden, aber die realistische Schilderung wurde durch den Schwung der gestalterischen Phantasie gesteigert. Man blickt von erhöhtem Standpunkt auf das Gewoge des Reiterkampfes, in dem das Auge hie und da von einem Detail gefesselt wird, um sogleich wieder von den Strudeln mitgerissen zu werden. Wohl hat Gros an die Tradition des Schlachtenbildes in der abendländischen Kunst angeknüpft, doch ist sein Werk selbst im Vergleich zu Rubens' *Eroberung von Tunis* kompositionell und farblich weit mehr aufgelöst, statt eines einzigen Mittelpunktes gibt es bei ihm mehrere Zentren der Aufmerksamkeit. Von den Grundsätzen der akademischen Schule hat er sich vollends entfernt. Behielt der Klassizismus auch in den Darstellungen des Kampfes - etwa in Davids *Raub der Sabinerinnen* - einen statischen Aufbau bei, so ist hier alles dynamisch bewegt. Man versteht den Enthusiasmus der Romantiker vor dieser Skizze. Delacroix pries die »seltene Verbindung von Energie und Anmut, eine der feinsten Eigenschaften in der Kunst«. Géricault zahlte tausend Franken für die Erlaubnis, das Bild kopieren zu dürfen.

Das Monumentalgemälde sollte nicht weniger als fünfzehn Meter Breite messen. Gros hatte mit der Ausführung der Leinwand bereits begonnen, da wurde der Auftrag zurückgezogen: Napoleon mochte nicht zugeben, daß einer seiner Unterführer öffentlich derart verherrlicht würde. Der Künstler erhielt dafür den Befehl, Bonapartes Besuch bei den *Pestkranken von Jaffa* zu malen (Louvre). Auch diesmal ließ er sich die äußeren Umstände - von dem Chefarzt des Hospitals - berichten. Aber aus einem kahlen Raum verlegte er die Szene in einen maurisch-gotischen Kreuzgang, wo sich ihm die Möglichkeit der Ausgestaltung durch Nebengruppen ergab. Und hielt Bonaparte in dem ersten Entwurf einen sterbenden Kranken im Arm, so zeigte ihn Gros auf der endgültigen Fassung, wie er mit der ausgestreckten Hand den nackten Körper eines von der Pest Befallenen berührt. Diese Gebärde drückt nicht nur die Furchtlosigkeit des Heros aus, sondern wiederholt eine Haltung, in der die christliche Kunst zuvor heilige Wundertäter - Rochus und Karl Borromäus - dargestellt hatte. Durch diesen ikonographischen Rückgriff verlieh Gros seinem Helden somit einen sakralen Rang. In einer scharfsinnigen Untersuchung hat Walter Friedlaender überdies nachgewiesen, daß Napoleon mit jener Handlung eine Zeremonie des legitimen Königtums fortführte: Die ›touche des écrouelles‹ basierte auf dem Glauben, daß die Berührung durch den König heilende Kraft besitze; noch Ludwig XVI. soll sie ausgeübt haben. Das Elend und die Todesqualen, die Gros mit so viel koloristischem Reichtum um die Hauptszene gruppierte, dienten vor allem dazu, durch den Kontrast die Wirkung des Ereignisses zu steigern. Auch das mehr als acht Meter breite Gemälde *Napoleon bei Eylau* von 1808 (Louvre) ist auf einen ähnlichen Gegensatz hin angelegt. Der Kaiser reitet nach dem blutigen Kampf über das mit Toten und Sterbenden bedeckte Schlachtfeld, zu den Schrecken des Krieges ist der unerbittliche Winter hinzugekommen. Man hat wohl gemeint, daß die krasse Schilderung der Leichenhügel, auf die der Schnee fällt, und das Elend der erfrierenden Verwundeten eine neue, humanitäre Auffassung vom Kriege verrate. Aber bei Gros ist nichts von Abscheu und Protest zu spüren – wie sie aus den *Desastres de la guerra* Goyas herausschreien. Seine Kunst steht im Dienst des Siegers. Trotz aller realistischen Details – oder gerade durch diese – erscheint Napoleon verherrlicht. Der offizielle Begleittext erläuterte dem Besucher des Salons die Episode, die im Mittelpunkt des Bildes steht. Ein verwundeter litauischer Chasseur habe Napoleon angefleht: »Gib, daß ich lebe, und ich will Dir dienen so treu wie dem Kaiser Alexander!« Es ist dieser Augenblick, den Gros festgehalten hat, und wieder bezieht seine Darstellung ihr beinahe religiöses Pathos aus der Übernahme des Segensgestus der alten Kunst.

Eine echte Anteilnahme an menschlichem Leid äußert sich bei Gros im persönlichen Bereich. Vergleichen wir nochmals seine Kunst mit der Goyas. Er malte die *Übergabe von Madrid* (Versailles, Museum) aus der Sicht der französischen Besatzung, Goya den Aufstand der Spanier gegen ebendiese Macht und die Erschießung der Aufständischen (Farbtaf. 28). Aber die am 2. Mai 1808 an der Puerta del Sol, vom Pferde gezerrt, unter den Dolchen und Messern der spanischen Bauern zusammenbrachen, waren ja nicht alle Vertreter einer entmenschten Soldateska. Charles Legrand, ›sous-lieutenant au 13e Régiment provisoire des Cuirassiers‹, fiel an diesem Tag auf der Seite der Okkupationstruppen. Er war der Sohn eines französischen Generals. Die Eltern beauftragten Gros mit der Anfertigung eines Bildes, um das Gedächtnis an ihn zu bewahren. Das lebensgroße Gemälde (Farbtaf. 6) wurde ein Meisterwerk. Der Leutnant ist abgesessen und hat sein Pferd zur Tränke geführt. Ein Marienbild mit einem Gedenkkreuz darunter betont den Votivcharakter. Nach rechts fällt der Weg ab, in der Ferne wird eine ideale Landschaft sichtbar. Fast frontal gesehen, jedoch ein wenig aus der Mittelachse gerückt, steht Charles Legrand vor uns. Er hat den rechten Arm auf die Kruppe seines Rappen gelegt, dessen Hals und Kopf sich als herrlich geschwungene Silhouette vor dem Himmel abzeichnen. Das Gewicht des Körpers ruht auf dem linken Bein, das andere ist lässig übergeschlagen. Während die eine Hand die Zügel erfaßt hat, hält die andere den mächtigen Helm mit Roßschweif und Pfauenfeder gegen die Hüfte. Das schöne blutjunge Gesicht ist leicht zur Seite gewendet, die Augen blicken träumerisch, aber mit einem Anflug von gelöster Heiterkeit in die Weite. In dem Kontrast dieses fast noch knabenhaften Antlitzes und der schweren metallenen Rüstung liegt die ergreifende Spannung des Bildes. Sie weist auf eine echte Tragik, die uns im 20. Jahrhundert unmittelbar berührt. Die Verstrickung, in der die Menschen der napoleonischen Epoche gefangen waren, wird noch größer, wenn man bedenkt, daß die spanischen Bauern, von denen dieses Kind erstochen wurde, sich für eine höchst problematische Idee opferten: für den despotischen Feudalismus einer korrupten Dynastie.

Gros aber hat nie wieder Werke von solcher Intensität geschaffen wie unter dem Kaisertum. Von den zurückgekehrten Bourbonen hoch geehrt und unter Louis Philipp gar zum Baron erhoben, glaubte er als Künstler zum Hüter der klassizistischen Doktrin berufen zu sein und verleugnete die malerische Strömung, die er herbeigeführt hatte. Er erging sich in Selbstanklagen und wählte schließlich – getrieben von widrigen familiären Verhältnissen und inneren Zweifeln – den Freitod.

Im Salon von 1812 hing neben dem repräsentativen *Reiterbildnis des Joachim Murat* von Gros das Erstlingswerk eines um zwanzig Jahre jüngeren Künstlers: der *Offizier der Gardejäger zu Pferde* (Louvre) von Théodore Géricault (1791–1824). Nach einer kurzen Lehrzeit bei dem durch seine Pferdedarstellungen bekannten Kleinmeister Charles Vernet hatte Géricault die Werkstatt des David-Schülers Guérin besucht, aber am nachhaltigsten war er – wir wissen es bereits aus Delacroix' Nachrichten – von Gros beeinflußt worden. Sein Gemälde bedeutete jedoch zugleich einen gewaltigen Schritt über diesen hinaus. In unerhört kühner Raumdiagonale, die das ganze Bild bestimmt, sprengt der Offizier in die Tiefe, jäh reißt er den Oberkörper und die Rechte mit dem Krummsäbel in die Gegenrichtung zurück. Der gefleckte Schimmel und das Pantherfell als Satteldecke, die hohe Pelzmütze und die goldgewirkten Schnüre ergeben einen großen Reichtum an koloristischem Reiz. Die eigenhändige Ölskizze in Schweizer Privatbesitz wirkt durch die keck hingesetzten Farbflecke wie ein Feuerwerk. Hier

65 Théodore Géricault, Napoleon in der Schlacht bei Waterloo. Federzeichnung, 35 × 45 mm (Originalgröße). Sammlung Robert Lebel, Paris

war ein ungebärdiges Temperament am Werk, demgegenüber Gros fast pedantisch erscheint. Géricaults Leben hatte etwas Meteorhaftes: aufstrahlend und rasch verglühend. Ein waghalsiger Reiter, ein eleganter Gesellschafter, ein stürmischer Liebhaber, zuweilen aber von tiefer Melancholie erfüllt, war er »schwungvoll und sanft zugleich ... groß, ernst, mit Augen von seltsamer Schönheit, träumerisch, mild und tief, wie sie sonst nur Orientalen haben«. In den heroischen Zeiten der Grande Armée war Géricault noch ein Kind gewesen. Seine Bewunderung für Napoleon, den er nur einmal bei Waterloo in einer winzigen Skizze zu Papier brachte (Abb. 65), war von den Schatten des Sturzes verdunkelt. Daß er mit seiner Kunst die »Glorifizierung des Krieges« betrieben habe, ist angesichts der vielen Darstellungen von Gefangenen, Geschlagenen, Verwundeten, Invaliden und Toten, die gerade er schuf, einseitig geurteilt; eher läßt sich Géricaults Auffassung mit dem Titel des Buches seines Zeitgenossen Alfred de Vigny umreißen: *Glanz und Elend des Soldaten*. Das zweite große Gemälde, das er im Salon von 1814 zeigte, gibt denn auch einen *Verwundeten Kürassier* (Louvre) wieder. Sein Pferd aus dem Kampf führend, ist dieser ein Sinnbild für das Ende der Napoleonischen Herrschaft. Die Leinwand ist durch den Teergehalt der Farben teilweise arg beschädigt, besaß aber wohl nie die malerische Dichte des früheren Bildes. Wir werden indessen durch zahlreiche Skizzen und Studien entschädigt.

Außer diesen beiden Werken war nur noch eines zu Lebzeiten des Künstlers öffentlich ausgestellt: *Das Floß der Medusa* (Louvre). 1816/17 war Géricault für ein Jahr in Italien gewesen; er hatte im täglichen Umgang mit den Zeugnissen der Antike und den Meistern der Hoch-

66 Théodore Géricault, Skizze zum Floß der Medusa. 1818. Federzeichnung, 245 × 302 mm. Musée des Beaux-Arts, Rouen

renaissance – überwältigt vor allem von Michelangelo – gelernt, sein künstlerisches Temperament zu disziplinieren und seinen Erfindungen eine vorher nicht gekannte Größe der Form zu verleihen. Ein festlicher Brauch des römischen Karnevals, den auch Goethe beschreibt, hatte ihm dazu gedient, diesen neuen monumentalen Stil zu verwirklichen. Eine Reihe seiner Gemälde stellt die *Corsa dei Barberi* dar, das Wettrennen der Berberhengste, das alljährlich auf der Hauptstraße der Ewigen Stadt abgehalten wurde. Von Bild zu Bild dieser Reihe hat sich die Vorstellung geläutert, sie erreicht mit dem letzten (Rouen, Musée des Beaux-Arts) eine wahrhaft klassische Höhe. Erfüllt von dem Drang zum großen Format war Géricault nach Frankreich zurückgekehrt, auf der Suche nach einem Stoff, der würdig dieser Formensprache wäre. Und er hatte ihn in einem Ereignis gefunden, das die Gemüter der Franzosen auf das tiefste bewegte. Im Juni 1816 war die Regierungsfregatte Medusa auf dem Weg nach Senegal gestrandet. Für die vierhundert Menschen an Bord hatten die Rettungsboote nicht ausgereicht. Man hatte daher ein Floß gezimmert und ins Schlepptau genommen. Doch die Besatzung der Boote hatte bald die Taue gekappt, und das Floß mit den eng zusammengedrängten 149 Mann war hilflos auf dem Meer getrieben. Entsetzliche Szenen hatten sich abgespielt. »Schließlich hetzen Hunger, Durst und Verzweiflung die Menschen gegeneinander. Endlich, am zwölften Tag dieser übermenschlichen Leiden, birgt die ›Argus‹ fünfzehn Sterbende.« So heißt es in dem Bericht, den zwei Überlebende – der Schiffsingenieur und ein Arzt – veröffentlicht hatten. Hier also fand Géricault den dramatischen Stoff für seine Gestaltungskraft. Schöpferische Phantasie und realistischer Wille vereinten sich in ihm. Er studierte die Veröffentlichungen und befragte die Überlebenden. Er reiste an das Meer und ließ sich ein Floß zimmern, um Wellen und Wolken zu beobachten. Er porträtierte die Zeugen der Katastrophe und zeichnete Köpfe von Schwarzen, da drei der Geretteten dieser Rasse angehörten. Ja, er suchte – dank persönlicher Beziehungen zu Ärzten erhielt er Zugang zu Hospital und Leichenschauhaus – den Ausdruck von Kranken und Sterbenden festzuhalten oder

67 Théodore Géricault, Treibendes Floß. Skizze zum Floß der Medusa. 1818. Öl auf Leinwand, 400 × 683 mm. Musée des Beaux-Arts, Dijon

das verwesende Fleisch und die verkrampften Glieder von Toten zu skizzieren. Ein halbes Hundert von Entwürfen und Teilstudien in Öl, Aquarell, Feder und Stift entschädigen uns für das stark nachgedunkelte Gemälde, das fünf auf sieben Meter mißt (Louvre). In den Zeichnungen (Abb. 66) erkennt man zuweilen noch die Auseinandersetzung mit den großen Meistern: Reminiszenzen an die Akte der Sixtinischen Decke, gar eine Verwandtschaft zu den Leibern aus Pontormos verlorenem Spätwerk. Die Ölskizzen (Abb. 67) aber sind von einer malerischen Freiheit, die ihrer Zeit weit vorauseilt und sich erst bei Courbet und Manet wiederfindet. Nach mannigfachen Überlegungen wählte Géricault den Augenblick, in dem am Horizont die Brigg auftaucht und der verlöschende Lebensfunke durch die Hoffnung auf Rettung angefacht wird. Dieser »dramatische Moment« beschränkte die Personenzahl auf das Mindestmaß und erleichterte die Monumentalisierung der Darstellung. Denn bei allem fanatischen Streben nach Wahrheit ist die Komposition streng gebaut. Beherrschende Diagonalen lassen den Raum spürbar werden und fassen die Szene zugleich in zwei Dreiecksgruppen flächig zusammen. Auf den Entwürfen ist zudem der Eindruck des Unstatischen und Labilen eingefangen, der dem Element des Wassers entspricht; erst als das Gemälde schon aus dem Atelier gebracht worden war, gab Géricault dem Ganzen durch Hinzufügung einer weiteren Figur größeren Halt. Durch andere Mittel hat er die Wirkung erhöht. Das 20 m lange Floß erscheint viel kleiner als in Wirklichkeit, der Schauplatz der Handlung ist geschickt begrenzt. Nach dem Bericht war bis zuletzt ein Ausguck am Mast, der Künstler hat ihn weggelassen, um das Bildgefüge zu straffen. Endlich lag über dem Meer ein klarer Äquatorhimmel, der Maler hat die düsteren Wolken zur Steigerung des Pathos gebraucht. Die Zeitgenossen freilich sahen vor allem den schonungslosen Realismus. Im Katalog des Salons von 1819 trug das Bild auf Anordnung der Regierung den genrehaften Titel »Schiffbruchszene«. Man befürchtete eine politische Demonstration, gingen doch Gerüchte um, die dem Ministerium und der Unfähigkeit des von den Bourbonen reaktivierten Kapitäns die Schuld an dem Unglück gaben. Aber das Publikum ließ sich nicht täuschen. Das Werk war eine öffentliche Anklage. Bald erweiterte sich seine Bedeutung: Louis Batissier faßte 1824 das Thema in die Worte: »Der Streit um das ohnmächtige Vaterland, die Verwirrung der steuerlosen Generation«. So offenbart sich uns ein dreifacher – historischer, politischer, psychologischer – Bildsinn.

›Schiffbruch‹ war ein Leitmotiv für das unruhevolle Schicksal des Malers selbst. Tief enttäuscht von der mangelnden Anerkennung durch das offizielle Frankreich, wandte sich Géricault nach England und ließ das *Floß der Medusa* dort in vielen Städten gegen Eintrittsgeld sehen. Entscheidend für ihn wurden jedoch die persönlichen Eindrücke von den gesellschaftlichen Zuständen dieses liberalen Landes und die Begegnung mit der englischen Malerei: den Tierbildern von Stubbs und Ward, den Landschaften Constables, den Figurenbildern von Wilkie, den Sporting Prints. Er bemächtigte sich der lithographischen Technik und entdeckte die Bildwürdigkeit der ganzen Breite des täglichen Lebens. So malte er das *Derby in Epsom* (Louvre) ebenso wie den *Kohlenwagen* aus dem Revier (Mannheim, Kunsthalle).

Nach seiner Rückkehr aus England verblieben dem Künstler nur noch zwei Jahre des Schaffens, bereits im Januar 1824 starb er nach monatelangem Siechtum an den Folgen eines Sturzes vom Pferd. Doch die kurze Spanne sollte genügen, seinem Werk eine neue Dimension hinzuzufügen. Das wichtigste Zeugnis dieser Spätzeit ist eine Reihe von Bildnissen Geisteskranker. Das Thema des Irren war für die Malerei erst im 18. Jahrhundert entdeckt worden; der Narr der alten Kunst gehört einem anderen Bereich an. Hogarth hatte in *The Rake's Progress* zum ersten Mal eine Szene im Irrenhaus dargestellt. Goya hat dann den Geisteskranken in der ganzen abschreckenden Furchtbarkeit seines Zustandes erfaßt. Géricault suchte seine Modelle hingegen in jener Grenzzone zwischen normal und anormal, die wissenschaftlich erst viel später ergründet werden sollte. Von ursprünglich zehn Gemälden sind heute nur noch fünf – in verschiedenen Sammlungen diesseits und jenseits des Atlantiks – erhalten. Das Porträt einer alten Frau im Museum zu Lyon (Farbtaf. 20) läßt sich in seinem pastosen, doch sorgsamen Vortrag mit Werken des Frans Hals vergleichen. Innerhalb weniger Farben entfaltet sich ein großer Reichtum an Nuancen. Vor unbestimmtem Hintergrund steht die mit bräunlich-gelber Kleidung behängte Büste frontal im Bildfeld. Unsere Aufmerksamkeit wird auf das von einer schmutzig-weißen, lotterig sitzenden Haube umrahmte Gesicht gelenkt, dessen untere Partie abstoßend häßlich ist. Das Inkarnat schillert in lebhaftem Spiel der Töne. Etwas Schillerndes, Flackerndes besitzt auch der Blick, aus den ungleich weit geöffneten Augen ist er von unten herauf nach links gerichtet. Er verrät indessen nicht nur Mißtrauen, sondern auch ein gedanklich gesteuertes Prüfen des Gegenübers. Der unvoreingenommene Betrachter käme wohl kaum auf die übliche Bezeichnung »Irrsinnige Neiderin«, sondern würde eine Greisin darin sehen, die zwar im Äußeren verwahrlost, aber durchaus ihrer wachen Sinne mächtig ist. Die Reihe der Bildnisse soll auf Veranlassung des berühmten Pariser Arztes Dr. Georget entstanden sein, man weiß jedoch nichts über ihren eigentlichen Zweck. Vielleicht waren sie als Demonstrationsmaterial für Vorlesungen gedacht. Die damalige Psychiatrie glaubte, aus physiognomischen Merkmalen – besonders des Gesichts – Schlüsse auf die psychische Erkrankung ziehen zu können. Diese Theorie gilt heute als überholt. Wir wissen, daß die Grenze zwischen normal und anormal längst nicht so eindeutig festzulegen ist, wie die Medizin des 19. Jahrhunderts es meinte. Aber hat sich hier nicht die seherische Kraft, die jedem Künstler innewohnt, überraschend erwiesen? Géricaults zupackende Realistik hat uns ja entgegen jener Theorie eindrücklich offenbart, wie angreifbar alle simplen Klassifizierungen sind.

»Das ist ein Massaker der Malerei.« Selbst der dem Künstler wohlgesinnte Gros, der doch einst den ersten Angriff gegen den Klassizismus geführt hatte, rückte mit diesen Worten von dem großformatigen Gemälde ab, welches Eugène Delacroix (1798–1863) im Salon von 1824 zeigte. Er spielte dabei auf den Titel des Bildes an: *Szenen aus dem Massaker von Chios* (Louvre). Es war jene Ausstellung, in der Ingres mit dem *Gelübde Ludwigs XIII.* seinen Triumph feierte (Abb. 61). Und dieser raffaelisch-poussinesken Tradition setzte Delacroix nun die Nachfolge des Michelangelo und des Rubens entgegen. Dennoch waren Thematik und formale Gestaltung ohne Vorbild. Zwar hatte Francesco Solimena schon ein Jahrhundert zuvor die *Niedermetzelung der Familie Giustiniani auf Chios* gemalt: Wie auf kirchlichen Märtyrerbildern des Barock tragen hier Engel den hingeschlachteten Opfern Kronen zu (Entwurf: Neapel, Museo Capodimonte). Bei Delacroix aber, der ein Ereignis des jüngst ausgebrochenen Freiheitskampfes der Griechen schildert, erfahren die Schreckensszenen keine Verklärung mehr. Links erwartet eine Gruppe von Gefangenen verschiedenen Alters und Geschlechtes voll dumpfen Schmerzes die Verschleppung in die Sklaverei; auf der anderen Seite hat ein türkischer Reiter ein junges Weib an den Sattel gebunden und zum Krummsäbel gegriffen, um die verzweifelte Mutter der Entführten niederzuschlagen, während vorn zu Füßen der fassungslos starrenden Dienerin eine sterbende Frau mit ihrem Kind hingestreckt liegt. Das düstere Sfumato der weiten Landschaft mit den brennenden Siedlungen und dem Ausblick auf die ferne Ägäis, das den Einfluß der Malerei John Constables verrät, ist wie ein Widerhall des Schreckens und der Hoffnungslosigkeit. Der lockere, asymmetrische Aufbau der Komposition, der jähe Wechsel von Licht und Schatten, die funkelnde Farbigkeit, der auf Distanz berechnete, auf die Zeitgenossen unfertig erscheinende Auftrag, all dies mußte schockierend wirken. Und doch steht gerade dieses Gemälde wie ein Fanal am Beginn des Durchbruchs zur neuen Kunst.

Im nächsten Salon – dem des Jahres 1827/28 – stellte Delacroix ein noch umfangreicheres Werk aus: den *Tod des Sardanapal* (Louvre). Sein »Massaker Nr. 2« nannte es der Maler. Und in der Tat offenbart dieses Bild noch eindrücklicher die revolutionären Prinzipien seines Schöpfers. Der satanische Vorwurf ist einer Tragödie Lord Byrons frei entlehnt und vereinigt alle Elemente jenes Romantizismus: exotische Ferne, orientalische Pracht, Grausamkeit und Erotik. Vor dem Ansturm der Araber auf Babylon hatte der Satrap Sardanapal befohlen, in seinem Palast einen riesigen Scheiterhaufen zu errichten, um zusammen mit allem, was ihm zur Lust gedient hatte, in den Tod zu gehen. Hoch auf seinem Prunkbett liegend, läßt er seine Schätze zusammentragen und Sklavinnen, Pagen, Pferde und Lieblingshunde vor seinen Augen durch seine Leibwächter ermorden. Diese Orgie der Vernichtung wird in einem Rausch bewegter Formen und Farben dargeboten. Die Gerade, die in jeder akademischen Komposition das statische Gerüst der Grundlinien bildet, ist aufgegeben; um die schräg aus der Tiefe vorstoßende Lagerstatt tobt ein Wirbel von Menschen und Tieren. Feuriges Rot und schweres Gold herrschen vor, dazu die blühenden Fleischtöne der Frauen und das dunkelschimmernde Inkarnat der Sklaven. In wundervollen Pastellen hat Delacroix Einzelheiten vorgeklärt, und mehr als das fast vier auf fünf Meter messende Gemälde selbst lehrt die geniale Ölstudie (Farbtaf. 7), wie weit durch das primäre Malen die ›Zeichnung‹ im klassizistischen Sinne vernachlässigt worden ist. Bei Freunden wie bei Feinden erregte das Werk Entrüstung. Es war

»gewissermaßen mein Rückzug von Moskau ... Ich wurde zum Abscheu der Malerei«, so äußerte sich Delacroix später; und ebendieses Bild brachte ihm den Tadel des Ministers der Schönen Künste ein.

Die Phantasie des Malers, der nach Baudelaire »leidenschaftlich in die Leidenschaft verliebt« war, entzündete sich immer aufs neue an den großen Tragödien der Weltliteratur. Den Franzosen und den Engländern galt und gilt noch heute Goethes *Faust* als die bedeutendste Dichtung der Romantik. Delacroix schuf eine Reihe von Gemälden danach und eine Folge von Lithographien. Goethe hat sich wiederholt höchst lobend über die kongenialen Blätter geäußert und »die vollkommenere Einbildungskraft« gerühmt. Insbesondere die mit fliegendem Pinsel hingestrichenen Entwürfe in Aquarell (Abb. 68) stehen in äußerstem Gegensatz zu den mit spitzem Bleistift scharf konturierten, dürerisch strengen Zeichnungen des Peter Cornelius oder den peinlich genauen Umrißstichen des Moritz Retzsch; der Unterschied zwischen der Formensprache französischer und deutscher Romantik kann kaum eindrücklicher gemacht werden als durch diesen Vergleich.

Es sind kleinere Gelegenheitsarbeiten, in denen Delacroix sich von einer überraschenden Seite zeigt. Das gilt für die realistisch gesehenen Landschaftsstudien und die vereinzelten Stilleben, die er nach der englischen Reise von 1825 und nach der Berührung mit den Fielding und Bonington schuf. In einem seiner prächtigsten Aquarelle hat er ein *Pferd im Gewitter* (Farbtaf. 8) gemalt. Gewiß, eine romantisch übersteigerte Vorstellung! Und eine rein ikonographische Ableitung mag darauf hinweisen, daß das Motiv des dahinsprengenden Pferdes über Géricault und Gros bis auf englische Sporting Prints zurückgeführt werden kann. Eine vordergründige Interpretation mag in dem Motiv nur einen Anreiz zur Darstellung von Bewegung als einziger künstlerischer Absicht sehen. Aber nicht allein die Verve des Pinselstrichs, sondern die geradezu expressionistische Konvulsion des Hengstes, die aus dem rasenden Aufbäumen ein übergegenständliches Schriftzeichen macht, vollends der Bezug zwischen Kreatur und aufgewühlter Landschaft lehren uns, auf eine tiefere, wenn auch dem Maler unbewußte Bedeutung zu achten. Und erst diese erklärt das häufige Aufgreifen des Themas in der Kunst um 1800. Die neuere Psychologie lehrt, daß das wilde ungesattelte Pferd ein Symbol, auch Traumsymbol, für das ungezügelte Triebleben des Menschen ist. Mit dieser Erkenntnis hat die

68 Eugène Delacroix, Illustration zu Goethes Faust: Faust und Mephisto am Rabenstein. 1827. Aquarell, 180 × 240 mm. Museum Boymans – van Beuningen, Rotterdam

Wissenschaft freilich nur eine alte Wahrheit wiederentdeckt, die schon in der Bildersprache der Renaissance-Emblematik Ausdruck gefunden hatte: Ein Kupferstich des Achille Bocchi von 1555 zeigt im Vordergrund zwei von dem Stallknecht nur mühsam gebändigte Pferde, zwei andere toben sich draußen aus; das Lemma des Emblems – semper libidini imperat prudentia – weist das ungezügelte Pferd als Sinnbild der Triebsphäre des Menschen aus. Von daher ist auch Delacroix' Blatt zu verstehen.

In einer Epoche, in der das Exotische und der Orient Mode wurden, wählten die Künstler gern Angehörige farbiger Rassen als Modell. Delacroix hat mehrere Male eine Mulattin mit Namen Aline oder Aspasia porträtiert. Das kleine Gemälde in Schweizer Privatbesitz ist ein Juwel blühender Farbigkeit (Farbtaf. 9). Der prachtvolle braune Körper wird von einem delikat gemalten weißen Hemd nur locker umschlossen. Dieses Weiß steht gegen verschatteten Hintergrund, der nach oben zu kräftigem Rot aufhellt. Kopf und Schultern sind leicht in die Schräge gerückt. Obwohl das junge Weib dem Beschauer frontal gegenüber postiert ist, geht der sinnende Blick aus den ein wenig niedergeschlagenen Augen mit einem Ausdruck leiser Trauer an uns vorbei ins Leere. Den Gehalt dieses Bildes kann man nicht besser beschreiben als mit den Worten von Charles Baudelaire. Der Dichter nennt am Schluß einer Würdigung die letzte Eigenschaft des Künstlers: »und zwar die hervorragendste von allen, die, welche ihn zum wahren Maler des 19. Jahrhunderts macht, nämlich jene eigentümliche Melancholie, die von allen seinen Werken ausströmt ... Im allgemeinen malt er keine schönen Frauen, wenigstens nicht nach der Anschauung der großen Welt. Fast alle sind krank und leuchten in einer Art innerer Schönheit ... Er versteht nicht nur vortrefflich, das Leiden als solches auszudrücken, sondern vor allem – und es ist das ein fabelhaftes Geheimnis seiner Malerei – das moralische Leiden. Diese erhabene und ernste Melancholie leuchtet in düsterer Pracht und zwar sogar in seiner Farbe, die breit, einfach und überaus reich an harmonischen Massen ist, wie die aller großen Koloristen, aber klagend und tief wie eine Melodie von Weber.«

Delacroix war durch Herkunft und Milieu noch mit der großen Zeit der Revolution und Napoleons verbunden – soll doch Talleyrand sein leiblicher Vater sein. Als die Nation im Juli 1830 die verhaßte bourbonische Restauration stürzte, wurde auch er von Begeisterung erfüllt und huldigte diesem Ereignis durch ein monumentales Gemälde: *Die Freiheit auf den Barrikaden* (Louvre). Dieses Bild ist das berühmteste Werk des Künstlers geworden und das einzige, das wirkliche Popularität erlangt hat. In großartiger Weise vermochte Delacroix, das historische Ereignis ins Symbolhafte zu steigern. Der mitreißende Schwung des Geschehens erscheint wie in einem momentanen Ausschnitt eingefangen, aber das Bild ist streng gebaut, freilich – in Anknüpfung an Géricaults Hauptwerk – als dynamische ›barocke‹ Diagonalkomposition. Über eine Barrikade aus Balken und Pflastersteinen und über Gefallene und Sterbende hinweg stürmen die Kämpfer aus der Tiefe des Raumes hervor. Allen voran ein Weib mit entblößten Brüsten, die Trikolore in der erhobenen Rechten, ein Gewehr mit aufgepflanztem Bajonett in der Linken: halb Göttin und halb Femme du peuple, denkmalhaft und doch in vehementer Bewegung. Diese Idealgestalt ist durch ein zeitgenössisches Lied inspiriert und aus den Bildquellen der alten Kunst gespeist, eine moderne Nike; die Vorkämpfer sind Reprä-

69 Eugène Delacroix, Studie zur Deckenmalerei des Salon du Roi im Palais Bourbon. Um 1833. Federzeichnung, 216 × 413 mm. Musée du Louvre, Cabinet des Dessins, Paris

sentanten des Volkes in seiner Gesamtheit. Wie Delacroix seinerseits sich nicht vor Anleihen bei der gleichzeitigen illustrativen Graphik scheute, so wirkte sein Gemälde vorbildlich für spätere Gestaltungen: Die Verherrlichung der belgischen Revolution durch Gustaaf Wappers (Brüssel, Musée des Beaux-Arts) steht am Anfang der Historienmalerei dieses Landes; Alfred Rethels Holzschnittfolge *Auch ein Totentanz* (Abb. 81) ist in mehr als einem Blatt Delacroix verpflichtet, und wiederum wird gerade durch einen solchen Vergleich der Gegensatz zwischen französischer und deutscher Romantik offenbar.

Die *Freiheit* errang im Salon von 1831 einen Erfolg und wurde von der Regierung des aufgeklärten Louis Philippe – »für einen Korb Äpfel« – angekauft, aber des als politischer Zündstoff wirkenden Themas wegen erst 1874 nach mannigfachen Schicksalen im Louvre aufgehängt. Delacroix jedoch war seinem Wesen nach zu sehr Aristokrat, als daß er in seiner Malerei das moderne demokratische Leben weiterhin gestaltet hätte: »Ich habe keine Sympathie für die gegenwärtige Zeit; die Ideen, die meine Zeitgenossen begeistern, lassen mich absolut kalt; alle meine Neigungen gehören der Vergangenheit.« Eine Reise, die er 1832 im Gefolge einer Regierungsdelegation nach

Marokko unternahm, führte zwar zu neuen theoretischen Erkenntnissen, zur Aufhellung der Palette und zur Erweiterung seines Themenkreises; die in Nordafrika entstandenen Skizzen und Aquarelle wurden nach seiner Rückkehr vielfach zu Gemälden ausgearbeitet, von denen *Algerische Frauen im Harem* (1834, Louvre; 1849, Montpellier, Musée Fabre) das bedeutendste ist. In seinen späten Jahren aber vertiefte Delacroix sich fast ausschließlich in die ihn seit jeher bewegenden Vorwürfe der Weltliteratur und vergegenwärtigte in immer neuen Abwandlungen mit unverändertem Elan und mit großer farblicher Delikatesse die tragischen Begebenheiten aus Tasso und Shakespeare, aus Goethe, Scott und vor allem Byron. Daneben schuf er als kongenialer Nachfahre von Rubens eine stattliche Reihe monumentaler Wand- und Deckenbilder: 1833–1838 Salon du Roi im Palais Bourbon (Abb. 69), 1840–1846 Bibliothek des Palais Luxembourg, 1838–1847 Bibliothek des Palais Bourbon, 1850/51 Apollo-Galerie des Louvre, 1851–1854 Salon de la Paix im Hôtel de Ville, 1849–1861 Kapelle der Engel in Saint-Sulpice. Seine kühnen Gedanken über die bildnerischen Mittel, insbesondere über die Farbe, haben die Kunst der Zukunft noch ungleich stärker beeinflußt als seine Malerei. In seinem Todesjahr, als Manets *Olympia* einen Sturm der Entrüstung erregte, erschienen die romantischen Inhalte seiner Bilder den Jüngeren anachronistisch.

Französischer Realismus

»Der Realismus ist seinem Wesen nach demokratische Kunst.« Diesen bereits zitierten Ausspruch hat Courbet im Hinblick auf seine eigene Malerei geprägt. Daß sich der französische Realismus bis zu ihm nur als eine inoffizielle Unterströmung behaupten konnte, erklärt sich aus der Vorherrschaft der akademischen Doktrin des Klassizismus. Nicht zufällig waren es Landschaftsmaler, die den ersten Schritt zu einer Lösung aus dieser Bindung taten. Sie gehören zu einem Teil noch der Generation der Jahrhundertmitte an und empfingen ihre Ausbildung meist an der Französischen Akademie in Rom.

Pierre Henri de Valenciennes (1750–1819) verbrachte sieben Jahre, von 1780 bis 1787, in der Ewigen Stadt. Sein Rezeptionsstück war eine sogenannte historische Landschaft: *Cicero entdeckt das Grab des Archi-*

medes (Louvre). Valenciennes komponierte auch in der Folgezeit seine Gemälde im Atelier. Aber seine vorbereitenden Studien – vor allem diejenigen aus Italien – überraschen durch eine Unvoreingenommenheit gegenüber Theorien, eine Sensibilität für atmosphärische Erscheinungen und eine Freiheit des Pinselstrichs, die an Corot gemahnen. Dies gilt ebenso von Jean-Joseph-Xavier Bidauld (1758–1846). Seine kleine *Ansicht von Subiaco* im Louvre ist nicht nur motivisch, sondern auch im Erfassen der Luftperspektive Corot sehr ähnlich, aber bereits 1789 entstanden – fast ein Jahrzehnt vor dessen Geburt. Georges Michel (1763–1843) schuf an den Niederländern des 17. Jahrhunderts geschulte Bilder der Umgebung von Paris, die Windmühlen des Montmartre waren ihm ein bevorzugtes Motiv. Seine breit hingestrichenen, meist dunkelflächigen, doch streifig aufgehellten Werke lassen an Daumier denken (*Landschaft mit Karren* im Louvre).

Der größte der frühen Pleinairisten Frankreichs war Jean-Baptiste-Camille Corot (1796–1875). Der geborene Pariser, Sohn einer Schweizerin, ist ebensowenig wie Valenciennes oder Bidauld ohne Italien zu denken. Dreimal zog er über die Alpen. Insbesondere der erste italienische Aufenthalt von 1825 bis 1828 öffnete dem spät zur Malerei gekommenen Schüler des Klassizisten Bertin den Blick für die südliche Landschaft ohne idealische Staffage. Auch bei ihm übertreffen die Studien vor der Natur die in der Werkstatt entstandenen Kompositionen. Die *Augustusbrücke bei Narni* (Abb. 70), die *Ansicht des Forums vom Palatin* oder die *Ansicht des Colosseums* (sämtlich im Louvre) verraten eine erstaunliche Frische der Anschauung; unauffällige, doch sichere formale Harmonie verbindet sich in ihnen mit heiterer Hellfarbigkeit. Wenn man in diesen Arbeiten Ankündigungen des Impressionismus sehen wollte, so muß freilich darauf hingewiesen werden, daß Corot zwar reinfarbige Schatten kannte, daß seine Landschaften aber stets tonig gebunden sind. Diese Töne wurden immer zarter und gedämpfter. Eine flimmernde silbrige Atmosphäre überzieht die Bilder, nur das Rot einer Weste oder das Weiß eines Hemdes an der kleinformatigen Figur eines französischen Bauern leuchten etwa daraus auf. Bis in sein hohes Alter suchte Corot, durch intensives Studium vor der Natur, die Stimmung der wechselnden Tagesstunden einzufangen. Der Realismus seiner Frühzeit wich jedoch zunehmend einer Poetisierung der Landschaft, die er nun durch idyllische und märchenhafte Staffage berei-

70 Camille Corot, Studie zur Augustusbrücke bei Narni. 1825–1828. Öl auf Papier über Leinwand, 34 × 48 cm. Musée du Louvre, Paris

cherte. So griff er auch noch um 1867/68 ein Thema aus Chateaubriands *Les Martyrs* von 1809 auf: Damals war die unglückliche Liebe der Druidin Velleda zu einem römischen Offizier von zahlreichen Künstlern dargestellt worden, nun aber mußte die Geschichte als verspätete Romantik wirken (Louvre). Julius Meier-Graefe hat auf jenen merkwürdig undramatischen Zwiespalt zwischen öffentlicher und privater Kunstübung Corots hingewiesen: Für den Salon bevölkerten sich die anspruchslosen, aber dichterisch empfundenen Gegenden mit Nymphen und Bajaderen oder wurden zur Szenerie für *Hagar in der Wüste*. Es war diese – dem bürgerlichen Geschmack entgegenkommende – Seite, die dem Künstler außer anderen Ehrungen auf der Weltausstellung von 1855 auch eine Medaille Erster Klasse eintrug.

Kaum weniger bedeutend denn als Landschafter ist Corot als Bildnismaler. Meier-Graefe hat die Porträts sogar über alles gestellt und den Künstler den »größten Frauenmaler« genannt. Die Entdeckerfreude mag ihn zu hoch haben greifen lassen. Gleichwohl entzücken diese

Bildnisse durch die stille Anmut der Modelle und die delikate Malweise. Das Kabinettstück der *Mademoiselle Octavie Sennegon* von 1833 (Louvre) zeigt die grazile, schüchterne Gestalt der jungen Nichte in ungezwungener, doch ausgewogener Haltung; die graublauen Töne des Kleides werden durch einige Akzente von Rot verlebendigt. Das Spätwerk weist zahlreiche weibliche Porträts auf. *Die Frau mit der Perle,* auf der das Modell die Haltung der Gioconda des Leonardo angenommen hat, ist eines der bekanntesten Frauenbildnisse überhaupt geworden (Louvre).

Der Schule von Barbizon wird Corot nicht zugerechnet, obwohl Beziehungen zwischen ihm und den Malern dieses Kreises bestehen. Bereits nach Rückkehr von seiner ersten Italienreise hatte Corot – um 1830/31 – häufig im Wald von Fontainebleau gemalt, an dessen Rand jenes Dorf Barbizon liegt. Manche seiner Bilder, so der *Rageur* (Paris, Slg. Renand), deuten auf die Schule voraus, umgekehrt ist in seinen späteren Arbeiten deren Einfluß ersichtlich. Die drei führenden Vertreter gehören dem Geburtsjahrzehnt zwischen 1810 und 1820 an: Théodore Rousseau (1812–1867), Charles-François Daubigny (1817–1878), Jules Dupré (1811–1889). Ihnen läßt sich der wenig ältere, von spanischen Eltern in Frankreich geborene Narcisse Diaz de la Pena (1808–1876) anschließen. Diese Maler gelten als Schöpfer der Paysage intime. Sie schufen ihre Werke aus unmittelbarer Anschauung der heimischen Natur. Rousseau und Dupré wurden nicht müde, die alten Eichen am Waldrand von Fontainebleau zu malen, wobei ihnen die Erinnerung an Ruisdael und Hobbema die Abkehr von der komponierten Ideallandschaft erleichterte. Daubigny wählte gern die baumbestandenen Ufer der Oise als Motiv und benutzte – wie später Monet – für seine Arbeit ein Boot als Atelier. Die innige Versenkung in den Reiz eines unscheinbaren Ausschnitts der ländlichen Welt sowie die Einbeziehung der Wolken und atmosphärischen Erscheinungen verleihen den Bildern der Schule eine tiefe Beseelung. Dazu trägt die meist noch dunkle, aus wenigen Farbstufungen entwickelte Tonigkeit entscheidend bei. Sie hat auf Courbet gewirkt. In diesem Zusammenhang ist auch Constantin Troyon (1810–1865) zu nennen. Den Meistern von Barbizon verwandt, hatte er sich insonderheit die holländischen Tiermaler des 17. Jahrhunderts zur Anregung genommen. Ein frühes Werk wie die *Troncs d'Arbres* von 1833 (Straßburg) ist entwicklungsgeschichtlich die Vorstufe zu Courbets Landschaften. Selbständiger hat sich der wenig ältere Paul Huet (1804-1869) mit den Niederländern auseinandergesetzt. Mit Eugène Delacroix befreundet, kehrte er das dramatische Element der Natur hervor und blieb so der Romantischen Bewegung enger verhaftet als die Meister der Schule von Barbizon.

Ein zweiter Quellstrom des Realismus war die Druckgraphik. Sie hatte die gefeierte Schlachtenmalerei eines Horace Vernet (1789-1863), die in höchstem Ansehen stehende Geschichtsmalerei eines Paul Delaroche (1797-1856) und die beliebte exotische Genremalerei eines Alexandre Decamps (1803-1860) seit langem begleitet. Die legendäre Verherrlichung Napoleons I. wäre ohne die Illustrationskunst des Denis Raffet (1804-1860) kaum von so breiten Schichten getragen worden. Und der um eine Generation jüngere Gustave Doré aus Straßburg (1832-1883) ist wohl der populärste Illustrator der Weltliteratur im 19. Jahrhundert gewesen (Abb. S. 262). Aber es waren im besonderen die großen Karikaturenzeichner, die dem Realismus die Bahn gebrochen haben. Zu den bedeutendsten gehören Guillaume Sulpice Chevalier, genannt Gavarni (1804-1866; Abb. 3), und Jean-Ignace Gérard, genannt Grandville (1803-1847). Alle überragt jedoch Honoré Daumier (1808-1879). Man zählt ihn oft zur französischen Romantik, die Berechtigung hierzu hängt davon ab, wie man diesen Begriff definiert. Um sich aber des grundsätzlichen Unterschiedes bewußt zu bleiben, genügt es, der Äußerung Delacroix', er habe »keine Sympathie für die gegenwärtige Zeit«, die Maxime Daumiers gegenüberzustellen: »Il faut être de son temps.« Der Südfranzose aus Marseille kam schon früh nach Paris und freundete sich mit Daubigny, Corot und Millet an. Charles Philipon, der weitblickende Verleger der Zeitschriften *La Caricature* und *Charivari*, der auch die genannten Raffet, Gavarni und Grandville beschäftigte, zog ihn Anfang der dreißiger Jahre zur Mitarbeit heran (Abb. 1). Schon 1832 mußte er wegen Majestätsbeleidigung eine sechsmonatige Gefängnisstrafe verbüßen, und 1835 wurden seine Angriffe mit dem Verbot der *Caricature* beantwortet. In unerschöpflicher Produktivität geißelte Daumier die Schwächen des Bürgerkönigtums unter Louis Philippe und später – in der Ära Napoleons III. – die Politik der europäischen Mächte. Er entlarvte das Gebaren der Finanzaristokratie ebenso, wie er die Stupidität des Kleinbürgers bloßstellte. Hinter seiner beißenden Ironie und seiner unerbittlichen Schärfe stand jedoch stets »tiefe Rechtlichkeit und Gutmütigkeit« (Baudelaire). Über dem Inhalt seiner Kunst vergißt man allzu leicht die Gestaltungskraft. »Dieser Kerl hat ja Michelangelo im Leib«, sagte Balzac, der als literarischer Mitarbeiter dem Kreis Philipons angehörte; umgekehrt rief Daubigny in der Sixtinischen Kapelle aus: »Das ist ja wie von Daumier!« Das Medium aber, dem dieser Gebrauchsgraphiker seine aktuellen, rasch benötigten Blätter abgewann, war die Lithographie. In dieser neuen Technik der Vervielfältigung hat er ein wahrhaft gigantisches Werk hinterlassen, Louis Delteils Katalog umfaßt elf Bände. Gleichsam als Nebenprodukt solcher Tätigkeit entstand eine Reihe plastischer Arbeiten. Erst nach 1848 versuchte sich Daumier in der Ölmalerei. Obwohl meist nur von mäßigem Format, eignet auch diesen Bildern innere Monumentalität. Mit flackerndem Pinsel hingestrichen, dunkeltonig, doch auf den Kontrast von Licht und Schatten angelegt, wurden die Themen der Graphik weitergeführt oder wurde die tragische Figur des Don Quichote beschworen. In dem großen *Ecce Homo* (Essen, Museum Folkwang), das die Gestalt Christi rembrandthaft als dunkle Silhouette mehr ahnen läßt als abbildet, schuf Daumier eines der wenigen bedeutenden Gemälde mit religiösem Vorwurf, die das Jahrhundert kennt.

Jean-François Millet (1814–1875) darf nicht nur seinem Geburtsjahr, sondern auch seiner menschlichen und künstlerischen Haltung nach den Meistern von Barbizon angereiht werden. Als Enkelschüler von David und Gros aber blieb er dem Figurenbild treu und vermittelte so zugleich zwischen jenen und Courbet. Anders als Daumier ging er der Problematik der Großstadt zeitlebens aus dem Weg. 1849 siedelte er sich bei Rousseau in Barbizon an und wurde hier zum Künder bäuerlichen Lebens. Über das Genre erhob er sich durch die repräsentative Wirkkraft seiner Gestalten. Diese Menschen gehören der Landschaft an, sind aber mehr als beiläufige Staffage. Einzeln, zu zweien oder dreien stehen sie groß und schwer auf dem Feld. Ihre Gebärden sind urtümlich schlicht. Hinter dem vorderen Bildsinn schimmert ein zurückliegender hindurch und verleiht den meist im Louvre bewahrten Gemälden eine biblische Heiligung: Der *Kornschwinger* von 1849 erinnert an das Gleichnis vom Sämann, die *Ährenleserinnen* von 1857 lassen an die Geschichte der Ruth denken. Das *Angelus* von 1859, auf dem ein junges Bauernpaar mit gefalteten Händen dem Abendläuten

71 Gustave Courbet, Die Steinklopfer. 1849. Öl auf Leinwand, 159 × 259 cm. Verbrannt. Ehemals Gemäldegalerie Dresden

lauscht, hat durch allzu viele Reproduktionen am Ende des Jahrhunderts eine fast fatale Volkstümlichkeit erlangt. Cézanne sprach von dem Künstler verächtlich als von der »alten Tränendrüse«. Doch besaß Millet ein echtes Gefühl für rhythmische Form, so daß Van Gogh ihn kopierte.

Nie hätte sich indessen der malerische Realismus siegreich durchgesetzt, hätte er nicht in einer vitalen Persönlichkeit seinen Vorkämpfer gefunden: Gustave Courbet (1819–1877), Sohn eines wohlhabenden Bauern aus der Franche-Comté, war von unbändigem Selbstbewußtsein erfüllt. Er nannte sich »élève de la nature« und hat Italien nie gesehen. Von den alten Meistern verehrte er die Spanier, voran Velazquez; unter den neuen ließ er Géricault gelten. In der Tat verrät ein Werk wie das Selbstbildnis *L'homme blessé* von 1844 (Louvre) nicht nur im Sujet, sondern auch in der lockeren, aber düsteren Malweise – selbst in der fahlen Gesichtsfarbe und dem Schmutzigweiß des Hemdes – den Eindruck dieses Romantikers. Sind solche frühen Bilder, zu denen auch *Les amants heureux* desselben Jahres zählen (Lyon), nicht frei von eitler Sentimentalität, so hat Courbet nach 1848 eine monumentale

Formensprache von wuchtiger Schlichtheit gefunden. Das im Zweiten Weltkrieg vernichtete Gemälde *Die Steinklopfer* von 1849 (ehemals Dresden; Abb. 71) zeigte diesen Stil in beispielhafter Reinheit. Es war ein Breitformat von 159 × 259 cm. Die Landschaft zieht sich bis an den oberen Bildrand hoch und gibt lediglich rechts hinter dem fernen Steilabfall ein kleines Stück Himmel frei. Vor dieser Folie heben sich die beiden Männer im Vordergrund ab. Sie sind parallel zur Malfläche angeordnet. Der Alte rechts ist in strengem Profil gegeben; kniend zerschlägt er mit dem Hammer die Steinbrocken. Der jugendliche Arbeiter links trägt einen Korb zerkleinerter Steine, mit beiden Händen hat er ihn gepackt und den Oberschenkel von unten dagegengestemmt. Er wird fast vom Rücken her gesehen, so daß sein Gesicht nicht erkennbar ist. Auch der Kopf des Älteren liegt unter dem breitkrempigen Hut in tiefem Schatten. So sind die bildbeherrschenden Gestalten anonymisiert und zum Typus gesteigert worden. Courbet hat die Entstehung des Gemäldes selbst geschildert und eine ausführliche Beschreibung davon gegeben. Er hatte die beiden auf dem Weg nach Château de Saint-Denis am Straßenrand getroffen und sie für den nächsten Tag in sein Atelier bestellt. Auch dieses Bild ist also nicht vor dem Motiv gemalt, sondern absichtsvoll komponiert. Aber gerade die mit äußerster Treue gegenüber der Erscheinung verwirklichte »expression la plus complète de la misère« bedeutete eine künstlerische Revolution; die fast lebensgroße Darstellung unbekannter Straßenarbeiter hatte es nie zuvor gegeben. Der sozialistische Theoretiker Pierre-Joseph Proudhon, Courbets Freund, faßte den Gehalt in die Worte: »C'est de la moral en action.«. Er verglich das Bild mit einer Parabel aus den Evangelien und überlieferte eine – geistesgeschichtlich erregende – Episode: Als Bauern das vollendete Werk betrachteten, da wünschten sie dessen Aufstellung auf dem Hochaltar ihrer Kirche.

In demselben Jahr 1849 malte Courbet diese Bauern seines Heimatdorfes. Das über drei Meter hohe, fast sieben Meter breite *Begräbnis in Ornans* (Louvre) vereinigt mehr als vierzig Bewohner des Ortes. Mögen den Künstler bei seinem Besuch in Amsterdam die holländischen Gruppenporträts des 17. Jahrhunderts beeindruckt haben, so ist doch auch dieses riesige Gemälde ohne Tradition: Mit dem Anspruch eines Historienbildes wird hier ein Vorgang aus dem zeitlos gültigen Rhythmus bäuerlichen Daseins vergegenwärtigt. Courbet hat es noch später als einen Markstein gewertet und »in Wirklichkeit das Begräbnis der Romantik« genannt; es war eines jener beiden Werke, welche die Jury von 1855 ablehnte und derentwegen er seinen Pavillon du Réalisme errichtete. Das andere war das im Jahr der Weltausstellung gemalte *Atelier du peintre* (Louvre). Im Katalogblättchen trug es die zusätzliche Bezeichnung: »Allégorie réelle, déterminant une phase de sept années de ma vie artistique«. Dem anspruchsvollen Titel entsprechen nicht nur das Format von dreieinhalb auf sechs Meter und der Aufwand an lebensgroßen Figuren, sondern auch die kühne Regie und der Reichtum der formalen wie inhaltlichen Beziehungen. Courbet hat wiederum in Briefen ausführliche Beschreibungen davon gegeben: »Die Szene spielt sich in meinem Atelier in Paris ab. Das Bild ist in zwei Hälften geteilt: Ich bin in der Mitte und male, rechts sind all die Teilhabenden, das heißt die Freunde, die Mitarbeiter und die Liebhaber der Welt der Kunst. Links dagegen ist die andere Welt, das tägliche Leben, das Volk, das Elend, der Reichtum, die Armut, die Ausbeuter und die Ausgebeuteten, die Menschen, die vom Tode leben.« So meisterlich erfaßt die verschiedenen sozialen Typen auf der einen Seite sind, so interessant die individuellen Bildnisse auf der anderen Seite (unter diesen dasjenige Baudelaires), die Aufmerksamkeit gilt doch in erster Linie der merkwürdigen Mittelgruppe: Der Maler vor der Staffelei arbeitet an einer Landschaft, eine nackte Frauengestalt – als ›Aktmodell‹ nur sehr vordergründig umschrieben – blickt ihm über die Schulter. Proudhon schrieb: »... Ich habe gehört, wie Courbet seine Bilder als Allégorie réelle bezeichnet hat. Was soll das: Er nennt sich Realist und gibt sich mit Allegorien ab!?... Die Wahrheit aber ist, daß Courbet in seinem Realismus einer der größten Schöpfer von Idealen ist, die wir je gehabt haben, und daß er zudem ein Maler von großer Vorstellungs- und Erfindungskraft ist.«

In der Tat sind vielfache Widersprüche zwischen dem malerischen Werk und den theoretischen Kundgebungen Courbets festzustellen; sie erweisen indessen nur, daß sich das Genie keiner Doktrin – selbst der eigenen nicht – beugt. Es waren denn auch nicht so sehr die demonstrativen Großformate, mit denen der Künstler für die weitere Entwicklung Bedeutung gewonnen hat, sondern seine kleinen, vor dem Motiv gemalten Landschaftsstudien und Stilleben. Sie sind – maltechnisch gesehen – die Erfüllung der Schule von Barbizon. Dennoch gehören seine aktive Stellung zur Politik und sein Bekenntnis zur revoltierenden Commune von 1870/71, das ihn ins Exil trieb, untrennbar zu seiner Persönlichkeit. Liegt sein Geburtsjahr (1819) nicht zufällig zwischen denen von Marx (1818) und Engels (1820), so hat er doch nie die Problematik der Großstadt dargestellt oder gar das großstädtische Proletariat verherrlicht. »Demokrat« war ihm kein Schlagwort, und sein deklamatorisch wirkender Brief vom 23. Juni 1870 an den Minister der Schönen Künste faßt seine leidenschaftliche Überzeugung zusammen: »Meine bürgerlichen Ansichten sträuben sich dagegen, daß ich eine Auszeichnung annehme, welche durchaus auf monarchischem Prinzip fußt. Diesen Orden der Ehrenlegion ... muß ich nach meinen Grundsätzen ohne weiteres ablehnen ... Mein künstlerisches Gewissen sträubt sich nicht weniger dagegen, eine Belohnung anzunehmen, die mir von der Hand der Regierung aufgedrängt wird. Der Staat ist in Kunstdingen nicht kompetent ... Ich bin fünfzig Jahre alt und bin immer mein eigener Herr gewesen; lassen Sie mich mein Leben als ein Freier beschließen; wenn ich tot bin, soll man von mir sagen: Er hat keiner Schule, keiner Kirche, keiner Richtung, keiner Akademie, besonders keinem System angehört, nur dem der Freiheit.«

Deutschland

Deutscher Klassizismus

Während die künstlerische Situation des frühen 19. Jahrhunderts in Frankreich für das Bewußtsein der Allgemeinheit untrennbar mit den großen Malern verknüpft ist, nehmen in Deutschland die zeitgenössischen Schriftsteller und Philosophen den ersten Rang ein. Insonderheit die überragende Gestalt Goethes steht wie ein erratischer Block in ihrer Epoche; an der Stellung zu ihr scheiden sich auch die bildenden Künstler. Dennoch bleibt es fraglich, ob der gern gebrauchte Begriff ›Kunst der Goethe-Zeit‹ glücklich ist. Die großen Anregungen, die der Dichter Malern, Zeichnern und Graphikern durch seine literarischen Werke gab, sind unbestritten. Auch haben die revolutionären

Anschauungen seiner jungen Jahre – mit dem Sturm und Drang verbunden – entscheidend zur Befreiung der Kunst aus überlebten Bindungen beigetragen; die in die Zukunft weisenden Erkenntnisse und tiefen Einsichten des reifen Goethe aber sind den bildenden Künstlern damals kaum bekannt gewesen und erst um 1900 in ihrer Tragweite begriffen worden. Vollends seine oft doktrinären kunstpädagogischen Bemühungen haben auf die junge Generation lähmend gewirkt; sie vermochten die von ihm befürchtete Entwicklung nicht aufzuhalten, standen vielmehr gerade den Besten hindernd im Wege.

Dabei war Johann Wolfgang von Goethe (1749–1832) selbst ein begabter Zeichner. Bis zur italienischen Reise hat er geschwankt, ob er zur bildenden Kunst oder zur Dichtung berufen sei. Und es mag eine reizvolle – freilich theoretische – Frage sein, welch anderen Lauf die deutsche Kunst genommen hätte, wenn nicht der Dichter, sondern der Maler Goethe in die Geschichte eingegangen wäre. Was für ein starkes Talent er besaß, soll ein Blatt von seiner Hand lehren (Abb. 72). Vermutlich um 1810 mit der Feder über Rötelvorzeichnung ausgeführt, stellt es eine Phantasielandschaft dar, in der Erinnerungen an die klassische Natur Siziliens und das Vorbild des verehrten Claude Lorrain zur Einheit verschmolzen sind. Es ist merkwürdig, daß Goethe demjenigen Maler, dessen Auffassung von der Antike seinem eigenen Erleben am nächsten kam, erst nach dem Tode des Künstlers gerecht geworden ist: Asmus Jakob Carstens.

»... Übrigens muß ich Euer Excellenz sagen, daß ich nicht der Berliner Akademie, sondern der Menschheit angehöre ... und nie ist es mir in den Sinn gekommen, auch habe ich dieses nie versprochen, mich für eine Pension, die man mir auf einige Jahre zur Ausbildung meines Talents schenkte, auf zeitlebens zum Leibeigenen einer Akademie zu verdingen ... Lasse ich doch alle dortigen Vortheile fahren und ziehe ihnen die Armuth, eine ungewisse Zukunft und vielleicht ein kränkliches, hülfloses Alter, bey meinem jetzt schon kränklichen Körper vor, um meine Pflicht gegen die Menschheit und meinen Beruf zu erfüllen ...« Diese stolzen Worte, ein erstes Zeugnis der Selbstherrlichkeit modernen Künstlertums, schrieb Asmus Jakob Carstens (1754–1798) am 20. Februar 1796 aus Rom an den – ihm durchaus wohlgesinnten – preußischen Minister von Heinitz. Den noch vor der Wende zum 19. Jahrhundert Verstorbenen bezeichnete Goethe als

72 Johann Wolfgang von Goethe, Ideale Landschaft mit untergehender Sonne. Um 1810. Federzeichnung über Rötel, 238 × 296 mm. Staatliche Museen Preußischer Kulturbesitz, Kupferstichkabinett, Berlin-West

»Genius, mit dem man so gerne die neue Epoche der Kunst beginnt«. Der Dichter schätzte Carstens' Arbeiten so sehr, daß er einen Großteil von dessen Nachlaß für Weimar erwarb. Doch wie fragmentarisch ist dieses Werk!

Aus dem äußersten Norden Deutschlands stammend, besuchte Asmus Jakob 1783 nach autodidaktischen Anfängen die Akademie zu Kopenhagen, an der Nicolai Abraham Abildgaard sein Lehrer wurde. Erfüllt von unbändigem Selbstgefühl und durchdrungen von seiner künstlerischen Sendung zog er sich jedoch den Ausschluß zu; er verweigerte die Annahme einer Silbernen Medaille – in der Überzeugung, die Goldene beanspruchen zu dürfen. 1788 geriet er in den Kreis der Berliner Akademie und wurde zwei Jahre später dort Professor. 1792 ging er dann mit einem Stipendium des Königs von Preußen nach Rom, das er nicht mehr verlassen sollte. »Du bist dazu geboren, das innige Großgefühl, das Homer seinen Göttern und Helden gibt, das

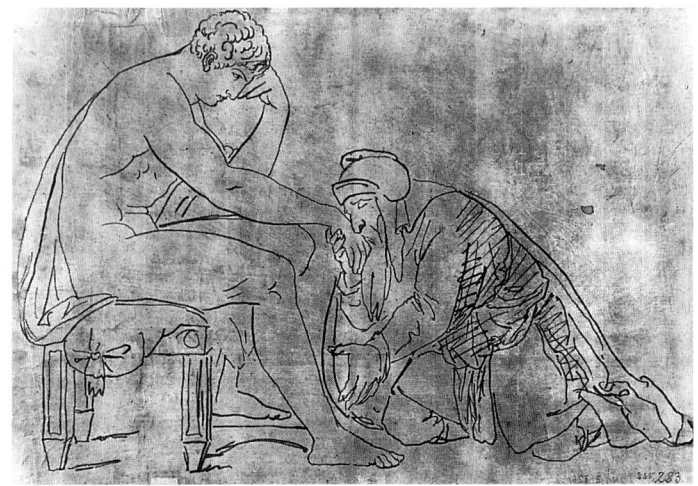

73 Asmus Jakob Carstens, Priamos und Achilleus. 1794. Federzeichnung, 304 × 440 mm. Goethe-Nationalmuseum, Weimar

überhaupt dem Altertum eigen ist, groß und innig nachzufühlen, auszufühlen und lebendig darzustellen«, so schrieb ihm der Freund Hans Christian Genelli. In der Tat hat Carstens jener äußeren Antikennachahmung des älteren Klassizismus eine weit tiefere Auffassung des griechischen Mythos entgegengesetzt. Der skizzenhafte Entwurf *Priamos und Achilleus* (Abb. 73) zu einem großformatigen Blatt aus der ersten römischen Zeit wandelt ein schon im Altertum geprägtes und im späten 18. Jahrhundert beliebtes Schema auf grandiose Weise ab. Er beschränkt sich auf zwei parallel zur Bildfläche angeordnete Figuren. Der siegreiche Held ist in idealer Nacktheit gegeben, die Linke stützt das nachdenkliche Haupt; der um die Leiche seines Sohnes flehende Greis, in phrygischer Tracht, hat sich vor Achill auf die Knie geworfen und dessen Rechte zum Kuß an den Mund geführt. In ihrer ergreifenden Schlichtheit wirkt Carstens' tragische Szene ungleich innerlicher als alle früheren Gestaltungen dieses Themas. Das Humanitätsideal des Idealismus um 1800 – im Sinne Wilhelm von Humboldts – hat selbst eine solche Skizze durchglüht.

Auch das Hauptwerk des Künstlers ist nicht ein Gemälde, sondern lediglich eine großformatige Kreidezeichnung. Es befindet sich ebenfalls in den Weimarer Sammlungen: *Die Nacht mit ihren Kindern.* Vor dem Eingang einer Höhle sitzt ein noch jugendlich schönes Weib; sie breitet den Mantel über zwei Knäblein zu ihren Füßen, die durch Mohnfrüchte und gesenkte Fackel als Schlaf und Tod bezeichnet sind; links hockt gespannten Blickes die strafende Nemesis mit der Geißel. In einer hinteren Schicht gewahrt man das Schicksal, verhüllten Hauptes im Buch des Lebens lesend; ihm schließen sich die Parzen an: Lachesis singt, Klotho hält den Spinnrocken, Atropos zerschneidet den Faden. Carstens' kraftvolle Komposition ist aus literarischen Vorstellungen und aus Bildquellen verschiedener Art gespeist worden. Der der Theogonie des Hesiod entnommene Stoff war dem Künstler durch die *Götterlehre* des Karl Philipp Moritz von 1791 nahegebracht worden. Moritz hatte ihn mit neuem Erlebnisgehalt erfüllt, und in gleicher Weise versuchte nun Carstens in seinem Weimarer Karton, »über das Mythologische auf den mythischen Urgrund zurückzugreifen und das nächtliche geheimnisvolle Dunkel als eine die Begriffe der Sterblichen übersteigende Gegenwartsmacht spürbar werden zu lassen« (Herbert von Einem). Seine bildnerische Kraft ist dieser Vision freilich nicht in allen Teilen gerecht geworden, einzelne Glieder sind verzeichnet, die Figur der Nemesis läßt die Herkunft von Michelangelo allzu deutlich werden. Problematisch bleibt Carstens' gesamtes Werk, bleibt vor allem sein bewußter Verzicht auf die Farbe als eigenwertiges Gestaltungsmittel. Und doch steht auch dahinter eine höhere Logik. In einer Zeit, die in Begriffen anstatt in Bildern zu denken begann, eine Welterfahrung durch die Figuralkunst anschaulich darzustellen konnte nur mittels der reinen Zeichnung versucht werden. Andererseits war es geschichtlich folgerichtig, daß sich der Schwerpunkt der Malerei auf die Landschaft verschob.

Indessen, obwohl Carstens keine Schule im engeren Sinne begründen konnte, übte er durch sein hohes Streben doch einen nachhaltigen Einfluß auf die Jüngeren aus. »Thorwaldsen als Bildhauer, Schick als Geschichtsmaler und Reinhart als Landschaftsmaler bleiben hier unstreitig die ersten unter den Nordländern«, so schrieb 1802 der preußische Gesandte in Rom, Wilhelm von Humboldt, an Goethe. Alle diese drei Künstler waren Carstens verpflichtet. Dessen Wirkung auf Bertel Thorvaldsen wurde bereits gedacht. Johann Christian Reinhart (1761–1847) aber muß erwähnt werden. Reinhart war Theologe gewesen. Seine berühmte Radierung der *Sturmlandschaft* von 1801 trägt eine Widmung an den Freund Friedrich Schiller und erinnert an die im Zeichen des Sturm und Drang stehenden Anfänge des urwüchsigen Mannes. In den römischen Jahren wurden seine Kompositionen unter dem Eindruck Poussins zu architektonisch gebauten Epen, ohne daß der Schwung und die Wildheit seines Temperaments verlorengegangen wären. Eine größere Selbständigkeit gegenüber Carstens bewahrte Gottlieb Schick (1776–1812), wenngleich er nicht Landschafter, sondern Figurenmaler war. Nach einer Ausbildung auf der Hohen Carlsschule, wo er insbesondere Dannecker viel verdankte, ging er 1798 für vier Jahre nach Paris und siedelte 1802 nach Rom über. Seine großformatigen Historien, vornehmlich der einst hoch gepriesene *Apoll unter den Hirten* von 1809 (Stuttgart, Staatsgalerie), bleiben bedeutende Beispiele eines internationalen Klassizismus, der auf Raffael und der Antike fußt. Von unvermindertem Reiz sind Schicks Bildnisse, vereinigen sich in ihnen doch ideales Empfinden und realistischer Zugriff auf das glücklichste. Verrät das *Porträt der Heinrike Dannecker* von 1802 (Berlin, Nationalgalerie; Studie: Stuttgart, Staatsgalerie) noch unverkennbar die Herkunft von dem *Monsieur Sériziat* seines Lehrers David (Louvre), so sind die *Humboldtschen Kinder* ohne Vergleich (ehem. Berlin, Schloß Tegel).

Joseph Anton Koch (1768–1839), ein Sohn armer Tiroler Bergbauern, hatte eine Freistelle auf der Hohen Carlsschule erhalten. Aber wie vordem Schiller, so entfloh auch er dem fürstlichen Drill, »wo auf das Höchste gestiegene Sklaverei alle Tätigkeit der Seele zu Boden stürzt und sie gegen alle höheren Gefühle abstumpft«. Das revolutionäre Pathos der Freiheit fand in der wilden Natur der Schweizer Bergwelt seinen Widerhall. Es beseelte den Jüngling auch weiterhin, als er dank eines englischen Gönners nach Italien ziehen durfte. Fast das ganze Leben sollte er in der Ewigen Stadt bleiben.

Als er in Rom eintraf, veranstaltete der schon vom Tode gezeichnete Carstens gerade seine einzige öffentliche Ausstellung. Diese Blätter müssen Koch im Innersten getroffen haben. In den Gestalten der griechischen Mythologie und der Weltliteratur glaubte auch er den großen Stoff für seine Kunst gefunden zu haben. Angesichts der Vorbilder aus der Antike, des Raffael und Michelangelo entwarf er in Anknüpfung an Carstens' Linienstil mehrere Folgen meist vielfiguriger Illustrationen, so zu den Tragödien des Aischylos (Wien, Albertina) oder zu den Gesängen Ossians (Kopenhagen, Thorvaldsens Museum). Über zweihundert Zeichnungen, in verschiedene Sammlungen verstreut, sind Kochs Lieblingsdichter Dante gewidmet. Der Künstler sagte von ihnen, er habe sie »mit etwas Schatten und Licht nach der Weise der Holzschnitte des Albrecht Dürer« modelliert. Zu bedeutenden Leistungen hat er es auf dem Gebiet der Figuralkunst freilich nicht gebracht.

Seine Bestimmung blieb die Landschaftsmalerei. Mit Beginn des neuen Jahrhunderts wandte er sich dieser wiederum zu und wurde dabei zum Schöpfer einer Bildgattung, die zu den reinsten Zeugnissen des deutschen Idealismus gehört. »In der Landschaftsmalerey ist er Stifter« – so hat der Freiherr von Rumohr gesagt – »er hat gelehrt, den Erdformen Bestimmtheit, Charakter und Körper zu geben.« Koch selbst sprach im Anblick der Gegend von Olevano die Worte: »Alldort hat die Natur einen Urcharakter, wie man ihn beim Lesen der Bibel oder des Homer sich denken kann.« Realistisch aufgefaßte Studien dieser gleichsam schon von Natur aus idealen Gegenden sind – nicht ohne Kenntnis der Werke Poussins – durch arkadische Staffage und klassische Architekturen zu symbolischer Bedeutung gesteigert und zu vielgliedriger Einheit wahrhaft ›komponiert‹. Für die nicht vor dem Motiv, sondern in der Werkstatt entstandenen Gemälde der reifen Zeit ist der Aufbau aus in sich ruhenden Raumzellen bezeichnend, er bedingt eine Vielzahl der Blickpunkte und den Verzicht auf Luftperspektive.

Die *Heroische Landschaft mit Regenbogen*, deren früheste Fassung von 1805 die Karlsruher Kunsthalle besitzt (Farbtaf. 11), gehört zu den bevorzugten Themen des Malers. Der Vorwurf wurde nach Koch »aus der schönen Gegend bei Salerno auf dem Weg nach Pästum« gewonnen. Aber das Gesehene ist bei der Umsetzung in das Gemälde durch Fortlassen alles Unwesentlichen monumentalisiert, durch ideale Figuren und Bauwerke ist es der Gegenwart entrückt worden. Die einzelnen Teilräume sind jeweils in ihrem Sinngehalt deutlich voneinander geschieden: Hirtenidylle, Kahnfahrt, wandernde Frau mit Kind, Flußlauf, Tempelstadt, Burg, lichte Ferne; und doch fügen sie sich einer zusammenfassenden flächigen Ordnung ein: Die reine Kreisform des doppelten Regenbogens, ergänzt durch Formation und Lichtführung der Landschaft, ist dem fast quadratischen Bildfeld als ein geometrisches Muster eingeschrieben. Insgesamt die grandiose Verklärung eines entschwundenen Paradieses!

Die Kompositionsprinzipien der Bildkunst Kochs sind – wie der österreichische Forscher Dagobert Frey nachgewiesen hat – den Gestaltungsgesetzen der Wortkunst Schillers überraschend verwandt. Gerade der Aufbau der *Heroischen Landschaft mit Regenbogen* läßt sich demjenigen des ein Jahrzehnt früher entstandenen Gedichtes *Der Spaziergang* gegenüberstellen. Auch bei Schiller »handelt es sich nicht um die Schilderung eines einheitlichen Landschaftsbildes, sondern einzelne Bilder werden als ideelle Symbole aneinandergereiht, in denen Natur und menschliche Naturnähe menschlicher Kunst und Kultur und dem aus ihr hervorgehenden sittlichen Verfall gegenübergestellt werden. Die Bilder repräsentieren Ideen, die ihrerseits wieder in einem Gesamtbild zu einer sie überwölbenden Idee zusammengeschlossen sind.«

Friedrich Schiller aber war es auch, der in einer wenig beachteten Gelegenheitsarbeit – der Rezension *Über Matthisons Gedichte* von 1794 – bereits das Stichwort für die kommende Entwicklung der bildenden Kunst gegeben hat: Einer Landschaftsmalerei »als Darstellung von Ideen«, dem Programm der klassizistischen Kunst, setzte er hier eine Landschaftsmalerei »als Darstellung von Empfindungen« entgegen und nahm damit bereits die Theorie der Frühromantik vorweg.

Deutsche Romantik

Philipp Otto Runge (1777–1810) ist in demselben Jahr geboren worden wie der Dichter Heinrich von Kleist. Auch auf ihm lastete die Problematik der Epoche. Er verlor sich an eine unlösbare Aufgabe; noch in seinem Scheitern aber erfüllte sich exemplarisch ein Schicksal der Romantik. Der aus Pommern Gebürtige hatte von 1799 bis 1801 die Kopenhagener Akademie besucht und dem Weimarer Klassizismus gehuldigt. In Dresden, einem Zentrum der Romantischen Bewegung, war ihm dann aber die Freundschaft Ludwig Tiecks zum entscheidenden Ereignis geworden, des Verfassers von *Franz Sternbalds Wanderungen*. In diesem Buch hatte der Erbe Wackenroders die Kunst als Gestaltung aus der »Seele« und aus der »Empfindung« bezeichnet, die wiederum auf Seele und Empfindung zurückwirke: »Nicht diese Pflanzen, nicht diese Berge will ich abschreiben, sondern mein Gemüt, meine Stimmung, die mich gerade in diesem Momente regiert, will ich mir selber festhalten, und den übrigen Verständigen mitteilen.« Runge nahm diese Gedanken lebhaft auf. Zu der Berufung auf das eigene Gefühl trat als weitere Grundlage seiner Kunst die Identitätsphilosophie im Sinne Schellings. Mag diese Lehre dem Maler durch Schelling selbst zugeflossen sein, mit dem er in lockerer Verbindung stand – eher ist sie ihm wohl aus der durch Tieck angeregten Berührung mit Gedanken Jakob Böhmes erwachsen. In den seltsam genialen Ideen dieses barocken Grüblers hatten sich mystisches Naturempfinden und christlicher Offenbarungsglaube zu einer Coincidentia oppositorum verschmolzen. Wenn Runge einmal sagte, er wolle sein Leben in einer Reihe von Kunstwerken darstellen, wenn er ein andermal die Bilder »Symbole unserer Gedanken über große Kräfte der Welt« nannte, so lag für ihn darin kein Widerspruch. Denn die menschliche Seele ist Abbild der göttlichen Kraft, und das Werk des Künstlers ist »Abbild des ewigen Ursprunges seiner Seele«. Kunst wird überhaupt erst möglich durch die Übereinstimmung von Einzelseele und Weltseele: »Entsteht nicht ein Kunstwerk« – notiert der Maler – »nur in dem Moment, wann ich deutlich einen Zusammenhang mit dem Universum vernehme?« Am nächsten aber von allen Zeitgenossen berühren sich Runges Anschauungen mit denen des Novalis, und immer wieder haben schon die Lebenden den Künstler mit jenem verglichen. Auch Novalis war durch Jakob Böhme zu sich selbst gelangt: Zu dem »Glauben an die Allfähigkeit alles Irdischen, Wein und Brot des ewigen Lebens zu sein«. Auch er ersehnte eine »Naturmythologie ... als freie poetische Erfindung, die die Wirklichkeit sehr mannigfach symbolisiert«. Und Runges Vorstellung der ›Landschaft‹ ist nicht denkbar ohne des Novalis Überzeugung, daß »in jeder Blume, in jedem Stein eine geheime Chiffre verborgen« sei. Einer der erstaunlichsten Sätze des Novalis lautet: »Alles Leben ist Rhythmus.« So definierte auch der Maler – überraschend modern – seine Bilder als »Symbole für den ewigen Rhythmus des Weltalls«.

Den geistigen Anschauungen liefen die Bemühungen um eine radikal neue Formensprache und um neue künstlerische Mittel parallel. Runge ging auf die bildnerischen Elemente zurück: »Ich fühle es ganz

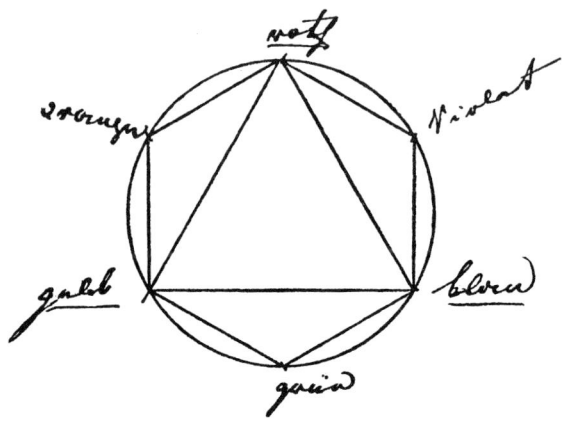

74 Philipp Otto Runge, Farbenkreis. Federzeichnung in einem Brief an Goethe vom 3. Juli 1806 (Originalgröße)

bestimmt, daß die Elemente der Kunst in den Elementen selbst nur zu finden sind, und daß sie da wieder müssen gesucht werden; die ›Elemente selbst‹ aber sind in uns, und aus unserem Innersten also soll und muß alles wieder hervorgehen.« Bei jenen Bildern »ohne äußeren Stoff und Geschichte«, die ihm vorschwebten, leitete ihn die historisch folgenschwere Überzeugung von der inneren Verwandtschaft zwischen bildender Kunst und Musik. Er stellte Überlegungen an über die »Analogie der Farben und Töne«. Zugleich bewegten ihn die Beziehungen zwischen Geometrie und Kunst. Er wurde nicht müde, dem gesetzmäßigen Aufbau einer Blüte nachzuspüren. Noch moderner muten seine Farbtheorien an. Sie haben in einem Büchlein, *Die Farbenkugel,* ihren Niederschlag gefunden und lassen ihn als einen Vorläufer der Künstler des Blauen Reiters erscheinen. Die Farbe hatte für Runge nicht abbildenden, sondern vornehmlich symbolischen Sinn. Der in einem Brief an Goethe skizzierte Farbenkreis (Abb. 74) erläutert das Prinzip des Komplementärkontrastes und nimmt eine Erkenntnis vorweg, die man gemeinhin erst Delacroix zuschreibt, die erst durch Van Gogh ihren malerischen Triumph erlebte und die erst bei den Theoretikern des ausgehenden 19. Jahrhunderts – wie Ostwald – wissenschaftlich erhärtet wurde.

Der künstlerischen Verwirklichung dieser Entdeckungen opferte Runge sein Leben. Sein ganzes Streben galt im Grunde einer einzigen Idee. Waren Jakob Böhmes Gedanken um das »Mysterium der ewigen Gebärung« gekreist, so suchte Runge dieses Mysterium bildhaft zu gestalten. Böhmes Sprache hatte alle anthropomorphen Vorstellungen des Christentums in anschaubare Visionen von Naturerscheinungen umgeprägt; sie bot Runge Anregung genug, der traditionellen Figurenkunst zu entsagen und eine neue ›hieroglyphische‹ Zeichensprache zu erfinden. Selbst einen biblischen Vorwurf wie die *Ruhe auf der Flucht nach Ägypten* sah der Künstler im Zusammenhang mit dieser Naturmythologie. Das unvollendete Gemälde in Hamburg ist vielleicht das malerisch schönste Werk von seiner Hand. Runge hat es als Gegenstück zu einer Darstellung des *Abends* entworfen und ausdrücklich als *Morgen* benannt. Das von der Mutter umhegte, ruhende Kind war in der christlichen Ikonographie vorgegeben, bei Runge aber gleitet die Vorstellung hinüber in die Sphäre des panentheistischen Natursymbols. »Das große Wunder des Sonnenaufgangs ist so nicht wieder gemalt worden«, rühmt noch Rainer Maria Rilke dieses Gemälde.

Die Folge der *Tageszeiten,* des Künstlers fragmentarisches Hauptwerk, ist aus demselben Allgefühl erwachsen. Über den umfassenden Plan hat sich Runge ausführlich geäußert, er wolle im Wachstum der Pflanzen die ganze Schöpfung im Gleichnis darstellen, wolle ein Gleichnis geben für »aufblühen, zeugen, gebären, wieder versinken«. So sind denn etwa im *Morgen* (Abb. 75) Formen des Aufschwebens, des Aufbrechens, des Steigens, des Ans-Licht-Drängens gefunden, im *Abend* dagegen Formen des Fallens, des Versinkens, des Entwerdens. Blumen und Kinder sind zwar der Natur abgelauscht, müssen sich aber dem abstrakten Flächengefüge unterordnen. Die Natur ist gleichsam in ihre Elemente zerlegt und nach den inneren Gesetzen des Bildrhythmus neu verknüpft worden. Die vier Stengel der tauschweren, noch geschlossenen Knospen des *Morgens* sind räumlich um die mittlere, schon zum Licht erblühende Lilie angeordnet zu denken, zugleich aber wirken sie als flächenhaftes Ornament. Das Innenbild wiederum ist jeweils einem breiten Rahmen eingefügt. Zeigt jenes die neuartigen Figurationen der romantischen Naturmythologie rein ausgedrückt, so enthält dieser noch die alten christlichen Motive: Kreuz, Taube, Lamm oder Kelch; auf der Rahmenleiste des *Morgens* prangt der Name Jahwes

in der Glorie, anbetende Engel neigen sich der Mitte zu. So wird jene Coincidentia oppositorum von Naturgläubigkeit und Erlösungsreligion in der dualistischen Bildgestaltung unmittelbar anschaulich. Bis zu seinem Tode hat Runge an der Übertragung der Entwürfe in das monumentale Format gearbeitet. Alle Gemälde aber blieben unvollendet, nur der *Morgen* war soweit gediehen, daß sich die Entwicklung des Malers zur Reife erkennen läßt. Jedoch wollte Runge noch Höheres erreichen. Er plante für diesen Zyklus ein eigenes Gebäude sakralen Charakters und wünschte sich dazu »eine abstrakte malerische phantastisch-musikalische Dichtung mit Chören«. Die Idee des Gesamtkunstwerkes, die hier aufleuchtet, sollte noch die spätere Zeit erregen, aber der Versuch eines einzelnen, der Menschheit durch die Kunst noch einmal einen Mythos zu schaffen, mußte zum Scheitern verurteilt sein.

Auch derjenige, welchem für jene philosophische Malerei das Organ fehlt, muß Runges Bildnisse gelten lassen. Als Gelegenheitsarbeiten entstanden, gehören die Gruppenporträts von Eltern, Geschwistern und Freunden zu den größten Leistungen der deutschen Malerei des 19. Jahrhunderts. Im Jahr 1805/06 hat Runge die Kinder seines Freundes gemalt (Farbtaf. 12). Ein außerordentliches Werk und eines der unvergeßlichsten Kinderbildnisse der Kunstgeschichte! Auf dem Gartenweg des Landhauses vor Hamburg ziehen die zwei ältesten Geschwister das Wägelchen mit dem jüngsten. Wandbildhafte Klarheit unterstellt die Komposition dem Gesetz der Fläche. Das beinahe quadratische Bildfeld ist durch vorherrschende Waagerechten und Senkrechten gegliedert. Der geometrisch bestimmte, parallel zur Bildebene angeordnete Gartenzaun dient den Figuren als gerüsthafte Folie. Doch wirken die Gestalten durchaus räumlich: Die pralle Körperlichkeit klingt in den gedrechselten Kugeln der Pfosten wider. Innerhalb der horizontalen und vertikalen Verspannung deutet sich eine Bewegung an; in der schräggestellten Deichsel erscheint sie verdichtet. Der Blick des Betrachters wird so von links unten nach rechts oben geführt, wir ziehen gleichsam den Wagen mit. Daß der Zaun unmittelbar vor den Kindern in die Tiefe zurückweicht, suggeriert ein Gefühl der vollen räumlichen Freiheit, das sich für uns mit der Vorstellung eines offenen

◁ 75 Philipp Otto Runge, Der Morgen. 1803. Radierung

Lebensweges verbindet. Auch den großen Sonnenblumen am linken Bildrand kommt neben der formalen Bedeutung eine symbolische zu: Die geneigten Stengel leiten von der Senkrechten des Rahmens zu der Bewegung der Figuren hinüber; zum anderen aber offenbaren sich Pflanzen und Kinder gleichermaßen als Gewächse der Natur, die Dreizahl der großen Blüten entspricht den drei Geschwistern. Komposition und Einzelmotive finden sich ähnlich in den Gruppenporträts der Zeit vor Runge. Das Kulissenartige der meist unbestimmten Landschaft und die leicht theatralische Haltung der lieblichen Gestalten solcher Bilder sind Elemente der von England beeinflußten bürgerlichen ›Empfindsamkeit‹. Bei Runge aber ist die heitere Lebenssicherheit erstarrt. Monumentalisierte Kindlichkeit – darin liegt das Geheimnis seines Werkes. Auch Runges Gestalten sind voller Individualität. Aber sie sind mehr: nicht nur Abbild, sondern zugleich Sinnbild. Nirgendwo anders haben Schillers Worte aus der ein Jahrzehnt zuvor entstandenen Abhandlung *Über naive und sentimentalische Dichtung* eine so großartige bildliche Entsprechung gefunden: »... Das Kind ist uns daher eine Vergegenwärtigung des Ideals, nicht zwar des erfüllten, aber des aufgegebenen, und es ist also keineswegs die Vorstellung seiner Bedürftigkeit und Schranken, es ist ganz im Gegenteil die Vorstellung seiner reinen und freien Kraft, seiner Integrität, seiner Unendlichkeit, was uns rührt.« Die Vorstellung des verlorenen Paradieses, das in der Bildkunst des späteren 19. Jahrhunderts eines der führenden Themen wird, klingt hier erstmals auf. Schillers Idealismus glaubte noch an die Möglichkeit der Wiedergewinnung dieses Paradieses, darum heißt es von den Kindern bei ihm: »Sie *sind,* was wir *waren;* sie sind, was wir wieder *werden sollen.* Wir waren Natur wie sie, und unsere Kultur soll uns auf dem Wege der Vernunft und der Freiheit zur Natur zurückführen ...«

Caspar David Friedrich (1774–1840) ist die größte Gestalt der deutschen Frühromantik. Seine Sonderstellung innerhalb der europäischen Kunst wird vielleicht am deutlichsten, wenn wir daran erinnern, daß er nur ein Jahr älter als Turner war, nur zwei Jahre älter als Constable. Wie Runge stammte er aus dem protestantischen Vorpommern, besuchte er – von 1794 bis 1798 – die Akademie in Kopenhagen. Dann zog er ebenfalls nach Dresden. Auch für ihn war die »Empfindung« die alleinige Grundlage schöpferischen Tuns. Im Gegensatz zu Runge aber blieb Friedrich reiner Landschaftsmaler. Und anders als Runge entsagte er dem Anspruch, eine neue gemeinschaftsbildende Kunst zu stiften. Er nahm die Vereinzelung als unausweichliches Schicksal auf sich. Seine Malerei – das erkannten schon die Zeitgenossen – war eine »einsame und monologische Kunst«. Er starb in geistiger Umnachtung. Doch hat gerade in seinem Werk das moderne Welterleben eine seherische Verwirklichung gefunden. Die erste öffentliche Anerkennung zollte ihm kein Geringerer als Goethe, nachdem der Künstler 1805 zwei Sepiablätter nach Weimar eingesandt hatte. Später freilich rückte der Dichter schroff von ihm ab und erklärte voller Wut (noch darin indessen die weit in die Zukunft vorausweisende bildnerische Form hellsichtig bezeichnend): »Maler Friedrich seine Bilder können ebensogut auf den Kopf gesehen werden.«

An dem frühesten Ölgemälde, dem *Kreuz im Gebirge* von 1808 (Dresden), entzündete sich der erste öffentliche, in der Presse ausgetragene Kunststreit. Eine Gräfin Thun hatte das Bild nach einem Entwurf Friedrichs als Altarblatt für ihre Hauskapelle in Auftrag gegeben. Es stellt den Kruzifixus auf einer Bergspitze bei untergehender Sonne dar. Der Kunstkritiker Basilius Freiherr von Ramdohr schrieb als Verfechter der Tradition einen scharfen Angriff, der wiederum die Freunde des Künstlers auf den Plan rief. Ramdohr wandte sich sowohl gegen das Thema als auch gegen die Form: »In der That, es ist eine wahre Anmaßung, wenn die Landschaftsmalerei sich in die Kirche schleichen und auf Altäre kriechen will.« Er zog mit den klassischen Maßstäben Poussins zu Felde und forderte, »daß eine schöne Landschaft durchaus mehrere Plane darstellen muß, an der sich die Wohlgestalt der Linienperspektive zeigen kann ... daß sie kein Detail so ausdrücken darf, als ob es von dem Dufte der Luft entblößt in der Nähe gesehen werde ...«. Friedrich habe »allen jenen Grundsätzen ... recht absichtlich entgegengehandelt ... Er hat den ganzen Grund seines Bildes mit einer einzigen Felsenspitze, ohne merkliche Andeutung von verschiedenen Flächen, wie mit einem Kegel angefüllt. Er hat alle Luftperspektive verbannt ... Der Maler hat gar keinen Standpunkt angenommen«; der Berg sei überdies »silhouettenhaft platt und ohne alle Ründung«; die Erdmasse stehe »im schreiendsten Kontrast mit dem lichten Himmel, ohne Übergang und Harmonie«. Wendet man die von der traditionellen Anschauung her durchaus berechtigten Vorwürfe ins Positive, so

76 Caspar David Friedrich, Abtei im Eichwald. Um 1809/10. Öl auf Leinwand, 110,4 × 171 cm. Staatliche Museen Preußischer Kulturbesitz, Nationalgalerie, Berlin-West

erkennt der Leser des 20. Jahrhunderts unschwer den Sinn der Formprinzipien Friedrichs: abstrakter Bildbau, Herrschaft der Fläche über die Raumtiefe, Loslösung vom festen Augpunkt, Verzicht auf Linear- und Luftperspektive, scharfe Entgegensetzung von Nähe und Ferne – alles deutet auf ein dualistisches Welterleben.

Die *Abtei im Eichwald* (Abb. 76), um 1809 entstanden und auf der Berliner Akademieausstellung des folgenden Jahres vom preußischen König angekauft, kommt am ehesten der allgemeinen Vorstellung des ›Romantischen‹ entgegen. Johanna Schopenhauer, die Mutter des Philosophen, hat das Gemälde noch in der Werkstatt des Künstlers gesehen und in einem Brief beschrieben: »... die Gegend ist flach, die Natur ganz erstorben, schwer lastet der Schnee auf der Erde, wie ein marmorner Grabstein; schwarze, große Eichen strecken die nackten Äste zum Himmel; sie stehen da wie klagende Gespenster um das einzig übriggebliebene Portal der zerstörten Kirche ... Ein geistermäßiger Leichenzug, von Mönchen begleitet, zieht sich über den Vordergrund zum Portal, der Sarg wird eben hineingetragen. Aus der Erde aufsteigend Nebelwolken, von der Kälte fast schon zu Reif verkörpert, verdecken alle Ferne, sie wälzen sich ganz nahe heran. Welch ein Bild des Todes ist diese Landschaft! Wie schauerlich, wie hoffnungsleer ohne den ewigen Stern der Liebe, der oben blinkt!« Seit Klopstock und der englischen Gräberpoesie, seit Young und Ossian waren Winter und Schnee, Dämmerung und Nebel, Friedhof und Mönche, Kirchenruine und kahle Eichen als Sinnbilder der Vergänglichkeit und elegischer Stimmung aufgerufen worden. Bei Friedrich aber sind diese Zustände und Requisiten einem Bildbau von unerhörter formaler Kühnheit dienstbar gemacht. Nicht nur die innere Rahmung ist weggefallen, auch von einem meßbaren, perspektivisch sich erstreckenden Tiefenraum kann nicht mehr gesprochen werden. Die einzelnen Gegenstände sind in die Fläche gebreitet, dahinter gähnt eine unbestimmbare dunkle Wand. Ein Ausweg zeigt sich dem Blick allein nach oben in die lichten Regionen des Himmels: dort Helle – hier Erstarrung, dort unsterbliches Licht – hier Tod. Farblich besteht das Bild nur aus einer Abwandlung von Grautönen, die lediglich an einer einzigen Stelle nach rechts oben aufklaren. Der Himmel ist zum Teil blau und violett untermalt, und diese Untermalung schimmert durch das Grau hindurch. Die Erdschollen bilden auf dem weißgrauen Schnee ein rhythmisches Flächenmuster von intensivem abstraktem Reiz. Auch die Eichen – nicht eigentlich mit Ästen und Zweigen, vielmehr Luftwurzeln – sind nicht wie im Naturalismus plastisch gerundet, sondern graphische Zeichen. Expressiv steht das abgestorbene Lineament aus der dunklen Tiefe vor der unendlichen Ferne: Wie die Kreatur harrt auch die Natur selbst der Erlösung. Vor Friedrichs Bild bedarf der einfühlsame Betrachter nicht mehr novellistischer Krücken. Der Gehalt geht rein aus der Form hervor.

Auf derselben Ausstellung erwarb der König von Preußen auch den im Winter 1808/09 gemalten *Mönch am Meer* (Abb. 77). Ein überraschendes Zeichen unvoreingenommener Kunstgesinnung! Denn Friedrichs Gemälde mußte revolutionär wirken. War es überhaupt ein Bild zu nennen? Der erste Eindruck dieser 110 × 171 cm messenden Leinwand ist der einer unendlichen Weite und einer ungeheuren Leere. Rufen wir uns eine Landschaft oder auch ein Seestück des Barock in die Erinnerung: Wie ein Bühnenbild wurde die Darstellung kulissenartig an den Seiten von hohen dichtbelaubten Bäumen, von steilem Fels

77 Caspar David Friedrich, Mönch am Meer. 1809/10. Öl auf Leinwand, 110 × 171 cm. Staatliche Museen Preußischer Kulturbesitz, Nationalgalerie, Berlin-West

oder von mächtiger Architektur begrenzt, von einer dunklen Vordergrundzone entwickelte sie sich allmählich dem hellen Horizont zu in die Tiefe. Mythologische und arkadische Staffage oder kriegerische Gruppen tummelten sich auf dem Schauplatz, und selbst in den Marinen der Holländer oder eines Claude Lorrain war das Meer von Seefahrern belebt. Ja, wenn noch ein Schiffbruch geschähe, dessen Zeuge jene einsame, regungslos schauende Rückenfigur dort wäre! Entblößt von allem rahmenden Halt, vorgetrieben an den äußersten Rand der Welt, so steht der Mensch in der »Grenzsituation« (Karl Jaspers) vor der Unendlichkeit. Es ist das »ungeheure Meer des Leeren«, das in der modernen Lyrik zu einem Symbol werden sollte. Wiederum hat es Friedrich vermocht, den Gehalt allein aus der – geradezu ungegenständlichen – Ausdruckskraft der absoluten Form anschaulich werden zu lassen: Eine helle Fläche, in sich rhythmisch gegliedert, bildet ein nach links hin verschobenes stumpfes Dreieck. Da der Betrachter gewohnt ist, ein Geschehen von links nach rechts aufzunehmen, befremdet dieser Druck in gegenteiliger Richtung und raubt ihm die

Möglichkeit ruhiger Einfühlung. Wir werden hart gegen eine dunkle, undurchdringliche Zone schwärzlichen Grünblaus gestoßen, die ihrerseits durch weißliche Akzente rhythmisiert ist. Die Spitze des stumpfen hellen Dreiecks ist gleichsam aktiviert in der aufrecht stehenden bräunlichen Gestalt mit weißem Kopf, die wie ein Pfeil in das Schwarz hineinweist. Doch gelingt es dieser Kraft nicht, hindurchzustoßen; die lichte blaue Zone – fünf Sechstel der Bildfläche füllend – bleibt für sie unerreichbar. »Und eben diese Disharmonie« – heißt es in einem frühen Fragment Friedrich Schlegels – »gibt dem Menschen den Schein des Unglücks, der Unvollkommenheit, des Unzusammenhangs. Die Bestimmung des Menschen ist, das Unendliche mit dem Endlichen zu vermählen; die völlige Coinzidenz ist aber ewig unerreichbar.« Es war Heinrich von Kleist, der den Gehalt des Gemäldes und die darin verwirklichte neue Weltsituation des Menschen in großartigen Worten ausgesprochen hat: »Nichts kann trauriger und unbehaglicher sein, als diese Stellung in der Welt: der einzige Lebensfunke im weiten Reiche des Todes, der einsame Mittelpunkt im einsamen Kreis. Das Bild liegt, mit seinen zwei oder drei geheimnisvollen Gegenständen, wie die Apokalypse da ... und da es, in seiner Einförmigkeit und Uferlosigkeit, nichts als den Rahmen zum Vordergrund hat, so ist es, wenn man es betrachtet, als ob einem die Augenlider weggeschnitten wären.«

Die *Kreidefelsen auf Rügen* (Farbtaf. 13) der Stiftung Reinhart in Winterthur sind ein Jahrzehnt später entstanden. In der ungewohnt leuchtenden Farbgebung, in den lebhaften Staffagefiguren, ja auch in der Komposition scheint Friedrich zur Tradition zurückgefunden zu haben. Aber dieser Schein trügt. Wohl hat der Künstler hier – ein einziges Mal – das barocke Schema der seitlichen Kulissen angewendet, doch ist deren Wirkung in das Gegenteil verkehrt. Denn dieser ›Bühne‹ fehlt gerade das, was für das sichere Agieren der Personen notwendig wäre: Die Standfläche ist nicht waagerecht, sondern wie durchgebrochen; das Bild erhält so etwas Unstatisches, Bodenloses. Auch die seitliche Rahmung, die durch die Bäume und durch die Felsschlucht zwiefach betont ist, wird zu gegenteiligem Ausdruck umgewertet. Der Fußpunkt des Steilabfalls ist nicht einzusehen. Die Gefühlsbereiche von »Abgrund« und »Tiefe«, die auch in der Dichtung der Frühromantik – vor allem bei Hölderlin – symbolische Bedeutung besitzen, sind hier rein in die Anschauung gehoben. Das Meer aber ist durch den hoch gezogenen Horizont und die der Linearperspektive widersprechenden Größenverhältnisse der zwei Boote wie ein Schleier vor der endlosen Weite. Der scharfe Kontrast von dunkler Nähe und lichter Ferne wird auch durch die menschlichen Gestalten fühlbar gemacht. Die in kräftiges Rot gekleidete Frau und der Mann im blauen Überrock scheinen sich ihres gefährlichen Treibens am Abgrund nicht bewußt zu sein, sie sind dem Augenblick verhaftet. Nur die Rückenfigur in stumpfem, unauffälligem Braunviolett am rechten Bildrand gibt sich passivisch ganz der Betrachtung des Unendlichen hin. Sie wird so zum Träger der religiösen Bedeutung des Bildes. Daniel Friedrich Schleiermachers, des Zeit- und Gesinnungsgenossen, Definition gilt auch für den Maler: »Anschauen des Universums ... ist die allgemeinste und höchste Formel der Religion.«

»... Im Jahr 1803 trat Friedrich Schlegel, in der von ihm herausgegebenen Zeitschrift, Europa genannt, zuerst als schriftlicher Lehrer des neuen alterthümelnden, catholisch-christelnden Kunstgeschmacks auf... Diese Europa nun hat, seit sie erschienen bis jetzt, ein gewissermaßen gesetzgeberisches Ansehen bey den Theilnehmern des von ihr begünstigten Kunstgeschmacks behauptet...« Mit diesen polemischen Worten hat Goethe 1817 die Malerei jener deutschen Künstler treffen wollen, die zu gleicher Zeit den Spottnamen ›Nazarener‹ erhielten. In der Tat hatte Schlegel schon im ersten Heft der von ihm begründeten Zeitschrift ein Bekenntnis zu den Primitiven abgelegt, deren »strenge, ja magere Formen in scharfen Umrissen« und deren »reine Verhältnisse und Massen von Farben« hervorgehoben; und in dem letzten, 1805 erschienenen Nachtrag hatte er den Künstlern den Rat erteilt, »ganz und gar den alten Malern zu folgen, besonders den ältesten, und das einzig Rechte und Naive so lange treulich nachzubilden, bis es dem Aug und Geiste zur andern Natur geworden wäre. Wählte man dabei besonders mehr den Styl der altdeutschen Schule zum Vorbilde, so würde beides gewissermaßen vereinigt sein, der sichre Weg der alten Wahrheit und das Hieroglyphische ...«

Jedoch: So spezifische Züge die Kunst der Nazarener trägt, in ihren Anfängen läßt sie sich einer archaisierenden Bewegung allgemeiner Art einfügen, zu der Flaxman und Blake in England ebenso zählen wie die ›Barbus‹ um Maurice Quai und der junge Ingres in Frankreich. Für den deutschen Bereich freilich war Schlegel auch insofern der repräsentative Theoretiker, als sich die nazarenische Kunst in genauer Parallele zu seiner persönlichen Wandlung entwickelte: von einer jugendlich frischen, kühn abstrahierenden, durchaus kraftvollen Formensprache zu einer ins Süßliche und Schwache abgleitenden Nachahmung Raffaels, über die sich nur einzelne Meister zu selbständigem Ausdruck erhoben. Denn ursprünglich wohnte auch dieser Bewegung ein revolutionärer Zug inne.

Unbefriedigt von dem zopfigen Lehrbetrieb der Akademie, schlossen sich 1808/09 einige junge Maler in Wien zur Lukasbruderschaft zusammen. Wahrheit galt ihnen als oberster Grundsatz. Im nächsten Jahr siedelte der Bund nach Rom über. Dort richteten sich die ›Brüder‹ in dem verlassenen Kloster San Isidoro ein und schufen ihre Werke in enger Lebens- und Arbeitsgemeinschaft.

Das kleine Diptychon *Sulamith und Maria* (Farbtaf. 14) des früh verstorbenen Frankfurters Franz Pforr (1788–1812) ist ein ergreifendes Vermächtnis des reinen Strebens und ein gültiges Zeugnis der ›naiven‹ Malerei aus der Frühzeit dieses Kreises. Es knüpft an den Gedanken des Freundes Overbeck an, »es sollte jeder für den andern ein Bild malen, in welchem die wesentliche Schönheit und der Charakter der jedem eigentümlichen Kunstweise zur Erscheinung kommen müßte ...«. Wie in einem mittelalterlichen Hausaltärchen sind beide Tafeln in einem Rahmen vereint. Die künstlerischen Ideale werden durch die Gestalten zweier Bräute ausgedrückt. Des Malers Sulamith sitzt rechts im Stübchen einer altdeutschen Stadt wie im Gehäus eines Hieronymus, des Freundes Idealgestalt links ist als eine Maria auf der Rasenbank im Hortus conclusus mit dem Blick auf eine südliche Landschaft gesehen. Der zart schwingende Umriß und der fein abgewogene flächige Kolorismus sind kennzeichnend für das Anfangsstadium der nazarenischen Kunst.

Friedrich Overbeck (1789–1869) war ein Künstler von Rang. Das frühe Gemälde *Germania und Italia* (München, Neue Pinakothek), das seinerseits das Motiv der Freundinnen aufnimmt und weiterspinnt, kommt in der Poesie der Linie Ingres' Formengröße nahe. Auch in den Fresken, die er zusammen mit anderen ›Brüdern‹ im Haus des Konsuls Bartholdy *(Josephs Verkauf)* und im Casino Massimo *(Szenen aus Tasso)* von 1816 an schuf, ist die zeichnerische Härte der altdeutschen Kunst auf das glücklichste mit dem Wohllaut italienischer Kunst vereint. Immer stärker jedoch übte Rom einen lähmenden Zauber auf den sensiblen Jüngling aus: Der Lübecker Senatorensohn fand schon 1813 in den Armen der katholischen Kirche die Geborgenheit, nach der er sich sehnte. Er stellte darum seine spätere Malerei ausschließlich in den Dienst der Religion: »Mir ist die Kunst gleichsam eine Harfe Davids, auf der ich allezeit Psalmen möchte ertönen lassen zum Lobe des Herrn.« Das große Gemälde *Der Triumph der Religion in den Künsten* (Frankfurt, Städelsches Kunstinstitut) von 1840 zeigt exemplarisch nicht nur die geistige Haltung des Malers, sondern zugleich auch die einseitige Bindung an eine bestimmte künstlerische Tradition: Das kompositionelle Schema ist Raffaels *Disputà* entlehnt, Einzelfiguren und Gruppen sind in engem Anschluß an Vorbilder der Hochrenaissance entworfen. Schmerzvoll empfindet man den Anachronismus. Edward Steinle (1810–1886), einst selbst Schüler des Meisters, schrieb an Clemens Brentano: »Overbecks Bild erscheint wie ein junger, frommer, im Kloster erzogener Mensch in einer modernen Gesellschaft.« Gleichwohl hat Overbeck höchstes Ansehen genossen und die kirchliche Malerei Europas über das ganze 19. Jahrhundert hin beeinflußt.

Peter Cornelius aus Düsseldorf (1783–1867) trat 1811 in den römischen Kreis ein und wurde bald die führende Gestalt der Nazarener. An seine hochgespannten Gedanken und seine unbestreitbare formale Kraft ist der Versuch zur Erneuerung der monumentalen Wandmalerei in Deutschland geknüpft. »Glühend und streng wie Dürer« hatte er in seiner Jugend zeichnen wollen. Sein Frühwerk, die Illustrationen zu Goethes *Faust,* besitzen denn auch bei allem Reichtum der Phantasie eine fast metallische Härte der Linienführung und der Schraffuren. Als dem Dichter in Weimar die Blätter vorgelegt wurden, hat er sie »wirklich wundersam« genannt, seiner Kunstanschauung gemäß aber doch die archaisierende Art nicht billigen können. Und ein Vergleich mit den eineinhalb Jahrzehnte später entstandenen Lithographien von Delacroix läßt die Grenzen des Deutschen noch spürbarer werden. In Rom konnte sich auch Cornelius dem Eindruck des »göttlichen Raffael« nicht entziehen. Dennoch gehören die beiden Fresken der Casa Bartholdy – *Josephs Traumdeutung* und *Josephs Wiedererkennung durch seine Brüder* – zu seinen glücklichsten Leistungen. Schon 1819 berief ihn Kronprinz Ludwig nach München. Hier wurde Cornelius sechs

78 Leo von Klenze, Göttersaal in der Glyptothek zu München. Fresken von Peter Cornelius (zerstört)

79 Julius Schnorr von Carolsfeld, Bildnisstudie des Malers Victor Emil Janssen. 1831. Bleistift und Feder in Braun, 303 × 248 mm. Hamburger Kunsthalle

Jahre später Direktor der Akademie, nachdem er von 1821 bis 1825 neben seiner Tätigkeit in Bayern auch die Düsseldorfer Kunstschule geleitet hatte. Der in seiner Jugend die »fatalen Kunstakademien und deren lederne Vorsteher« verlacht hatte, trat nun selbst in den Fürstendienst, ein analoger Vorgang zur Rückkehr Overbecks in den Schoß der Kirche! Die Ausmalung der von Klenze erbauten Münchner Glyptothek mit Szenen aus der Ilias (1820-1830) beweist die Fähigkeit zur Organisierung großer Flächen und zur Gestaltung bewegter Massen (Abb. 78). Bei allem Pathos der phidiasisch empfundenen Figurengruppen ist die Freskenfolge der Funktion dieser Räume durchaus angemessen. Im Zuge der Ausschmückung des Chors der Ludwigskirche Gärtners malte Cornelius eigenhändig ein riesiges, achtzehn auf elf Meter messendes *Jüngstes Gericht* (1836-1839). Den Betrachter würden noch heute die mannigfachen Schönheiten dieser Wand erfreuen, wenn sich nicht unwillkürlich der Vergleich mit Michelangelo und Rubens vor die unbefangene Würdigung schöbe. Freilich ist Cornelius nicht unschuldig an der Ära jener Kartonkunst, deren Hauptvertreter sein Schüler Wilhelm von Kaulbach (1805-1874) mit den Wandbildern im Treppenhaus des Neuen Museums zu Berlin, 1847ff., wurde. Verstieg er sich doch zu dem Ausspruch, der Pinsel sei jederzeit der Verderb der Malerei gewesen. Ein größerer Gegensatz zur gleichzeitigen Malerei in Frankreich oder England läßt sich nicht denken! Cornelius selbst hat in den späten Entwürfen zu Wandbildern für einen Campo Santo in Berlin seinen Linienstil zu letzter Höhe geführt: Die *Apokalyptischen Reiter* dieses Zyklus behaupten sich auch vor Dürers gleichnamigem Holzschnitt. Sein gedankenschwerer Idealismus und sein Mangel an Farbensinn aber hatten den Hochberühmten noch zu seinen Lebzeiten isoliert.

Glücklicher war der Leipziger Julius Schnorr von Carolsfeld (1794-1872). Nach einem Wiener Studienaufenthalt schloß er sich 1818 in Rom den Nazarenern an und malte im Casino Massimo Szenen aus Ariost. In München, wohin er als Professor berufen wurde, entstanden seit 1827 die Wandbilder mit Themen aus den Nibelungen im Königsbau der Residenz. 1846 nach Dresden übergesiedelt, schuf er als sein graphisches Hauptwerk zweihundertvierzig Holzschnitte zu der erst 1860 erschienenen Bibel. Schnorr war der begabteste Zeichner der deutschen Romantik; seine meisterhaften Blätter der Frühzeit – Bildnisse, Akte, Landschaften – zählen zu den Höhepunkten der deutschen Zeichenkunst überhaupt. Auch die frühen Gemälde sind von herbem Reiz. Später wurden ihm wie anderen Nazarenern der Wille zu heroischer Größe und das lähmende Vorbild Raffaels zur Gefahr. Ein Blatt der Hamburger Kunsthalle von 1831 zeigt den Maler Victor Janssen (1807-1845; Abb. 79). Es ist mehr als die Studie eines Knappen zu dem Wandbild *Siegfrieds Einzug in Worms*. Ein realistisches Grundgefühl des Künstlers, durch die großen Kompositionen allzuoft verschleiert, hat hier das Bildnis eines Jünglings festgehalten, dessen individueller Ausdruck zeittypischen Wert besitzt. Das spontane, dabei zugleich verhaltene Aufblicken – und Aufhorchen – ist wunderbar erfaßt. Der halb geöffnete Mund und die großen fragenden Augen verleihen der Studie ein Höchstmaß an Intensität. Trotz aller momentanen Gespanntheit, mit welcher der Jüngling einer Handlung folgt, bleibt der Ausdruck seltsam unbestimmt und entrückt. Es ist, als lausche der Mensch einer fernen Musik, verzaubert und leicht ungläubig. Und in dieser Ambivalenz von Realität und Traum, von Aktivität und Passivität hat eine psychologische Wahrheit Gestalt angenommen. Janssen, selbst ein Zeichner von beinahe expressionistischer Linie, litt unter Depressionen und Zweifeln an seiner Begabung und schloß sich daher um so enger an seinen Freund an.

Schnorrs Blatt ist mit der Feder gearbeitet. Mit feinsten Parallelstrichen ist das lockige, glänzende Haar charakterisiert. In zartesten Schraffuren ist das Gesicht modelliert – man möchte sagen: wie eine Landschaft. Bewunderungswürdig, welche malerischen Flächenwerte die Feder wiederzugeben vermag! Diese Technik hat der Künstler demjenigen Instrument entlehnt, das die Jüngere Romantik in Deutschland bevorzugt gebrauchte: dem spitzen Bleistift. Ferdinand Olivier (1785–1841), der Schwager Schnorrs, der wie seine Brüder schon vor der Gründung des Lukasbundes gotisierende Gemälde schuf, hat sein Bestes in solchen Bleistiftzeichnungen gegeben und darin die Schönheiten des Salzkammergutes erschlossen. Franz Horny aus Weimar (1798–1824) – im selben Jahr wie Delacroix geboren – traf 1816 in Rom ein, lebte von 1819 an jedoch in dem Bergdorf Olevano, das immer wieder als hochgetürmte Silhouette auf seinen herrlichen Zeichnungen sichtbar ist. Ein Gefühl für feinste atmosphärische Farbschwebungen in seinen aquarellierten Blättern deutet auf den Realismus voraus, bleibt aber in Widerstreit mit der nazarenischen Umrißlinie und dem von Koch übernommenen klassizistischen Kompositionsschema.

Der mit 23 Jahren im Tiber ertrunkene Heidelberger Carl Philipp Fohr (1795–1818) war vielleicht unter den jüngeren Künstlern die hoffnungsvollste Erscheinung. Er begann mit kleinen Ölbildchen als Illustrationen zu romantischen Dichtungen wie Fouqués *Zauberring*

80 Carl Philipp Fohr, Der Heidelberger Freundeskreis als ritterliche Tafelrunde. 1816. Federzeichnung, 171 × 231 mm. Hessisches Landesmuseum, Darmstadt

(Berlin, Nationalgalerie) und endete bei der großgesehenen *Gebirgslandschaft mit Schafhirten,* die das Erbe Kochs, um einen eigenen Lyrismus vermehrt, der neuen Zeit weitergab (Darmstadt, Prinzessin von Hessen und bei Rhein). Zwei Reihen von Bildniszeichnungen gehören zu den teuersten Vermächtnissen des Frühvollendeten: die Serie der Studenten aus der Heidelberger Urburschenschaft, deren Treiben er daneben in frischen Skizzen einfing (Abb. 80), und die Folge der deutschen Künstler in Rom (Heidelberg, Kurpfälzisches Museum). Auch Ernst Fries (1801–1833) stammte aus der Neckarstadt und wurde vom alten Koch beeinflußt. Er war allerdings erst von 1823 bis 1827 in Rom, als sich die enge Gemeinschaft der Nazarener längst aufgelöst hatte. Man zählt ihn gewohnheitsmäßig zu den Romantikern, seine locker hingesetzten italienischen Zeichnungen und flüssigen Aquarelle – fast ausschließlich Landschaften – sind jedoch eher Zeugnisse eines frühen

Pleinairismus. Nicht von ungefähr gibt es in Privatbesitz eine Bildniszeichnung von seiner Hand aus den römischen Tagen, die den jungen Corot darstellt. Die romantische Anlage war viel stärker in dem dritten Heidelberger, in Karl Rottmann (1797–1850). Er wurde zum führenden Landschafter der Münchner Schule. 1826/27 und 1829/30 bereiste der Künstler Italien, 1834/35 Griechenland. König Ludwig I. von Bayern, der ihn 1841 zum Hofmaler ernannte, gab ihm für die Arkaden seines Hofgartens je eine Folge von Wandbildern historischer Stätten dieser beiden Länder in Auftrag. Auch in Rottmanns Landschaften, in denen er die geologische Formation herauspräparierte, ist das Vorbild Kochs offensichtlich. Dazu aber hat eine sehr subjektiv bedingte Vorliebe für atmosphärische Effekte Platz gegriffen, um den heroischen Charakter der Gegend zu steigern.

Neben der bayerischen Hauptstadt wurde Düsseldorf zu einem zweiten künstlerischen Mittelpunkt. Hier sowie in den Rheinlanden überhaupt fand das Nazarenertum die weiteste Verbreitung: zugleich eine Verflachung wie eine Krönung. Wilhelm von Schadow (1788–1862) wurde 1826 als Nachfolger von Cornelius zur Leitung der Düsseldorfer Akademie berufen. Schüler seines Vaters Gottfried Schadow, hatte er sich schon 1810 eng an Overbeck angeschlossen und war wie dieser konvertiert. Seine organisatorische Wirksamkeit und seine Lehrtätigkeit waren jedoch größer als seine künstlerische Kraft. Die Düsseldorfer Schule blieb der Figuralkunst treu, sie pflegte die kirchliche Wandmalerei, das Historienbild und das Genre, wobei sich nur allzuoft eine als typisch bürgerlich zu wertende Sentimentalität breitmachte. Der literarische – geschichtlich bedeutungsvolle oder rührselige – Inhalt wurde mit naturalistischen Mitteln vorgetragen.

Aus der Vielzahl von Schülern Schadows, unter der Talente wie Karl Friedrich Lessing (1808–1880), Adolf Schrödter (1805–1875) und Johann Wilhelm Schirmer (1807–1863) waren, ragt als geniale Persönlichkeit einzig der jung verstorbene Aachener Alfred Rethel (1816–1859) hervor. Sein Hauptwerk ist die Ausmalung des Kaisersaales im gotischen Rathaus seiner Heimatstadt. Als Thema waren ihm die Taten Karls des Großen gestellt. Rethel arbeitete an dieser Aufgabe von 1840 bis zu seiner tödlichen Erkrankung. Von den acht Fresken haben fünf – darunter die vier eigenhändigen – den Zweiten Weltkrieg überdauert. So fragmentarisch dieser Zyklus erhalten ist, er darf doch

81 Alfred Rethel, Der Tod reitet über die Barrikade. Aus der Folge »Auch ein Totentanz«. 1849. Holzschnitt

als die künstlerisch reifste Lösung der deutschen Wandmalerei im 19. Jahrhundert gelten. Auch hinter diesen Bildern – etwa der sechseinhalb Meter hohen *Schlacht bei Cordoba* – steht die Tradition Raffaels: Rethel war zweimal in Italien. Aber die herbe Größe der Szenen bleibt des Künstlers eigenes Verdienst. Eine ideale Gesinnung hat hier eine echte monumentale Verwirklichung gefunden. Es herrscht ein vollkommener Ausgleich zwischen Form und Inhalt. Eine Fülle von Studien gewährt einen tiefen Eindruck in den Entstehungsprozeß der Wandbilder. Noch bekannter ist die Holzschnittfolge *Auch ein Totentanz* geworden; der Zweiunddreißigjährige hat 1848/49 in ihr sein Erlebnis der Revolution gestaltet. Der Tod erscheint ihm als Sieger, und beide Seiten betrauern seine Opfer (Abb. 81). Die Folge regt unmittelbar zum Vergleich mit dem Gemälde *Die Freiheit auf den Barrikaden* an, in dem Delacroix – 1831 genau im gleichen Alter stehend wie Rethel 1849 – die Juli-Revolution verherrlicht hat. Daß dieser sich in der Liniensprache der Graphik ausdrückte und – ähnlich wie Cornelius – über 400 Jahre hinweg eine Kontinuität der deutschen Kunst sichtbar werden ließ, ist ebenso bezeichnend wie die Tatsache, daß der Franzose sich im großen Format und in der strömenden Farbe aussprach.

Die immer stärker hervortretende Abkehr von den brennenden Zeitproblemen ist ein Wesenszug der deutschen Malerei dieser Epoche. Sie wird auf höchst unterschiedliche Weise – gemütvoll, poetisch beschwingt, schrullig – in drei Künstlern offenbar, die man gemeinhin als Spätromantiker bezeichnet. Adrian Ludwig Richter aus Dresden (1803–1884) kam während seines italienischen Aufenthaltes, von 1823 bis 1826, noch in direkte Berührung mit dem deutschen Künstlerkreis in Rom. Seine frühen zeichnerisch harten, aber großzügigen Landschaften verraten den Einfluß seines sächsischen Landsmannes Julius Schnorr und besonders Joseph Anton Kochs. Nach Deutschland zurückgekehrt und schließlich zum Professor an der Akademie seiner Vaterstadt aufgestiegen, wandte sich Richter der heimischen Natur zu, die er volksliedhaft und feiertäglich verklärte: *Überfahrt am Schreckenstein* von 1837 und *Brautzug im Frühling* nach einem Motiv aus Richard Wagners Tannhäuser von 1847 (Dresden). Seine auf Umriß und Linie eingestellte Sehweise führte ihn jedoch immer mehr von der Malerei zur Graphik, thematisch von der Landschaft zur Figur. Vor allem die späten Holzschnittfolgen (*Vaterunser, Sonntag, Unser täglich Brod* u. a.) erfreuten sich in ihrer kleinbürgerlichen Beschaulichkeit einer überwältigenden Volkstümlichkeit. Die Lebenserinnerungen Richters, erstmals 1885 erschienen, sind eine wichtige Quellenschrift zur deutschen Kunst des 19. Jahrhunderts.

Auch der Wiener Moritz von Schwind (1804–1871) ist in der nazarenischen Kunstanschauung erzogen worden. Auf der Akademie seiner Vaterstadt war Ludwig Schnorr von Carolsfeld (1788–1853), Julius' älterer Bruder, sein Lehrer; 1827 ging er nach München und geriet dort unter den dominierenden Einfluß von Cornelius. Ein Jugendfreund Franz Schuberts, voll poetischer Märchenphantasie, mußte er die idealisierende Kartonkunst im Grunde als fremd empfinden. Dem geborenen Katholiken fehlte auch alles krampfhaft Frömmelnde mancher Konvertiten. Er war eine weltfrohe Natur, wenngleich nicht ohne innere Gegensätze. 1847 wurde er Professor in München. Doch zeitlebens stand er unter der Spannung zwischen den Forderungen monu-

82 Moritz von Schwind, Schwebender Amor in Umarmung mit Psyche. 1838. Federzeichnung, 215 × 340 mm. Münchner Stadtmuseum

mentaler Wandmalerei (Abb. 82) und dem Drang, den dichterischen Reichtum seines Herzens in freien Schöpfungen zu gestalten. Die großen Aufträge – in der Münchner Residenz (1832–1843), im Treppenhaus der Karlsruher Kunsthalle (1840/41), auf der Wartburg (1853–1856) und im Wiener Opernhaus (nach 1868) – führte er mit erstaunlichem Können durch, am reinsten hat er sich aber in den kleineren Märchenfolgen, den *Reisebildern* oder den *Lyrika* ausgesprochen, die wie ein anschauliches Gegenstück zu Eichendorffs romantischem Werk anmuten. Auch er betrachtete die Farbe gegenüber der Linie nur als ein zusätzliches Mittel des Malers, und daher sind schließlich doch seine leichter Hand entstandenen Zeichnungen voller Musikalität das Beste, was er hinterlassen hat.

Karl Spitzweg aus München (1808–1885) war ein Sonderling. Er hatte den Beruf eines Apothekers erlernt und kam erst spät – um 1836 – zur Malerei. Autodidakt, eignete er sich eine breite, offene Malweise von überraschendem Reichtum der Palette an. Als er 1851 nach Paris, London und Antwerpen reiste, konnte ihn die dortige Kunst – er fühlte sich besonders Diaz verwandt – nur noch in seiner eigenen Entwicklung bestätigen. Da er auch ein scharfer Beobachter der Natur war, schienen alle Voraussetzungen zum Realismus gegeben. Dennoch entnahm er seine Bildthemen ausschließlich einer erfundenen ›guten alten Zeit‹. In seinem Leben und Werk, so eigentümlich es anmutet, enthüllt sich vielleicht mehr als ein persönliches Schicksal. Spitzweg wurde im selben Jahr geboren wie Daumier. Sein populärstes Gemälde, von dem noch heute mehrere Repliken bekannt sind, ist *Der arme Poet,* 1839 (erste Fassung in München, Neue Pinakothek). Daumier hat das Motiv des in der Dachkammer liegenden Mannes mit der Zipfelmütze, der im Bett einen Schirm gegen den Regen aufspannen muß, 1847 aufgegriffen und aus der Idylle in die brutale Wirklichkeit versetzt: Aus dem in einer idealen Sphäre schwebenden Dichter ist der großstädtische Proletarier geworden, ein Opfer des bourgeoisen Mietwuchers (Delteil Nr. 1605).

Deutscher Realismus

»Wir waren freilich nicht ganz unberührt geblieben von jenem aufsässigen Geiste, der damals Wissenschaft und Kunst zu neuem Leben erweckte, von dem Geist der Treue und des nüchternen Aufmerkens auf das, was die Objekte wirklich zeigten, während die Mehrzahl unserer Lehrer weniger was sie sahen, als was sie wußten, darzustellen suchten.« Dieses Bekenntnis des Malers Wilhelm von Kügelgen (1802 bis 1867) war in Erinnerung an die Dresdener Akademie niedergeschrieben worden, darf aber für ganz Deutschland gelten. Allenthalben hatte sich um die Wende zum 19. Jahrhundert der Realismus angekündigt. Nicht in der großen historischen Komposition, die noch immer die vornehmste Gattung der Malerei blieb, jedoch im Porträt und in der Landschaft mehrten sich die Anzeichen einer unbefangeneren Sehweise. Wir haben die starken realistischen Züge in den Bildnissen Schicks und Runges, Schnorrs und Fohrs oder in den Naturstudien von Olivier, Horny und Fries bemerkt. Lagen sie bei diesen Künstlern noch in stetem Widerstreit mit den Forderungen klassizistischer oder romantischer Theorie, so waren sie bei anderen schon zur Herrschaft gelangt. Bereits während des 18. Jahrhunderts hatte der Realismus in

Deutschland hervorragende Vertreter besessen, wofür die Landschaften des Wieners Johann Christian Brand (1722-1795), die Interieurs des in Berlin wirkenden Daniel Nikolaus Chodowiecki (1726-1801) und die Bildnisse des in Dresden ansässigen Anton Graff aus Winterthur (1736-1813) zeugen.

Am Anfang unseres Überblicks sollen indessen einige Meister stehen, die trotz geringeren Umfanges ihres Werkes Bahnbrecher genannt zu werden verdienen. Sie sind in den fünfziger Jahren geboren worden, gehören also der Generation der ›Klassiker‹ an. Der Schlesier Christoph Nathe (1753-1806) hat noch den Zeichenunterricht Adam Friedrich Oesers in Leipzig genossen, der auch Goethes Lehrer war. Seine aquarellierten Ansichten einer *Dorfstraße* (Berlin, Nationalgalerie) tragen das Datum 1791, sind jedoch in der scheinbaren Zufälligkeit des Ausschnittes, der spontanen Freiheit des Federstrichs und der hellfarbigen Duftigkeit der atmosphärischen Erscheinung ihrer Zeit um Jahrzehnte voraus. Eine verwandte Naturanschauung spricht aus den lichten Blättern des Oberbayern Georg von Dillis (1759-1841), der diesen Stil unmittelbarer Anschauung auch auf die Ölmalerei übertrug. Die nur 19 × 26 cm messende Studie des *Trivaschlößchens* in München (Neue Pinakothek) ist schon 1797 entstanden und läßt bereits an Constable denken. Vermutlich während einer Reise nach Italien, auf der er den Kronprinzen Ludwig von Bayern begleitete, hat Dillis im Herbst 1817 oder im Frühjahr 1818 von verschiedenen Hügeln den *Blick über Rom* in kleinen Ölbildern dargestellt (München, Schack-Galerie). Durchsonntes Laub oder fleckiges Gemäuer des Vordergrundes verbinden sich tonig mit der verschwimmenden Stadtsilhouette in der Tiefe; die Formauflösung des Häusermeeres mit den unkonventionell gesehenen Hinterfronten ist weit getrieben.

Wilhelm von Kobell (1766-1855) entstammte einer rührigen Mannheimer Künstlerfamilie und war Schüler seines Vaters Ferdinand. 1793 folgte er dem kurpfälzischen Landesherrn als Hofmaler nach München. Wie sein Vater und sein Onkel Franz von den Niederländern des 17. Jahrhunderts – insonderheit von Wouverman, Berchem und Cuyp – ausgehend, schuf er sich nach 1800 einen Stil höchst persönlichen Ausdrucks: Die realistisch gesehene heimische Landschaft wurde in einen eigentümlich abstrakten Bildbau eingefangen. Auf den weit verbreiteten kleinen Gemälden der Reifezeit mit Motiven aus der

Umgebung Münchens oder vom Tegernsee stehen die Figuren puppenhaft still und deutlich umrissen vor der sonnenhellen, klaren Weite und werfen lange Schatten, die als diagonale Bänder die Grundrichtungen von Senkrechte und Waagerechte beleben. Es ist eine aufgeräumte, sonntäglich verklärte Welt, die der Künstler schilderte. In einer Reihe von Schlachtenbildern, die Kronprinz Ludwig zur Verherrlichung des bayerischen Heeres in Auftrag gab, bewies Kobell, daß er auch das repräsentative Format zu füllen vermochte. Indem er die Prinzipien seiner Landschaften auf diese Gemälde anwendete, gestaltete er einen neuen Typus des Schlachtenbildes, wie ihn etwa die *Belagerung von Kosel,* 1808, zeigt (München, Neue Pinakothek).

Aus Hamburg, dem Wirkungsort Runges, kam über Dresden Friedrich Wasmann (1805–1886) nach München. 1829/30 studierte er hier bei Cornelius, später zog er nach Rom und konvertierte unter dem Einfluß Overbecks. Aber nicht als Akademiker und nicht als Nazarener ist er wichtig geworden, sondern durch seine Bildnisse und Naturstudien, die er vor allem anläßlich der mehrfachen Aufenthalte in Südtirol schuf. Die Ölstudie *Meran im Schnee* von 1831, welche neben vielen anderen Arbeiten die Kunsthalle seiner Vaterstadt bewahrt, überrascht gleichermaßen durch Kühnheit des Ausschnittes und malerische Freiheit, macht jedoch um so schmerzlicher fühlbar, daß die großartige Anlage zum Pleinairisten in den 55 Jahren, die Wasmann noch verblieben, nicht fortentwickelt wurde.

In Wien wurde der Klassizismus der Akademie, gegen den sich der Lukasbund als erste Sezession gewendet hatte, durch die nazarenische Kunst aus der Schule Overbecks abgelöst. Daneben aber entwickelte sich eine realistische Strömung, die sich in sehr verschiedenen Gattungen bemerkbar machte. Von dem nationalen Aufschwung des Kampfes gegen Napoleon getragen, gab Johann Peter Krafft (1780–1856) seinen historischen Kompositionen ein ungewohntes Maß an Aktualität. Peter Fendi (1796–1842) wurde der Meister des heimischen Genres, in dem sich hoher Wirklichkeitssinn und feines malerisches Können jedoch nicht nur mit Lyrismus, sondern häufig mit biedermeierlicher Sentimentalität paarten. Joseph Danhauser (1805–1845) fügte eine sozialkritische Note hinzu.

Friedrich von Amerling (1803–1887) war der bevorzugte Porträtist der Wiener Hofgesellschaft. Von Thomas Lawrence, bei dem er in

83 Friedrich von Amerling, Kaiser Franz I. von Österreich. 1832. Öl auf Leinwand, 263 × 180 cm. Kunsthistorisches Museum, Wien

London gelernt hatte, unterscheidet ihn aber das realistische Grundgefühl. In dem lebensgroßen Bildnis des Kaisers Franz I. von 1832 (Abb. 83) ist das gesamte Repertoire aufgeboten, wie es für das Herrscherporträt aus dem Barock überliefert worden war: der erhöhte Platz mit den teppichbelegten Stufen, dem Thronsessel und dem Fußkissen, das sakrale Element der halbrunden Apsis, das Hoheitszeichen der Säule, die aus uralten Epiphanie-Vorstellungen herzuleitende Draperie der Vorhänge, der prunkvolle Ornat, der überreiche Ordensschmuck, die bedeutungsvollen Insignien. Aber der Mensch, der von diesen Requisiten umstellt, mit diesen leblosen Dingen behängt ist! Mit fahlem Antlitz, eingefallenen Wangen, gläsernen Augen sitzt er steif und unsicher wie zu einer Momentaufnahme. Die riesige Krone krönt ihn nicht, sondern bedrückt ihn. Das Szepter ist ihm mehr in die Hand mit dem unschön abgespreizten Daumen gesteckt, als daß es gehalten wird. Geradezu würdelos ist die Stellung der in langen seidenen Strumpfhosen steckenden Beine. Aus edler Zeremonie ist schaurige Maskerade geworden. Die glänzende Malweise macht die leere Formel noch peinlicher spürbar. Dazu kommt das Mißverhältnis zwischen Figur und Raum. Der Kaiser sitzt hilflos und unglücklich vor einer Kulisse, deren Stabilität Dargestellter und Betrachter gleichermaßen bezweifeln. Der Thron scheint im formalen wie im übertragenen Sinn zu wackeln. Auch die bedeutenden Künstler des Biedermeier waren seismographisch begabte Naturen: Amerling registrierte im voraus die Erschütterungen, die das Reich unter Metternich heimsuchen sollten.

Die bedeutendste künstlerische Kraft Wiens war Ferdinand Georg Waldmüller (1793–1865). Obwohl auch er die Akademie besucht hat, hielt er sich für einen Autodidakten. Und als Professor wurde er nicht müde, die gänzliche Aufhebung der Kunstschulen zu fordern. In den Bildnissen, Stilleben und Landschaften der dreißiger und vierziger Jahre – meist von mäßigen Abmessungen – hat er sein Bestes gegeben. Unter Verzicht auf jegliche Pose, auf romantische Übersteigerung oder historische Bedeutsamkeit strebte er die getreue Wiedergabe des Objektes an. Das Erlebnis des Sonnenlichtes führte bei ihm jedoch nicht zur Verflüssigung der Malweise und zur Verwischung der Konturen wie bei anderen frühen Pleinairisten, vielmehr behielt Waldmüller stets ein Gefühl für die plastische Körperhaftigkeit der Dinge. Der *Wolfgangsee* von 1835 (Farbtaf. 16) ist geradezu aggressiv in der Ausschnitthaftigkeit und scheinbar absichtlich ohne Komposition. Trotz des Ausblicks in die Tiefe erscheint alles greifbar deutlich. Nicht nur die nahe herangerückten Häuser vorn stehen scharf umrissen vor uns, so daß man die Steine auf den Dächern aufheben zu können meint – auch die Fichten am jenseitigen Ufer und selbst die fernen Gebirgszüge sind mit miniaturhafter Genauigkeit wiedergegeben. Es ist, wie wenn der Föhn den Dunst vertrieben hat. Doch fehlt jede Stimmung. Von der Photographie, die eben um diese Zeit geboren wurde, unterscheidet sich das Gemälde durch die zwar fast atmosphärelose, aber spürbar lichterfüllte Farbigkeit, die den Zufallsausschnitt des im Prinzip unendlichen Raumes zur ästhetischen Einheit verbindet. Wie im Werk anderer deutscher Realisten – etwa bei Menzel – läßt sich nach 1848/49 eine Wendung zum Konservativen bei Waldmüller feststellen. Porträt und Landschaft wurden zugunsten des Genrebildes aufgegeben, das aber nicht Stadt und Bürgertum, sondern die Landbevölkerung schildert. In der Überzeugung, daß dem Kunstwerk eine »moralische Hindeutung« nicht fehlen dürfe, verstärkte Waldmüller die sentimentale Note, von der er auch vorher nicht immer frei war. Große, im Sonnenlicht plastisch modellierte Figurengruppen ziehen die Aufmerksamkeit durch den erzählenden Inhalt auf sich. Von hier führte kein Weg zum Impressionismus.

Den günstigsten Boden fand der frühe deutsche Realismus in Berlin. Ja, man kann eine einheitliche Linie von Gottfried Schadow bis zu Max Liebermann erkennen. Dabei waren keineswegs alle Künstler in der preußischen Hauptstadt geboren worden. Franz Krüger (1797–1857) stammte aus Anhalt. Seit 1812 an der Berliner Akademie, wurde er der geschätzteste Bildnismaler. Mit Ernst, doch oft mit entzückender Anmut, zurückhaltend und doch von unbestechlicher Sachlichkeit, mit aller Liebe zum Detail und doch ohne Kleinlichkeit, hat er das höfische, gesellschaftliche, geistige und künstlerische Berlin des Vormärz in seinen Aquarellen, Ölgemälden, aber auch in seinen Lithographien festgehalten. Der nur ein Jahr jüngere, geniale Carl Blechen aus Kottbus (1798–1840) war ebenfalls Schüler der Berliner Akademie gewesen, hatte sich 1823 jedoch nach Dresden begeben und war dort Caspar David Friedrich und J. C. Dahl begegnet. 1824 wurde ihm auf Veranlassung Schinkels die Stelle eines Theatermalers in Berlin übertragen. Seine frühen Gemälde – etwa die *Gebirgsschlucht im Winter* von

1825 (Berlin, Nationalgalerie) – vereinen romantische Sinnbildlichkeit Friedrichs und nordische Landschaftsauffassung Dahls mit einer bühnenhaften Raumgestaltung. Eine 1828/29 unternommene Reise nach Italien machte Blechen mit einem Schlag zum kühnsten aller zeitgenössischen Pleinairisten. Seine zahlreichen Skizzen in Tusche und Sepia, vor allem seine Ölstudien sind von einer Helligkeit und einer malerischen Verve wie die keines anderen Deutschen. Selbst die Werke des im selben Jahr wie Blechen geborenen Delacroix mit ihrer romantisch gesteigerten Farbigkeit gehören – geschichtlich gesehen – noch einer früheren Stufe der Entwicklung an. Nach Berlin zurückgekehrt, wandte sich der Künstler mit diesen Erfahrungen des Freilichtmalers der märkischen Landschaft zu. Den Ausblicken auf Berliner Hinterhäuser und Gärten gewann er verborgene Reize ab und schuf mit einem seiner letzten Gemälde den neuen Typus der Industrielandschaft: Das *Walzwerk bei Neustadt-Eberswalde* (Farbtaf. 17) zeigt die Fabrik mit ihren Schloten noch eingebettet in die natürliche Umgebung. Die Fischer im Vordergrund gehen ihrem uralten Handwerk nach. Ist der dunkle Wasserspiegel durch Sonnenreflexe aufgehellt, so steht umgekehrt die Rauchfahne kräftig blau vor dem hellen Himmel. Die Tonigkeit ist der heimischen Natur gemäß gedämpfter als auf den Bildern aus Italien und erinnert an die der Maler von Barbizon oder Courbets.

Auf der Versteigerung des Nachlasses von Blechen im Jahre 1841 muß derjenige Künstler starke Eindrücke empfangen haben, in dem der frühe deutsche Realismus gipfelt: Adolf Menzel (1815–1905). Er war gebürtiger Breslauer und hatte sich schon mit 25 Jahren in Berlin durch die Illustrationen zu Franz Kuglers *Geschichte Friedrichs des Großen* (1840) einen Namen erworben. Die *Abendtafel im Salon des Schlosses von Sanssouci* (Abb. 84) beweist Menzels Überlegenheit gegenüber allen Buchgraphikern seiner Zeit. Der Bildausschnitt suggeriert durch die Nahsicht das sprühend Momentane der geistreichen Runde und wirkt zugleich bedeutungssteigernd durch den Raum. Der jugendliche König – im Gespräch mit Voltaire – ist nur ein Primus inter pares und doch, fast unmerklich, herausgehoben vor den andern. Dabei ist mit rein linearen Mitteln ein Höchstmaß an farblicher Differenzierung erreicht.

In den vierziger Jahren gewann Menzel die freie Verfügung über die Farbe. Auf der *Berlin-Potsdamer Bahn* (Farbtaf. 18) von 1847 durch-

84 Adolf Menzel, Abendtafel im Salon des Schlosses von Sanssouci. Illustration zu: Franz Kugler, Geschichte Friedrichs des Großen, Leipzig 1840. Holzschnitt (Originalgröße)

85 Adolf Menzel, Wohnzimmer mit Menzels Schwester. 1847. Öl auf Papier, 46,1 × 31,6 cm. Bayerische Staatsgemäldesammlungen, Neue Pinakothek, München

schneidet die mächtige Kurve des Eisenbahndammes das von oben gesehene flache Gelände, das im Mittelgrund von der dunklen Baumgruppe und dem Weg unterteilt wird. Die Farbe ist breit hingestrichen und stellenweise in pastoser Kommatechnik aufgesetzt. Das Blaugrün des Bodens erscheint lebhaft gestuft, das Weiß der Rauchfahne verweht darüber, hinten liegt die Stadt im Dunst unter grauverhangenem Himmel. Diese Ölstudie zeigt unverkennbar eine Berührung mit Constable, der damals in Berlin schon bekannt war. Sie ist nicht vor dem Motiv gemalt worden, sondern nach einer zwei Jahre zuvor entstandenen Zeichnung. Schlechthin ohne Vergleich aber ist der ebenfalls 1847 datierte *Innenraum mit der Schwester des Künstlers* (Abb. 85); man müßte denn Degas nennen, den um zwei Jahrzehnte jüngeren Franzosen. Durch die Tür, deren Flügel sich jäh nach hinten verkürzt, blickt man in einen Wohnraum. Ein junges Mädchen mit einer Kerze in Händen steht in der Öffnung, während eine ältere Frau, vom Rücken her gesehen, an einem Tisch im Hintergrund beim Schein einer Lampe mit Handarbeit beschäftigt ist. Die gewagte Behandlung des Bildraumes, die Effekte der künstlichen Lichtquellen und des Reflexlichtes, der fast nur in Abwandlungen von Braun spielende Reichtum der Töne sind bewunderungswürdig. Die scheinbar zufällige Wirkung beruht auf höchster künstlerischer Überlegung.

In den letzten fünfzig Jahren sollte sich Menzels Kunst mit den Aufgaben, die dem Hofmaler dreier deutscher Kaiser gestellt wurden, nach Inhalt und Form wandeln. Die Vielschichtigkeit seines Wesens und die überpersönliche Problematik der Epoche waren nicht ohne Tragik. Doch ist der Künstler die größte zeichnerische und malerische Begabung geblieben, die Deutschland im 19. Jahrhundert besessen hat.

England

Englische Romantik

Nach einer langen unschöpferischen Periode hatte die englische Malerei durch Meister wie Hogarth, Wilson, Reynolds und Gainsborough um die Mitte des 18. Jahrhunderts einen überragenden Aufschwung genommen. Die führende entwicklungsgeschichtliche Stellung, die ihr im Zeitalter des Liberalismus zufallen sollte, kündigte sich schon früh an. Parallel zu der literarischen Präromantik brachte auch die bildende Kunst Werke hervor, in denen sich die neue Gefühlswelt offenbarte. Zwei Brüder aus Schottland gehörten zu den ersten, die sich von den Dichtungen Miltons und Shakespeares anregen ließen. Alexander Runciman (1736–1785) stellte 1773 ein Gemälde nach dem *Verlorenen Paradies* aus. John Runciman (1744–1768), der mit 24 Jahren durch Selbstmord endete, malte schon 1767 einen *König Lear im Sturm* (Edinburgh, National Gallery). Das ganzfigurige *Bildnis des Sir Brooke Boothby* von Joseph Wright of Derby (1734–1797; Abb. 86) aus dem Jahre 1781 bringt jene vorromantische Stimmung auf seine Weise beispielhaft zum Ausdruck: Der Freund und Gönner Rousseaus liegt hier in eleganter Pose unter Bäumen, in der behandschuhten Linken einen Band des verehrten Franzosen haltend (London, Tate Gallery). Diese Mode, sich inmitten der offenen Landschaft porträtieren zu lassen, hatte damals bereits den Kontinent erobert. Auch die englischen Tiermaler – George Stubbs (1724–1806) und James Ward (1769–1859) vor anderen – wirkten auf den Kontinent hinüber. Auf Géricault und Delacroix deuten die *Pferde im Gewitter* des Sawrey Gilpin (1733–1807) von 1798 voraus (London, Royal Academy). Die Aquarelle John Sell Cotmans (1782–1842) mit den gotischen Ruinen oder dem Kreuz auf dem Hügel – *Subject from Ossian,* 1803 (London, British Museum) – zeigen schließlich in Thematik und Form ein Quellgebiet der Kunst Caspar David Friedrichs auf.

Drei in der Tradition des Klassizismus aufgewachsene Künstler – im selben Jahr 1741 geboren – führten durch expressive Übersteigerung des akademischen Figurenstils den Umschwung innerhalb der Historienmalerei herbei. Alle drei hatten auf Grund ihrer Eigenwilligkeit schwer um ihre wirtschaftliche Sicherung zu kämpfen. Der jung verstorbene John Hamilton Mortimer (1741–1779) galt als »a madman«. In dem *Kampf des Herkules mit der Hydra* (London, Victoria and Albert Museum) drängte er muskulöse Körper mit jähen Wendungen und Drehungen zu einer vielfältigen Diagonalkomposition zusammen. James Barry (1741–1806), der durch die Vermittlung des Philosophen Edmund Burke aus seiner irischen Heimat nach London gekommen war, wurde wegen seiner ungezügelten Angriffe auf die Royal Academy des Amtes als Professor of Painting enthoben und aus der Akade-

86 Joseph Wright of Derby, Sir Brooke Boothby. 1781. Öl auf Leinwand, 148,6 × 207,6 cm. Tate Gallery, London

mie ausgeschlossen. Sein Hauptwerk ist der Zyklus allegorischer Gemälde für den großen Saal der Society of Arts, in dem er 1777–1783 die Entwicklung der menschlichen Kultur in mächtigen Aktfiguren darzustellen unternahm. Er malte diese Bilder auf eigene Kosten und lebte dabei nach seinen Worten von Brot und Äpfeln; doch wurde diese Anstrengung nicht durch allgemeine Anerkennung belohnt, der Zyklus verfiel dem mangelnden Interesse des Publikums. Ähnlich erging es dem dritten dieser Künstler: Johann Heinrich Füßli (1741–1825).

Der geborene Deutschschweizer war reformierter Theologe gewesen. Sein Lehrer Johann Jakob Bodmer hatte ihm die Kenntnis Homers und Dantes, Shakespeares und Miltons, ja sogar schon der Nibelungen vermittelt. Füßlis frühe Schriften und Briefe gehören dem Sturm und Drang an. Und mit der Sprache dieser literarischen Bewegung beschrieb ihn 1774 Johann Gottfried Herder: »In Rom lebt ein edler Deutscher Züricher Heinrich Füßli, Genie, wie ein reißender

Bach, Shakespeare Anbeter und jetzt Shakespeare Mahler. An Charakteristik – nicht aber Ideal soll er Mengs weit übertreffen«. In dem englischen Dichter hatten der junge Goethe und sein Kreis den großen Gestalter menschlicher Leidenschaften neu entdeckt: einen »Sterblichen, mit Götterkraft begabt«. Dem bildenden Künstler, der sich von diesem ergreifen ließ, konnte nicht mehr Raffael der Leitstern sein; allein die ›terribilità‹ des Michelangelo erschien jenem dramatischen Werk kongenial. Die Decke der Sixtina wurde in Füßlis Skizzen zu einer in gewaltigen Maßen gedachten Szenenfolge aus den Dichtungen Shakespeares umgeformt. An die Stelle der heiligen Geschichten aus dem Alten Testament, der Sibyllen und Propheten traten – ein erregender geistesgeschichtlicher Vorgang – König Lear und Macbeth, Prospero und Viola (Zürich, Privatbesitz).

Insgesamt acht Jahre, von 1770 bis 1778, war Füßli in Italien; als Mittelpunkt eines römischen Kreises schloß er Freundschaft oder knüpfte doch Bekanntschaft mit vielen Künstlern : so mit den Malern Abildgaard, Runciman und David, den Bildhauern Sergel und Banks. 1779 kehrte er endgültig nach London zurück, dort hatte er als Dreiundzwanzigjähriger einst aus politischen Gründen Zuflucht gesucht. In England entfaltete sich sein reifer Stil.

Füßlis Hauptwerk war der während der Jahre 1790–1800 geschaffene, 47 Gemälde umfassende Zyklus zu Miltons Dichtungen. In Weiterführung einer offenbar schon von ihm angeregten, von dem Verleger Boydell finanzierten und von mehreren Malern ausgeführten Shakespeare-Galerie hatte Füßli den Plan ersonnen, nach Milton »eine Folge von Gemälden ... zur Ausstellung bestimmt« zu schaffen. In zehn Jahren mühevoller Arbeit in äußerst angespannter wirtschaftlicher Lage wurde das Vorhaben beendet. Aber die zweimalige Ausstellung der zum Teil riesigen Formate in einem von Christie's gemieteten Saal führte nicht zu der erwarteten Resonanz des breiten Publikums. Wohl erwarben Freunde und Gönner einige Bilder, doch im ganzen mußte der Künstler gestehen: »Die verschmähten Kinder eines törichten Vaters stehen nun wieder gerollt und verpackt in meinem Studio, reif für Staub, Würmer und Vergessenheit.« Tatsächlich konnte erst in jüngster Zeit der Versuch unternommen werden, die Milton-Galerie zu rekonstruieren. Besser als in den vierzehn wiedergefundenen, sehr beschädigten Originalen läßt sich Füßlis bedeutende Formkraft aus

Vorzeichnungen oder kleineren Stichvorlagen erkennen. Ein Gemälde in Züricher Privatbesitz stellt die Szene aus dem *Verlorenen Paradies* dar, wie Satan vor der Berührung durch Ithuriels Speer flieht (Farbtaf. 15). Als Kröte hat sich Luzifer der schlafenden Eva genaht und dieser seine Verlockungen in das Ohr geflüstert, aber zwei Erzengel eilen herbei und zwingen ihn, in seiner wahren Gestalt aufzufliegen, denn »no falsehood can indure Touch of celestial temper«. Im Schlaf befangen liegt eng umschlungen das erste Menschenpaar, von rechts oben stürmen im Flug die behelmten Götterboten mit wehendem Mantel hinunter, Satan entweicht in der Gegenrichtung. Durch das emporgerissene Knie und das überlang gezeichnete linke Bein ist das Jähe des Vorgangs expressiv zum Ausdruck gebracht. Der irreale Dunkelraum wird durch die magisch erhellten Körper aufgerissen, der Bildbau von den Diagonalen der Figuren und ihren Lichtbahnen bestimmt.

In kaum einem anderen Gemälde hat Füßli seine kühnen Formprinzipien mit so großem sinnlichen Reiz der Farbe zu vereinen gewußt. Oft hemmte die zähflüssige Ölfarbe seine bildnerische Phantasie. Daher sind die revolutionären Mittel in den lavierten Federzeichnungen meist noch reiner angewendet: das freie Schalten mit der klassizistischen Aktfigur, die übersteigerte Gebärdensprache, das gewaltsame Aufeinanderprallen der Gestalten, der die Wirkung verstärkende Parallelismus der Glieder, die durch Bevorzugung der Diagonalen erreichte Dynamik der Bewegung, der plötzliche Wechsel von Hell und Dunkel, das Zerreißen des perspektivischen Raumes.

Diese ganz aus dem subjektiven Erleben geborene Kunst konnte nicht populär werden. Gleichwohl hat Füßli einen Kreis von Gönnern angesprochen und überraschend großen Einfluß auf jüngere englische Maler ausgeübt. 1790 in die Royal Academy gewählt, hat er später in dieser Institution wichtige Ämter bekleidet und war so schließlich auch finanziell gesichert. Seine akademischen Vorlesungen wurden schon 1801 und 1820 gedruckt. Bis in sein Alter blieb er »the wild swiss«. Die vehemente Kreidezeichnung *Romeo und Julia* (Abb. 87) ist von dem mehr als Siebzigjährigen geschaffen worden. Ohne daß die Naturwahrheit gefährdet wäre, ist das stürmische und unlösbare Zueinander der beiden Gestalten – vor allem durch die Parallelität der Arme – wie in einem übergegenständlichen Zeichen eingefangen, der Umriß nirgends starr festgelegt, sondern durch eine Mehrzahl lockerer

Linien in Vibration gebracht und damit gleichsam ein Zeitmoment in das Bild hineingeholt. Füßli war ein ›dichtender‹ Maler und Zeichner, die Themen der Weltliteratur haben ihn bis zuletzt bewegt. Aber auch diese Zeichnung ist keine dienende Illustration, vielmehr – wie hundert Jahre danach bei Munch – Sinnbild menschlicher Leidenschaft.

William Blake (1757–1827) ist der esoterische Höhepunkt der Figuralkunst der englischen Romantik. Seine Arbeiten kommen mitunter denen des Norddeutschen Runge erstaunlich nahe, und ebenso findet sich in seinem von Paracelsus, Swedenborg, Lavater und vor allem von Jakob Böhme befruchteten Gedankengut manche Übereinstimmung mit der deutschen Frühromantik. Denn Blake war mehr als ein bildender Künstler. Er war ein visionärer Dichter, in dem etwas vom Geist der Propheten und der Mystiker widerklang. Ihn zeichnete dieselbe spekulative und kompromißlose Haltung aus. Seine Philosophie fußte auf dem Gegensatz von Imagination und Ratio, und dieser Gegensatz war für ihn zugleich derjenige von Gut und Böse. Nur die wahrhaft göttliche Einbildungskraft, die den Unterschied von Wirklichkeit und Überwirklichkeit aufhob, ließ er gelten. In seinen eigenen Dichtungen – etwa der *Marriage of Heaven and Hell* von 1790/91 und den *Songs of Innocence and of Experience* (Abb. 88) von 1789–1794 – und in den eigenwilligen Deutungen der Bibel, Dantes und Miltons gab er solcher Anschauung aphoristisch Ausdruck.

Sein bildnerisches Schaffen stand ganz im Dienst dieser Verkündigung. Es ist ausschließlich Illustration. Daß Blake die offizielle Kunst und den Klassizismus der Akademien ablehnen mußte, versteht sich von selbst. Eher half ihm der Einfluß Mortimers und Barrys sowie seines Freundes Füßli. Gleichwohl bedurfte es für seine Visionen und Träume einer technisch und stilistisch unverwechselbaren Sprache. Statt des Öls verwandte Blake eine wie Fresko anmutende Tempera oder bevorzugte er das Aquarell. Sein Bestes gab er in der Druckgraphik. Der geborene Londoner, der seine Vaterstadt selten verließ, hatte eine handwerklich vorzügliche Lehre hinter sich: fünf Jahre Zeichenschule und sieben Jahre Tätigkeit als Stecher. Das verdient festgehalten zu werden, denn seine oft wie Holzschnitte wirkenden, meist kolorierten, in besonderem Radierverfahren hergestellten Blätter setzen sich über alle Konvention hinweg. Bild und Wort gehen eine seit dem Mittelalter nicht gekannte Einheit ein. Die gesamte Komposi-

87 Johann Heinrich Füßli, Romeo und Julia. 1815. Schwarze Kreide, 232 × 205 mm.
Kunstsammlungen zu Weimar

88 William Blake, The Divine Image. Radierung. Aus: Songs of Innocence and of Experience, 1789–1794 (Originalgröße)

tion ist von einem übergegenständlichen Rhythmus bestimmt, dem sich die dargestellte Natur, die Elemente, die Pflanzen und die Menschen unterwerfen müssen. Wie von Astralwesen biegen sich die Leiber im Wirbelwind, wobei sich die Ausdruckskraft oft durch den Parallelismus der Gestalten steigert. Mit diesen Mitteln hat der zu seinen Lebzeiten ignorierte Blake nicht nur die Bewunderung der Präraffaeliten geerntet und wesentliche Formen des Art Nouveau oder des Jugendstils um 1900 vorweggenommen, sondern um die Mitte des 20. Jahrhunderts abermals eine Welle der Begeisterung in gleichgestimmten Betrachtern erregt.

Englische Landschaftsmalerei

Gemälde, die »nicht so sehr die Gegenstände der Natur darstellen würden, als vielmehr das Medium, durch welches sie gesehen werden – Bilder der Elemente Luft, Erde und Wasser«! Diese 1816 ausgesprochene Prophezeiung des Kritikers William Hazlitt sollte sich schon um dieselbe Zeit erfüllen: in Constable und Turner, mit deren Werk die englische Kunst ihre höchste Höhe erreichte. Beide revolutionierten die Landschaftsmalerei und führten doch nur eine Entwicklung weiter, die sich bereits im 18. Jahrhundert angebahnt hatte.

In der Nachfolge Wilsons und Gainsboroughs malte damals George Morland (1763–1804), vor allem aber John Crome (1768–1821). Dieser ging von dem Kopieren holländischer und flämischer Meister aus. Der Einfluß von Ruisdael und Hobbema ist noch lange bei ihm spürbar. Aber seine nach der Jahrhundertwende entstandenen Gemälde – die *Schieferbrüche* von 1805/06 in der Tate Gallery oder die *Eiche von Poringland,* um 1818, in der National Gallery zu London – beeindrucken durch eine Größe der Auffassung sowie durch eine weiche, atmosphärische Tonigkeit, die gleichwohl die Natur objektiv wiederzugeben scheinen. Nach einem Besuch in Frankreich und in den Niederlanden zog sich Crome in seine Heimat zurück und gründete hier einen Kreis von Landschaftsmalern, der unter dem Namen ›Schule von Norwich‹ bekannt wurde. Aus Norwich stammte auch John Sell Cotman (1782–1842). Sein malerisches Hauptwerk sind die Illustrationen zu einem Architekturband über die Normandie. Hierfür bereiste er 1817, 1818 und 1820 Nordfrankreich. Kleine Ölbilder in pastoser Manier sind aus der Erinnerung entstanden (*Landschaft der Normandie,* gegen 1824/25, im National Museum of Wales, Cardiff). Interessanter und geschichtlich bedeutender aber bleiben Cotmans frühe Aquarelle.

Denn es war die Aquarell-Technik, der die englische Malerei des 19. Jahrhunderts ihren Siegeszug verdankte. Die Spontaneität der Pinselführung, die Transparenz der Farbe und die Lichthaltigkeit des Grundes erlaubten die Wiedergabe feinster Tonstufungen und gewährten der subjektiven poetischen Auffassung breiten Raum. Die wichtigsten Vorläufer Constables und Turners waren Aquarellisten. Als Bahnbrecher muß John Robert Cozens (1752–1797) gelten. Bereits sein Vater Alexander Cozens (um 1717–1786) hatte sehr freizügige Blätter – auch Wolkenstudien – in Wasserfarben gemalt und in einem erstaunlich modernen Traktat über *A New Method of Assisting the Invention in Drawing Original Compositions of Landscape* von 1785 die Fleckentechnik als abstraktes Stimulans der Einbildungskraft gerühmt. Der Sohn, John Robert, bereiste in den Jahren 1776 bis 1779 und 1782/83 Italien und die Schweiz. Angeregt vor allem von Schweizer Veduten Philipp Hackerts und Louis Ducros' fertigte er zahlreiche Aquarelle, oft verschiedene Fassungen desselben Motivs. Das Ausschnitthafte der Landschaften, die horizontale Flächenschichtung, der Verzicht auf seitliche Begrenzung, die verschwebenden Blautöne und eine kommahafte Strichelung der Pflanzenwelt sind für ihn charakteristisch – und man denkt wiederum an eine Weiterwirkung bis zu Caspar David Friedrich. »Cozens was all poetry«, schrieb Constable und nannte ihn »das größte Genie, das je auf dem Gebiet der Landschaftsmalerei gearbeitet hat«. 1794 fiel der Zweiundvierzigjährige in geistige Umnachtung. Im Hause des kunstverständigen Dr. Monro, der den Kranken behandelte, kopierten Girtin und Turner seine Arbeiten und empfingen dadurch entscheidende Anregungen für die eigene Entwicklung.

Der vielversprechende Thomas Girtin (1775–1802) war die zweite bedeutende Persönlichkeit. Sein im selben Jahr geborener Freund Turner sagte später, er selbst wäre nie so berühmt geworden, wenn nicht der begabtere Girtin schon mit 27 Jahren gestorben wäre. Und Constable verdankte diesem mehr als allen anderen Zeitgenossen, besaß doch sein frühester Gönner, Sir George Beaumont, eine Sammlung von dreißig Blättern Girtins, die ihn zum ersten Male mit der lebendigen Kunst seiner Zeit in Berührung brachte. Im heimatlichen London lernte Thomas bei einem Meister, der topographisch getreue Veduten anfertigte, vor allem führte er Ansichten historischer Architekturen aus. Dann aber zeigten ihm – wie erwähnt – die Arbeiten von Cozens den Weg zur Befreiung des Aquarells aus der dienenden Funktion und zu dessen Anerkennung als eigenwertige Kunstschöpfung.

Sein starkes Naturgefühl, das die klassischen Regeln des Bildbaues mißachtete, und seine Sensibilität für farblichen Reichtum, der dem Aquarell endgültig die Fesseln der Monochromie löste, waren für die englische Malerei des 19. Jahrhunderts sehr wesentlich.

Die überragende Erscheinung war freilich John Constable (1776 bis 1837). Wie Gainsborough stammte er aus der Grafschaft Suffolk, und die meisten seiner Werke sind angesichts der engeren Heimat entstanden. 1799 bezog er die Akademie in London. Nachdem er sich besonders an Ruisdael und Claude geschult hatte, öffneten ihm die englischen Landschafter des 18. Jahrhunderts – vor allem die genannten Aquarellisten – den direkten Zugang zur Natur. Schon 1803 notierte er: »Die letzten zwei Jahre bin ich nur Bildern nachgelaufen und habe mir die Wahrheit aus zweiter Hand geholt. – Ich will nach Bergholt zurückkehren und versuchen, das, was ich sehe, ganz unaffektiert und einfach zu malen, wie ich es sehe.« Diese schlichten Worte »wie ich es sehe« bedeuteten eine Revolution der Malerei und sollten das Stichwort für die Bewegungen des Realismus und des Impressionismus abgeben. Constable verfolgte das einzige Ziel »of embodying a pure apprehension of natural effect« und übertrug dazu die Prinzipien der Malerei in Wasserfarben auf die der Ölmalerei. Mit ihm wurde der Rangunterschied zwischen Studie und ausgeführtem Gemälde aufgehoben; ja nur in seinen ›sketches‹, die eine Empfindung des Augenblicks mit unerhört raschem Zugriff festhalten, vermochte er sich ganz frei auszusprechen. »Wenn ich mich hinsetze, um eine Skizze nach der Natur zu machen, so ist es mein erstes, daß ich danach trachte zu vergessen, je vorher ein Gemälde gesehen zu haben«, so schrieb der Künstler in einem Brief. Und ein andermal heißt es: »In meinen Bildern versuche ich, das Licht, den Tau, den Wind, das Blühen und Wärme oder Kälte darzustellen – nichts von dem ist bisher je von einem Maler gezeigt worden.« Diesen sich stets verändernden Aspekt der Natur versuchte Constable einzufangen. Ein Zufallsausschnitt ist ohne jede akademische Komposition, dafür aber mit einer Sensibilität für feinste Tonstufungen wiedergegeben. Die Dinge lösen sich im Licht auf, die gesamte Bildfläche scheint zu vibrieren. Die Farbe ist oft breit hingestrichen, ja mitunter heruntergebürstet; und Constable mußte den Vorwurf hören, seine Bilder seien bloß mit dem Palettenmesser oder Spachtel gemalt.

89 John Constable, Studie von Cumuluswolken. Öl auf Papier auf Leinwand, 30,5 × 50,9 cm

Die *Boote auf dem Stour* (Victoria and Albert Museum; Farbtaf. 19) sind um 1811 gemalt worden. Die Studie mißt nur 26 × 31 cm. Ohne eine Spur idealistischer Überhöhung sind der Fluß mit seinen Spiegelungen und Lichtreflexen, die saftigen Wiesen dahinter, die Reihe der Pappeln und die Kirche von Dedham am Horizont, wo die Mühle des Vaters stand, unter dem lastenden Himmel geschildert. Das Bild besteht nur aus benachbarten Tönen von Grün und Blau. Und es war eben dieses Modulieren mit ein und derselben Farbe, das auf Delacroix so nachhaltigen Eindruck machte. In sein Tagebuch schrieb der Franzose: »Constable sagt, daß die Überlegenheit des Grüns seiner Wiesen daher kommt, daß es aus einer Menge verschiedener Grüns zusammengesetzt ist. Das Grün der gewöhnlichen Landschafter ist deswegen so wenig intensiv, weil sie es als einen einzigen Ton behandeln. Was er vom Grün der Wiesen sagt, kann man auf alle anderen Töne anwenden.« Füßli aber hat der Naturwahrheit solcher drohenden Gewitteratmosphäre, wie sie auf der Studie erreicht ist, in seiner spitzzüngigen Art hohes Lob gezollt, als er gestand, Constables Landschaften nötigten ihn immer, sich »nach Mantel und Regenschirm umzusehen«.

Der Künstler selbst maß dem Himmel eine weit größere Bedeutung zu. Er schrieb 1821: »Der Landschaftsmaler, der die Luft auf seinen Bildern nicht als einen sehr wesentlichen Teil seiner Komposition behandelt, versäumt es, sich eines seiner wirksamsten Hilfsmittel zu bedienen ... Es würde schwer sein, eine Kategorie von Landschaftern zu nennen, bei der der Himmel nicht der Schlüssel, der Maßstab und das Hauptorgan des Gefühls wäre.« Von dieser Einsicht her war der Weg zur reinen Wolkenmalerei nicht weit. In ebendiesen Jahren um 1820 schuf Constable eine ganze Reihe von solchen Bildern. Die *Studie von Cumuluswolken*, ehemals in Londoner Privatbesitz (Abb. 89), trägt rückseitig einen Zettel mit der Aufschrift: »Augt I, 1822/11 o clock A. M. / very hot with large climbing Clouds under the Sun. / wind westerly.« Diese Notiz lehrt, wie sehr es dem Künstler um die Realität einer – wenn auch flüchtigen – Gegebenheit ging. Constable war der erste in der Reihe Friedrich, Carus, Dahl, Blechen, Menzel, die ziehende Wolken zum einzigen Gegenstand von Ölbildern machten, nachdem ihnen schon Alexander Cozens mit seinen Aquarellen vorausgegangen war. Wahrscheinlich haben ihn die wissenschaftlichen Arbeiten des Meteorologen Luke Howard, die auch Goethes Interesse erregten, beeindruckt, doch reichen die geistesgeschichtlichen und künstlerischen Voraussetzungen für diese Bildgattung in das 18. Jahrhundert zurück. Es war die Entdeckung des ästhetischen Werts des Formlosen, die sich mit der Unendlichkeitssehnsucht der Romantik verband. Schon Wilhelm Heinse wünschte sich in seinem Roman *Ardinghello* von 1787, ein Landschaftsmaler zu sein: »... dann malte ich ein ganzes Jahr weiter nichts als Lüfte und besonders Sonnenuntergänge. Welch ein Zauber, welche unendlichen Melodien von Licht und Dunkel und Wolkenformen und heiterem Blau!«

Allein von 1824 bis 1826 gelangten nicht weniger als 27 Werke Constables über den Kanal. Ihre Wirkung auf Delacroix wurde bereits erwähnt, sie reichte indessen bis zu den Malern der Schule von Barbizon. Aber John Constable war nicht der einzige Engländer, der die neuen Anschauungen über die Landschaftskunst nach Frankreich brachte. Eine wichtige Rolle als Vermittler spielte Richard Parkes Bonington (1801–1828). Den schon mit 26 Jahren Verstorbenen könnte man ebenso der französischen wie der englischen Malerei zuzählen. Denn er war Schüler von Gros, arbeitete mit Delacroix zusammen und malte auch Historien (*Franz I. und Margarete von Navarra*, London, Wallace Collection). Weitaus anregender aber wurde er durch seine freizügigen Aquarelle und die pastosen, sonnenhellen Landschaftsgemälde (*Normannische Küste* und *Im Garten von Versailles*, beide im Louvre).

Joseph Mallord William Turner (1775–1851) war der Sohn eines Londoner Friseurs. Schon früh – 1789 – wurde er in die Royal Academy aufgenommen, am meisten verdankte er aber der Berührung mit den großen Aquarellisten. Er begann mit Aufnahmen in topographischer Manier, bis er dann – wie geschildert – in den mittleren neunziger Jahren zusammen mit Girtin die Arbeiten von J. R. Cozens kopieren durfte. Noch kühner und selbstherrlicher als Constable löste sich Turner von der Tradition, aus der er bezeichnenderweise Aelbert Cuyp und Claude Lorrain gelten ließ, und übernahm die zerfließenden atmosphärischen Schwebungen, wie er sie in den Aquarellen übte, auch für die Öltechnik. Die grundlegende Aufhellung der Palette und die weitgehende Formauflösung bedingten einander. Doch war der Weg von der Vedute zur Vision nicht leicht. Turners frühestes öffentlich in der Akademie ausgestelltes Gemälde, die *Fischersleute auf See* von 1796 (England, Privatbesitz), ist noch ganz dunkeltonig und gegenstandsnah. Die 1803 gezeigte *Mole von Calais*, das erste Meisterwerk des neuen Stils, erregte dagegen Aufsehen und Entsetzen: »Nichts als Widersprüche und Durcheinander. Die See sieht aus wie Seife, Kalk und Rauch. Der Himmel ist ein Haufen von Marmorbergen.« Der *Sonnenaufgang im Dunst* von 1807 kam schon vom Thema her den revolutionären Tendenzen entgegen, und der Künstler konnte sich doch zugleich auf Vorbilder berufen: »Cuyp wußte die Formen in die ganze goldene Farbe fließenden Dunstes zu tauchen.«

Von 1802 an, als er bereits ordentliches Mitglied der Royal Academy war, unternahm Turner zahlreiche Reisen auf den Kontinent, die letzte im Jahre 1845. Die erhabene Bergwelt der Schweizer Alpen (Abb. 90), die pittoresken Stimmungen von Rhein, Mosel und Neckar, die flimmernde Atmospäre Venedigs, die klare Luft an der Seine setzten sich ihm in reine Farbeffekte um, die immer freier, lichthaltiger, knapper wurden. Die Blätter der dreißiger Jahre gehören zu den sublimsten Zeugnissen der Aquarellkunst überhaupt. Um diese Zeit – 1829 bis

90 William Turner, Der Simplonpaß. Um 1850. Aquarell und Gouache, 380 × 522 mm. The Harvard University Art Museums (Fogg Art Museum), Cambridge, Massachusetts

1837 – war Turner häufiger Gast in Petworth, dem Wohnsitz seines Gönners Lord Egremont. Mehr als einhundert Skizzen in Deckfarben auf blaugrauem Papier sind während dieser Besuche entstanden, meist Interieurszenen von lockerem Bildbau und intensivem farblichem Reiz. Auch eine Anzahl von Ölbildern wurde dort geschaffen. Das *Interieur auf Petworth,* um 1837 gemalt, ist ungeachtet des dargestellten architektonischen Raumes nur mehr eine Symphonie aus Gelb-, Rot- und Blauklängen. Es eröffnet die Reihe der schönsten Ölgemälde.

Die Meisterwerke der vierziger Jahre sind als Krönung aller Versuche zu begreifen, den Stil der späten Aquarelle in die Ölmalerei zu übertragen und sich damit auch in diesem Bereich ein willfähriges Medium der subjektiven Imaginationskraft und der von den Dingen losgelösten Farbphantasie zu schaffen. Das berühmte *Sklavenschiff* (Boston, Museum of Fine Arts) war auf der Akademieausstellung des Jahres 1840 zu sehen und wurde von John Ruskin erworben, der es 1843 im ersten Band seiner *Modern Painters* preist als »das kostbarste

Seebild, das Turner je gemalt hat, und wenn dies der Fall ist, gewiß das beste, das überhaupt je gemacht wurde ... Es stellt einen Sonnenuntergang auf dem Atlantischen Ozean dar, nach einem langanhaltenden Sturm, die aufgerissenen, ziehenden Wolken werden zu scharlachroten Strichen, die sich in der Tiefe der Nacht verlieren ... In das Wellental, das die beiden Wogenkämme bilden, fällt der Feuerschein des Sonnenuntergangs und füllt es mit einem furchterregenden und zugleich herrlichen Licht, mit diesem tiefen, glühenden Glanz, der wie Gold funkelt und wie Blut schwimmt ...« Der 1842 ausgestellte *Dampfer im Schneesturm* entbehrt jeden Gerüstes aus den Grundlinien; das ganze Bild ist ein rhythmischer Wirbel vornehmlich brauner, grauer und blauer Farben, deren Materie als Flocken oder Spritzer aufgetragen ist und damit dem Visionären einen überraschenden Wirklichkeitsgehalt verleiht. Ähnliches gilt von dem schon thematisch ungewöhnlichen Gemälde, das der Künstler selbst betitelt hat: *Regen, Dampf, Schnelligkeit – Great Western Railway* (um 1844).

Turners Sinn für mythologische, ja kosmologische Visionen war mit wissenschaftlichem Drang nach Erkenntnis von Wesen und Wirkung der Farben gepaart. Ergreifend wird dies in zwei 1843 ausgestellten Gemälden offenbar: *Light and Colour* (Farbtaf. 20) und *Shade and Darkness*. Turner hatte sie nach der Lektüre von Goethes Farbenlehre geschaffen, die seit 1840 in der englischen Übersetzung von Eastlake vorlag. Des Dichters Erfahrung, »daß die einzelnen Farben besondere Gemütsstimmungen geben«, konnte auf den romantischen Maler nicht ohne Eindruck bleiben. Der umfassende Titel des erstgenannten Bildes nimmt ausdrücklich auf diese Forschungen Bezug und erklärt das Geschehen: *Licht und Farbe (Goethes Theorie) – Der Morgen nach der Sintflut – Moses schreibt das Buch Genesis*. In der Tat erkennt man unten die Massen der Ertrinkenden und darüber – wie in Wolken schwebend – die Figur des Gottesmannes. Doch gehen diese Gestalten buchstäblich in den machtvollen gegenstandslosen Kreisen der Energien von Rot, Gelb und Grün unter. Der – nach Goethe – »sinnlich-sittliche« Charakter der Farben ist durchaus als Eigenwert eingesetzt, und die vorwiegend der Plusseite angehörenden Farben bedürfen der Minustöne Blau, Blaugrau und Blauschwarz des anderen Bildes.

Turner starb einsam und als Sonderling, aber seine kühnen Farbphantasien übten auf die anläßlich des Deutsch-Französischen Krieges nach England geflohenen Monet, Pissarro und Sisley einen bedeutenden Einfluß aus und wurden so zu einer Quelle für den Impressionismus; ebenso konnte sich der Neoimpressionismus auf ihn berufen (Signac 1899). Der Künstler hat den im Atelier gehorteten Schatz seiner Werke dem Staat vermacht, so daß man den weitaus größten Bestand der Gemälde heute in der National Gallery und der Tate Gallery (hier alle von uns erwähnten Werke ohne Besitzerangabe) bewundern kann, die Aquarelle und Zeichnungen im British Museum.

Viktorianische und präraffaelitische Malerei

Weder die Naturschilderung Constables noch diejenige Turners vermochten zu ihrer Zeit in die Breite zu wirken. Das behäbige Bürgertum hing am narrativen Figurenbild; in der viktorianischen Zeit blieben historisch-mythologische Komposition, literarische Illustration und Genre die bevorzugten Gattungen der Malerei.

William Etty (1787–1849) und Francis Danby (1792/93–1861) – der eine von Füßli, der andere von Turner beeinflußt – dürfen noch der klassizistisch-romantischen Kunst zugezählt werden. In der Nachfolge von Ostade und Teniers, aber auch von Greuze schuf David Wilkie (1785–1841) schon um 1820 seine novellistisch reichen Genrebilder. Zu den beliebtesten Meistern auf den Ausstellungen der dreißiger und der vierziger Jahre gehörten William Mulready (1786–1863) und Charles Robert Leslie (1794–1859) mit ihren Szenen aus Goldsmith, Shakespeare und Milton, aus Cervantes und Molière. Ihnen steht die Gruppe der jüngeren Künstler nahe, die um die Mitte des fünften Jahrzehnts das neue Parlamentsgebäude und einen Pavillon im Garten des Buckingham Palace mit Wandbildern schmückte: der hauptsächlich als Tiermaler hervorgetretene Sir Edwin Landseer (1802–1873), William Dyce (1806–1864), Daniel Maclise (1806–1870), Charles West Cope (1811–1890), George Frederick Watts (1817–1904). Von diesen wurden zwei für die Zukunft der englischen Malerei bedeutsam, weil sie die Bewegung der Präraffaeliten vorbereiteten.

Der Schotte Dyce war in den zwanziger Jahren nach Rom gezogen und hatte hier mit den deutschen Nazarenern Freundschaft geschlossen. Reminiszenzen an Overbeck, Schnorr von Carolsfeld oder Führich sind in seinen Tafelbildern und Aquarellen offensichtlich, und diesen nazarenischen Linienstil hat Dyce den jüngeren Engländern vermittelt: Holman Hunt kopierte 1850 die in mehreren Fassungen bekannte Szene von *Jakob und Rahel* (Hamburger Kunsthalle). Auch seine Erfahrungen in der Freskomalerei, die für die Ausschmückung des Parlamentes so wertvoll wurden, konnte er vor den Wandbildern der Nazarener in Rom sammeln. Watts bezeichnete zwar die Skulpturen des Parthenons als seine Vorbilder, arbeitete den Präraffaeliten aber durch die Betonung des Symbolischen vor. Von 1843 bis 1847 war er in Florenz und malte hier das großformatige Bild aus der achten Novelle des Boccaccio und *Echo und Narziß* (London, Tate Gallery). Seine allegorischen Gemälde – etwa die *Caritas* (London, Tate Gallery) – drücken hehre Gedanken in bildlicher Form aus. Wichtiger als Dyce und Watts wurde indessen Ford Madox Brown aus Calais (1821-1893). Der in Belgien aufgewachsene Jüngling lernte als Schüler von Wappers zunächst die neue Historienmalerei kennen, wandte sich aber im Jahr 1845 nach Rom und geriet unter den Einfluß von Overbeck und Cornelius. Durch diese Künstler wurde ihm nach seinen eigenen Worten »the Early Christian style« zur Kenntnis gebracht. Die noch in Rom entstandenen Entwürfe zu einer Darstellung *Chaucer und der Hof Edwards III.* (Birmingham, City Art Gallery) zeigen in dem gotisierenden Format, in der flächigen Komposition, in dem zarten und doch festen Umriß der Figuren aber die Nähe zum Quattrocento. In England nahm dann Browns Malerei immer stärker gedankliche Elemente auf. Ein Hauptwerk, an dem der Meister von 1852 an mehr als zehn Jahre tätig war, ist die vielgestaltige *Apotheose der Arbeit,* die durch das Hinzufügen der Bildnisse von Carlyle und Maurice auch einen Platz in der Sozialgeschichte des 19. Jahrhunderts verdient (Manchester, City Art Gallery). Die späten Werke spiegeln ihrerseits die Beeinflussung durch Rossetti wider, der 1848 Brown gebeten hatte, ihn als Schüler aufzunehmen.

William Holman Hunt (1827-1910), Dante Gabriel Rossetti (1828-1882) und John Everett Millais (1829-1896) gründeten in diesem Jahr 1848 die ›Pre-Raphaelite Brotherhood‹. In europäischem Rahmen gesehen, sind sie gleichaltrig mit Gustave Moreau (1826-1898), Arnold Böcklin (1827-1901) und Anselm Feuerbach (1829-1880). Obwohl auch ihre Wirksamkeit wie diejenige der Genannten weitgehend in die zweite Hälfte des Jahrhunderts fällt, bildete sich der typisch präraffaelitische Stil aber viel früher aus als derjenige der anderen idealistischen Maler. Zu den Anregern zählt außer den Nazarenern, außer Botticelli und den Quattrocentisten, außer den Altniederländern auch William Blake. Symbolismus und Mystizismus verbanden sich mit der Vorliebe zum Mittelalter und führen zu einer preziösen Sprache der Linie, die sich freilich meist auf merkwürdige Weise mit Naturalismen mischte. Manches hatte die Bruderschaft mit dem früheren Lukasbund gemeinsam. »Wahrheit« war auch – wie John Ruskin (1819–1900) in einer glühenden Verteidigung schrieb – der Wahlspruch der englischen Malerfreunde, wenngleich hier der strenge christliche Bezug mangelte.

Die reinste Gestalt des Kreises war Rossetti. Als Sohn eines emigrierten Italieners in London geboren, schrieb er schon 1847 mit 19 Jahren eine berühmt gewordene Dichtung. Sein erstes Gemälde war *The Girlhood of the Virgin Mary* (London, National Gallery). Es entstand 1848 in Hunts Atelier und unter Aufsicht von Brown. Die Signatur ist durch die Initialen »P R B« bereichert – die Anfangsbuchstaben der neu gegründeten Gemeinschaft. 1860 heiratete der Künstler Elizabeth Siddall, deren ungewöhnliche Schönheit alle Präraffaeliten bezauberte. Schon seit einem Jahrzehnt war ihre Gestalt auf den meisten Bildern Rossettis dargestellt worden. So auch in dem 1857 datierten Aquarell der *Hochzeit des hl. Georg mit der Prinzessin Sabra* (Tate Gallery; Farbtaf. 21). Der in einem niedrigen Sessel sitzende blonde Ritter, das Profil von einem kreisrunden Nimbus hinterfangen und angetan mit strahlender Rüstung, umarmt die vor ihm auf den Knien liegende Frau mit langen schwarzen Haaren und purpurfarbenem Gewand, während in der Bildtiefe zwei Engel mit grünen Flügeln goldene Glocken anschlagen. Die Formprinzipien werden wie in einem Schulbeispiel klar: die flächige Anordnung der Hauptgruppe und des Hintergrundes, die empfindsame Linienführung, das quattrocentistische Figurenideal, der dichtgedrängte Reichtum des Beiwerkes, die Vorliebe für gemusterte Stoffe, die edelsteinhafte Kostbarkeit der Farbmaterie.

Man darf diese Kunst nicht einseitig retrospektiv nennen. In der Hinwendung zu den Legenden des Mittelalters lag ein Element stummen Protestes gegen die schlimmen Auswirkungen der industriellen Revolution. Edward Burne-Jones (1833–1898), der sich später diesem Kreis anschloß und Rossettis Schüler wurde, bekannte Oscar Wilde gegenüber: Je materialistischer die Wissenschaft werde, desto mehr Engel werde er malen. Seine an Botticelli gemahnende Musikalität der Linie hat den Art Nouveau vorbereiten helfen. Vollends der Architekt, Maler und Kunsthandwerker William Morris (1834–1896), auch er eng befreundet mit Rossetti, hat aus sozialem Verantwortungsbewußtsein in der zweiten Hälfte des Jahrhunderts eine grundlegende Reform des Kunstgewerbes eingeleitet.

Die übrigen Länder

Die Malerei in den meisten der übrigen Länder stand während der ersten Hälfte des 19. Jahrhunderts unter dem überragenden Einfluß der französischen, englischen oder deutschen Kunst. Sie folgte dem allgemeinen Gang der Entwicklung über Klassizismus, Romantik und Realismus, wandelte jedoch diese Bewegungen den nationalen Gegebenheiten entsprechend auf sehr verschiedene, dabei höchst reizvolle Weise ab. Denn der Geist der Nationen regte sich bald mächtig, und seine Eigenart machte das Bild der abendländischen Kunst noch schwerer überschaubar. Allen Verzweigungen des großen Stromes nachzuspüren, jede provinzielle Sonderform zu verfolgen oder auch nur alle bedeutenden Persönlichkeiten aufzuzählen kann nicht unsere Aufgabe sein. Doch müssen wir des Reichtums der Begabungen inne werden. Kam es hier zur Bildung eigener Schulen, so lag dort der künstlerische Auftrag der Zeit bei einzelnen Meistern.

Polen, Belgien und die Niederlande

Die Kunst der jungen Nationalstaaten war mit Revolution oder Reaktion verknüpft. So umfaßte der Themenkreis des bedeutendsten Malers in Polen, des von Géricault beeinflußten Piotr Michalowski (1800/01–1855), vornehmlich die Napoleonischen Kriege und die polnischen Aufstände.

Auch am Anfang der belgischen Kunst stehen einst enthusiastisch gefeierte Bilder aus der nationalen Geschichte. Das Hauptwerk von

Gustaaf Wappers (1803-1874) stellt eine *Episode aus dem Straßenkampf in Brüssel 1830* dar (Brüssel, Musée des Beaux-Arts). In der Komposition nicht ohne Delacroix' *Freiheit* zu denken, ist es aber in der Häufung der Figuren, dem wilden Pathos, dem theatralischen Naturalismus eher der offiziellen Historienmalerei eines Delaroche verwandt. Wesentlich diese belgische Schule war es, welche mit der Brillanz ihrer Farbgebung die Ära der Kartonkunst in Deutschland beenden half: Der *Kompromiß des niederländischen Adels* von Édouard de Bièfve (1808-1882) und die *Abdankung Karls V.* von Louis Gallait (1810-1887), beide im Musée des Beaux-Arts von Brüssel, errangen große Erfolge, als sie 1841/42 hier ausgestellt wurden. Ein kurioser Fall ist der des Antoine Wiertz (1806-1865). Mit einem Zug zur Genialität verband sich wirkliches malerisches Können. Jedoch in seiner maßlosen Phantasie sowie in seinem Streben, Michelangelo und Rubens gewaltsam zu vereinen und monumentale Bekenntnisse zu gestalten, mißachtete Wiertz jede Grenze. Die meist riesigen Formate findet der staunende Besucher in seinem als Museum eingerichteten Brüsseler Haus beisammen, aber es sind einige kleine, frische Studien der römischen Frühzeit, die ihn als Maler ausweisen.

Die holländische Malerei in der ersten Hälfte des 19. Jahrhunderts war durch eine Besinnung auf die große Tradition des 17. Jahrhunderts gekennzeichnet. Zwar fehlten auch ihr nicht Darstellungen aus der Zeitgeschichte: Jan Willem Pieneman (1779-1853), der lebendige Bildnisse schuf, verdankte seinen Ruf vornehmlich der großformatigen und vielfigurigen *Schlacht bei Waterloo* (Amsterdam, Rijksmuseum). Der Haarlemer Cornelius Kruseman (1797-1857) malte, angeregt von der französischen Romantik, die *Schlacht bei Bautersem* (Amsterdam, Königl. Palast). Sein Neffe Jan Adam Kruseman (1804-1862) arbeitete nach einer Lehrzeit beim Onkel noch in der Brüsseler Werkstatt Jacques-Louis Davids und geriet so in den Bannkreis des internationalen Klassizismus, kam dann aber während seines Englandaufenthalts mit der Kunst Van Dycks in Berührung; und diese beiden Ströme vereinigten sich in seinen Bildnissen: *Porträt Mvr. Provo Kluijt-Assink* (Amsterdam, Stedelijk Museum). Ary Scheffer aus Dordrecht (1795-1858), einer der höchstbezahlten Modemaler der Epoche, behandelte mit einer oft unwahr anmutenden Sentimentalität neben Themen aus der Bibel und den christlichen Legenden auch

91 Johan Barthold Jongkind, Der Hafen von Rotterdam. 1856. Öl auf Leinwand, 57 × 69 cm. Stedelijk Museum, Amsterdam

Stoffe der zeitgenössischen Weltliteratur – Gretchen und Mignon gehörten zu seinen bevorzugten Gestalten. Doch er war zwar Holländer von Geburt, verbrachte aber den größten Teil seines Lebens in Frankreich und muß eher der französischen Kunst zugezählt werden.

In den Niederlanden selbst herrschten Landschaft und Interieur, Genre und Tierstück vor. Pieter Gerardus van Os (1776–1839), Andreas Schelfhout (1787–1870), Barend Cornelis Koekkoek (1803 bis 1862) und der jüngere Wijnand van Nuyen (1813–1839) haben Anregungen von Ruisdael, Rembrandt und anderen aufgenommen, diese aber im Sinne romantischer Stimmung oder realistischer Sachlichkeit abgewandelt. Schon früh machte sich ein biedermeierlicher Zug zu nüchterner Beobachtung und liebenswürdiger Vertiefung ins einzelne bemerkbar. Van Os' bekannte *Vaart bij 's Graveland* von 1818 (Amsterdam, Rijksmuseum) ist ein besonders schönes Beispiel dieser

Kunst. Mehr als die Hälfte des Bildes wird vom Himmel beansprucht. Der Beschauer blickt von erhöhtem Standpunkt auf die flache Landschaft. Ein Kanal, in dessen Wasser sich Bäume und Häuser spiegeln, führt von links diagonal in die Tiefe. Ihm antworten rechts die kürzeren Gegenschrägen von Gartenmauer, Baumreihe und Weg. Der Dachfirst des Hauses vorn bezeichnet genau die Waagerechte. So hält ein kompositionelles Gerüst das Ganze unauffällig im Gleichgewicht; Fläche und Tiefenraum sind harmonisiert. Die minuziöse Zeichnung der Details und die Einführung genrehafter Staffage stören nicht die Einheit der Anschauung. Leistung und Grenzen solcher Malerei sind hier gleichermaßen deutlich.

Johan Barthold Jongkind aus Latrop (1819–1891) führte die Kunst seines Heimatlandes aus dieser idyllischen Provinzialität heraus und wurde dabei zu einem der wichtigsten Vorläufer der späteren europäischen Entwicklung. Schüler Schelfhouts in Den Haag und Isabeys in Paris, ließ er sich 1855–1860 in Rotterdam nieder, zog dann aber für die letzten dreißig Jahre seines Lebens nach Frankreich. Doch schon die holländischen Frühwerke – besonders die Fluß- und Seestücke – zeichnen sich durch eine staunenswert duftige Atmosphäre und einen hohen Grad von Helligkeit aus. In dem 1856 geschaffenen *Hafen von Rotterdam* (Abb. 91) erscheint der farbige Dunst zwischen den Dingen mitsamt den Reflexlichtern auf dem Wasser als eigentliches Thema. Jongkinds Farbgebung blieb noch tonig gebunden, aber in dieser lichthaltigen Atmosphäre übertraf der Künstler selbst die kühnsten Franzosen. Wie sehr ihn gerade das lebendige Weben der Natur inspirierte, lehrt auch die Tatsache, daß er gern dasselbe Motiv unter wechselnder Beleuchtung malte. Genau im selben Jahr geboren wie Courbet und in etwa gleichaltrig mit den führenden Pleinairisten der Schule von Barbizon, wurde Jongkind neben Boudin zu einem der größten Anreger des Impressionismus. Er hat nicht nur Manet begeistert, sondern – wie kein zweiter – auch Monet in dessen Erkenntnissen bestärkt.

Die niederländische Graphik der ersten Hälfte des 19. Jahrhunderts ist noch wenig beachtet worden. Die Lithographie eines unbekannten Künstlers aus dem Jahr 1835 mit dem Titel *Die Straße überall* (De Straat Ubique; Abb. 92) lehrt, daß man sich keineswegs mit biedermeierlicher Idylle zufriedengab. Das mittelalterliche Thema des Totentanzes wird hier auf das Dirnenwesen der modernen Großstadt übertragen, wobei

92 Anonymer holl. Künstler, Die Straße überall. Um 1835. Lithographie

die gotische Kathedrale im Hintergrund wohl nicht nur als Kulisse gemeint ist. Obgleich in Formensprache und gesellschaftskritischem Gehalt nicht ohne Frankreich denkbar, ist das Blatt in seiner Aktualisierung der Tradition und seiner Mischung von romantischen und realistischen Zügen doch ein sehr eigenwilliger Beitrag zur Kunst der Zeit.

Skandinavien

Die skandinavische Malerei um 1800 stand im Zeichen der Akademie zu Kopenhagen, auf der auch zahlreiche deutsche Künstler – so Carstens, Runge, Friedrich, Kersting – ihre Ausbildung empfingen. Im Jahr des Ausbruchs der Französischen Revolution wurde Nikolai Abraham Abildgaard (1743–1809) zum Direktor dieser Schule ernannt, an der er einst selbst studiert hatte. Er bekleidete das Amt 1789–1791 und 1801–1809. In den siebziger Jahren hatte er sich in Rom an den Werken Raffaels, Michelangelos, der Carracci und Poussins geschult, sich mit dem schwedischen Bildhauer Sergel befreundet und den Einfluß Füßlis erfahren. Sein klassizistischer Figurenstil bemächtigte sich der Themen aus der nordischen Mythologie, insbesondere Ossians, und erhielt dadurch eine oft gewaltsam anmutende romantisierende Färbung. Fast gleichaltrig mit ihm war sein Landsmann Jens Juel (1745-1802). Er hatte den ersten Unterricht in Hamburg genossen, dessen Kunsthalle Frühwerke von seiner Hand besitzt: *Binnenalster* von 1764. Dann war er über Rom und Paris nach Genf gezogen und hier mit der Naturphilosophie in der Nachfolge Rousseaus in Berührung gekommen. Sein angeborener Realismus erfuhr so eine Beseelung und blieb auch nach der Rückkehr in sein Heimatland, wo Juel es 1795 bis zum Akademiedirektor brachte, in der individuellen Auffassung seiner bevorzugten Gattungen – der Landschaft und dem Bildnis – herrschend. Seine Naturschilderungen, in denen er gern Sturm- und Lichteffekte darstellte, überraschen durch ihre Unmittelbarkeit und mögen ihren Eindruck etwa auf Caspar David Friedrich nicht verfehlt haben: *Bauernhaus in aufkommendem Sturm* und *Bauernhaus bei abziehendem Sturm*, beide in dänischem Privatbesitz, und *Landschaft mit Nordlicht* in Kopenhagen, Glyptothek.

An der Kopenhagener Akademie studierte 1814 auch Johan Christian Dahl (1788-1857), als die Union zwischen Dänemark und Norwegen zerfiel. Der in Bergen Geborene wurde so zum Stammvater der neueren norwegischen Malerei, die neben die vorzügliche dänische Schule von Juel, Christoffer Wilhelm Eckersberg (1783-1853) und Christen Scheyderup Købke (1810-1848) trat. Dahl wurde besonders von den Holländern des 17. Jahrhunderts angeregt. Er war fast ausschließlich Landschafter. 1818 wandte er sich nach Dresden und lebte hier zwanzig Jahre lang im selben Haus mit Friedrich. Er verließ diese Stadt, in der er 1824 Professor wurde, nur zu einer Studienreise nach Italien, 1820/21, und zu mehreren Fahrten in seine Heimat. Sein Werk ist am reichhaltigsten in der Nationalgalerie zu Oslo vertreten, der auch die folgenden Beispiele gehören. Obwohl nicht ohne den älteren deutschen Meister denkbar, zeigt Dahls Malerei schon in den frühen Dresdener Jahren einen viel freieren, fast pastosen Pinselstrich als diejenige Friedrichs: *Wellen am Ufer von Neapel,* 1821, und *Abend auf der Elbe,* 1822. Seine Wolkenstudien verbinden ihn mit Constable: *Abend,* 1823, und *Treibende Wolken,* 1835. Der norwegische Aufenthalt von 1826 öffnete ihm den Blick für die Gebirgsnatur seiner Heimat, die seither in den Gemälden eine bedeutende Rolle spielte.

Der begabteste von Dahls Schülern war Thomas Fearnley (1802 bis 1842). Als Sohn nach Norwegen übergesiedelter englischer Eltern wurde er in Halden geboren. Nach dem Besuch der Zeichenschule in Oslo, der Kopenhagener und der Stockholmer Akademie ging er zunächst für vier Jahre nach Deutschland, lernte hier 1829/30 bei Dahl in Dresden und begab sich dann nach München. 1832–1835 hielt er sich in Italien auf, beeindruckt vor allem von der Gegend um Neapel. Er beendete sein unstetes Wanderleben, das ihn in die Schweiz, nach England, Norwegen und Amsterdam führte, in München – als ein Vierzigjähriger seinem Lehrer um anderthalb Jahrzehnte im Tod vorausgehend. Fearnley besaß einen ungewöhnlich feinen Farbensinn und gab sein Bestes in den kleineren Studien. Er zeigte sich allen Anregungen offen. Wie er Eindrücke der Kunst Dahls und Friedrichs verarbeitete, so entzückten ihn die malerischen Visionen Constables und Turners. Seine Entwicklung erinnert an diejenige Blechens. Die *Birke in Slinde* von 1839 (Oslo, Nationalgalerie) wächst auf einem alten Grabhügel, neben ihr stehen zwei Freunde als Rückenfiguren, die ihr Vorbild in den Erfindungen des großen Dresdener Romantikers besitzen. Die undatierte kleine Ölstudie *Mondlicht in Amalfi* (Oslo, Nationalgalerie; Farbtaf. 22) zeigt Fearnley von seiner liebenswertesten Seite. Die einsame Frauengestalt an der Balustrade hat sich von ihrem Stuhl erhoben und blickt über das Meer zu dem verfallenen Bau auf dem Vorgebirge. Auch ein solches Motiv ist der Romantik entlehnt, unter dem südlichen Himmel ist jedoch der tiefe Dualismus von trostloser Endlichkeit und erlösender Unendlichkeit einer harmonischen ›Stimmung‹ gewichen. Dazu trägt entscheidend die weiche Tonigkeit bei. Der Mond ist durch das ausgespannte Segeltuch geschickt verdeckt, dennoch hüllt er die Terrasse in ein verzauberndes Licht, dessen warmes Goldorange komplementär zu dem leuchtenden Blau des Meeresspiegels steht.

Die Schweiz

Des größten Malers aus der Schweiz ist bereits Erwähnung getan worden. Füßli, der Schüler Bodmers und Freund Lavaters, war in seiner Jugend einer der feurigsten Vertreter des ›Sturm und Drang‹ gewesen. Ihn hatten die engen konservativen Verhältnisse seiner Heimat in das freie England getrieben.

Aber auch die Entwicklung der eidgenössischen Kunst selbst vollzog sich nicht ohne literarische Parallelen. In Verfolg der poetischen und der wissenschaftlichen Entdeckung der Alpenwelt hatte sich seit Aberli die Vedutenmalerei diesen Motiven zugewandt. Künstler wie Caspar Wolf aus Muri (1735-1798), die Züricher Johann Heinrich Wüest (1741-1821) und Ludwig Hess (1760-1800) oder Jakob Biedermann aus Winterthur (1763-1830) werden gern als Kleinmeister bezeichnet, doch eignet ihren Gemälden gerade durch die Betonung der geognostischen Seite des Motivs nicht selten eine nüchterne Großheit. Erst bei Maximilien de Meuron aus Corcelles (1785-1868), der sich nach einem Pariser Studium während eines siebenjährigen Aufenthaltes in Rom weiterbildete, läßt sich von einer romantischen Auffassung der Natur sprechen. Die Westschweizer Alexandre Calame (1810-1864) und Barthélémy Menn (1815-1893), der Lehrer Hodlers, sollten sich schließlich um die Mitte des Jahrhunderts unter dem Einfluß der Schule von Barbizon der pleinairistischen Tonmalerei zuwenden.

Eine Bildniskunst, die es an Rang mit den ausländischen Leistungen hätte aufnehmen können, gab es in der Schweiz kaum. Einer der bedeutendsten Porträtmaler der Epoche, Anton Graff (1736-1813), war zwar in Winterthur geboren worden, arbeitete aber fast sein ganzes Leben über in Dresden; seine Bildnisse berühmter Zeitgenossen gehören ihrer Auffassung und Malweise nach noch zum 18. Jahrhundert, selbst wenn sie in den letzten Jahren seines Wirkens geschaffen wurden. Die jüngeren Schweizer, die sich – etwa Johann Jakob Oeri (1782-1868) und David Sulzer (1784-1864) – diesem Zweig widmeten, sind ebenso Kleinmeister geblieben wie die Vertreter des Genres. Meist hatten sie in Paris studiert. Oeri und Sulzer waren Schüler von David. Und in dessen Atelier, vermutlich dazu bei Horace Vernet, hatte auch Jacques-Laurent Agasse aus Genf (1767-1849) seine Ausbildung genossen, bevor er sich um 1800 für immer nach London begab und hier stark von Stubbs berührt wurde. Die Kompositionskunst des französischen Lehrers sowie die malerische Eleganz des englischen Vorbildes vereinigen sich in seinen minuziösen und doch lebendig wirkenden Darstellungen (in den Sammlungen von Genf und Winterthur) auf glückliche

Weise. Aus Genf war ebenfalls Wolfgang Adam Toepffer (1766-1847), Sohn eines von Schweinfurt eingewanderten Schneiders, nach Paris gezogen; er hatte hier offenen Blickes aber auch die Holländer des 17. Jahrhunderts betrachtet. Von ihm gibt es eine der frühesten Ansichten des Mont Blanc mit verschwimmender Ferne (Genf, Musée d'Art et d'Histoire). Vor allem ist er jedoch durch seine zahlreichen Genreszenen bekannt geworden, die man nicht ohne Berechtigung mit denen des Louis Léopold Boilly (1761-1845) verglichen hat. Die biedermeierlich anmutenden Darstellungen werden mitunter freilich durch einen satirischen Zug verfremdet, der wohl durch das Studium der Werke Hogarths während eines Aufenthaltes in England verschärft worden ist. 1817 brachte der Künstler sein *Album des Caricatures* auf die Restauration in Genf heraus.

Der schweizerischen Buchillustration des frühen 19. Jahrhunderts, die zum Teil eine politische und sozialkritische Note trug, muß besonders gedacht werden. Rodolphe Toepffer (1799-1846) hatte die satirische Ader wohl von seinem Vater Wolfgang Adam geerbt. In der

93 Martin Disteli, Illustration zu der Grashüpfer-Komödie »Der Mann von Welt«, 1844. Holzschnitt

Manier von Rowlandson, aber mit einem Strich von hohem graphischem Reiz, veröffentlichte er eine Reihe von Bilderzählungen. Die Vorzeichnungen zu der 1833 erschienenen *Histoire de M. Jabot* haben noch vom alten Goethe Lob erfahren. Martin Disteli aus Olten (1802–1844), in den letzten Jahren seines kurzen Lebens Zeichenlehrer in Solothurn, war von der Münchener Graphik der Cornelius-Schule angeregt worden, entwickelte jedoch einen durchaus eigenen Stil. In seinem *Münchhausen* (1841) und noch mehr in der surrealistischen Grashüpfer-Komödie *Der Mann von Welt* (1844; Abb. 93) dominiert die reine Ausdruckskraft der Linie, und nicht von ungefähr zählt man Disteli zu den Vorfahren eines Paul Klee.

Italien

»Gerät man ... in Italien ... unversehens aus den Sälen alter Kunst in das 19. Jahrhundert, so macht man entweder schleunigst kehrt oder aber man bleibt, um sich zu amüsieren.« Selbst Theodor Hetzer, dem wir so tiefe Einsichten in die künstlerische Krise um 1800 verdanken, ging 1932 mit diesen Worten über die Malerei des Ottocento hinweg. Auch heute – mehr als ein Menschenalter danach – scheint solche negative Wertung noch nicht aufgegeben zu sein: Das 1956 in Paris, 1961 in deutscher Übersetzung erschienene zweibändige Werk über die Kunst Italiens von André Chastel widmet unter 423 Abbildungen nicht eine einzige dem 19. Jahrhundert.

Es sei zugegeben: Keiner der Maler des Ottocento kann sich mit Giotto, Masaccio, Raffael oder Tiepolo messen. Doch sind diese Maßstäbe allein gültig? Wiegt das, was jene späteren Künstler unter der lähmenden Last einer übergroßen Tradition schufen, nicht doppelt schwer? Erinnern wir uns dazu, daß Italien nicht viel mehr war als ein geographischer Begriff und daß die neue Kunst einer Epoche abgerungen wurde, die zu den tragischsten der an Katastrophen nicht armen Geschichte der Halbinsel gehört!

Verzweiflung und Hoffnungen der durch die Französische Revolution aufgewühlten Menschen spiegeln sich auch in den Werken der Künstler Italiens. Das eine Extrem bezeichnet etwa die Darstellung des Föderationsfestes der Römischen Republik mit dem Nationalaltar auf der Piazza vor St. Peter zu Rom, 1797 von dem Jakobiner Felice Giani (1758–1823) gemalt (Rom, Museo di Roma). Auf der anderen Seite steht die makabre Folge der lebensgroßen, in die verschiedenen Standes- und Berufstrachten gekleideten Skelette – auch sie eine moderne Version der alten Totentänze – von Vincenzo Bonomini (1757–1834) aus dem Beginn des Jahrhunderts (Bergamo, Santa Grata). Die führende Erscheinung des internationalen Klassizismus war Andrea Appiani (1754–1817). Als Hofmaler Napoleons, der in Mailand die Eiserne Krone der Langobarden erobert hatte, trug er mit seinen Fresken zur Verherrlichung des Diktators bei. An der Decke der Sala del trono des Königlichen Palastes malte er die Apotheose des Herrschers: Wie ein antiker Gottkaiser sitzt dieser mit Lorbeerkranz, Sternenmantel, Weltkugel und Szepter auf dem von Engeln gehaltenen Thron, über sich den Tierkreis, zu seinen Füßen den Adler; Engel tragen ihm Kronen herbei. Ungleich ansprechender als in solchen offiziellen Monumentalmalereien zeigt sich die künstlerische Kraft Appianis im Porträt. Das kleine Bildnis der Marchesa Marianna Waldstein von 1807 (Rom, Accademia Nazionale di San Luca) vereinigt Hoheit und Grazie; es erweist nicht nur die kompositionelle Begabung, sondern – ähnlich wie bei Jacques-Louis David – eine Fähigkeit zu realistischer Erfassung des Modells.

Zu den namhaften Vertretern des Klassizismus zählen auch die beiden Toskaner Pietro Benvenuti (1768–1844), der 1803 Professor an der Akademie zu Florenz wurde, und Luigi Sabatelli (1772–1850), seit 1808 an der Brera-Akademie in Mailand. Der erstere malte die Kuppel der Fürstenkapelle an S. Lorenzo zu Florenz aus, von dem zweiten nennen wir die Dekorationen der Sala dell'Iliade des Palazzo Pitti, in denen Eindrücke von Annibale Carracci und von Ingres verarbeitet sind.

Der Bolognese Pelagio Palagi (1775–1860) schuf Bildnisse von schlichter Größe und farblicher Feinheit, die denen seines deutschen Zeitgenossen Philipp Otto Runge zuweilen überraschend nahe kommen (Bologna, Pinakothek). Wohl sein Meisterwerk – und dazu eines der Epoche überhaupt – ist das großformatige posthume *Porträt des Majors Pietro Latuada* von 1822 (Mailand, Ospedale Maggiore; Farbtaf. 23). Lässig, doch würdevoll lehnt die schlanke Gestalt mit den hageren Zügen am Stehpult. Sie hält im Schreiben inne und wendet sich um, prüfend scheint der Blick den gedachten Besucher zu fixieren. Der adlige Herr ist in ganzer Figur, umgeben von den Insignien und Attributen seines Ranges, dargestellt; dennoch wird alle Aufmerksamkeit auf das Gesicht gelenkt. Und das ist nicht allein durch die kompositionelle Regie erreicht, sondern weit mehr durch die koloristischen Mittel. Obwohl die Farben stark eingeschlagen sind, bleibt doch erkennbar, mit welch subtilem Gefühl für Tonwerte und -nuancen Palagi arbeitete. Das Zinnober am Kragen des taubengrauen Uniformrockes ist die einzige leuchtend reine Farbe. Im übrigen beherrschen Brauntöne das gesamte Bild: mit Oliv versetzt im Hintergrund, dunkel in den Holzteilen, schokoladenfarben im Radmantel mit dem helleren Samtbesatz, pergamentartig in den Folianten, golden in dem Gürtel, den Knöpfen und vor allem in der geradezu rembrandthaft hingestrichenen Goldborte des Hutes.

Eine der Bildniskunst vergleichbare Landschaftsmalerei gab es im italienischen Klassizismus nicht. Der Römer Bartolomeo Pinelli (1781 bis 1835) hat zwar in der Nachfolge von Giani gelegentlich auch Ölgemälde geschaffen, doch verdankte er seinen frühen europäischen Ruf den zahlreichen Stichfolgen (Abb. 94). Die ideale Landschaft, wie sie etwa der Deutsche Reinhart übte, ist hier auf die reine Umrißmanier reduziert und durch volks- und trachtenkundliche Staffagefiguren bereichert.

Die Kunst der italienischen Romantik mag uns, wenn wir von Füßli oder Turner, von Friedrich oder Schnorr, von Géricault oder Delacroix herüberblicken, weniger tief und umfassend erscheinen. Auch vor den Dichtungen eines Foscolo, Manzoni und Leopardi hat sie es schwer zu bestehen. Gleichwohl gab es eine breite romantische Strömung, die einerseits bruchlos in die Historienmalerei der zweiten Jahrhunderthälfte überging, in den ›dal vero‹ skizzierten Landschaftsausschnitten aber den Realismus vorbereitete.

Tommaso Minardi aus Faenza (1787–1871) lernte bei dem Haupt des davidischen Klassizismus in Rom, Vincenzo Camuccini (1771–1844). Das kleine Selbstbildnis des noch nicht Dreißigjährigen (Florenz, Galleria d'Arte Moderna) zeigt denn auch an der Rückwand des ärmlichen Dachstübchens eine offensichtlich von antiken Reliefs angeregte Komposition. Daneben aber macht sich ein selbständiges Studium luministischer Probleme der flämischen Caravaggio-Nachfolge be-

94 Bartolomeo Pinelli, Trachten aus Albano. Kupferstich aus: Raccolta di Cinquanta Costumi Pittoreschi, Rom 1809

merkbar. Aus zwei an gegenüberliegenden Wänden angebrachten Fenstern, deren hölzerne Läden in den Raum hineinragen, fällt das Licht auf die kärgliche Szene. Vorn sitzt in einen Mantel gehüllt der Künstler, neben sich einen menschlichen und einen tierischen Schädel. Geradezu das Paradebeispiel eines romantischen Milieuporträts! Die Berührung mit den deutschen Nazarenern veränderte Minardis Themenkreis und Formensprache: Während des zweiten Dezenniums des neuen Jahrhunderts entstanden vorwiegend religiöse Bilder in einem am späten Quattrocento geschulten Linienstil. Nach vorübergehender Tätigkeit in Perugia 1821 als Professor an die römische Lukas-Akademie berufen, unterschrieb der Künstler 1843 das von Bianchini veröffentlichte Manifest des ›Malerischen Purismus‹, unter das auch Overbeck seinen Namen gesetzt hatte.

Der berühmteste Maler der italienischen Romantik war Francesco Hayez (1791–1881). Als Sohn eines in Venedig geborenen Franzosen studierte er zunächst in seiner Vaterstadt, wandte sich aber 1809 nach Rom, wo er in dieselben Kreise eintrat wie der ihm persönlich bekannte Minardi. Ein Empfehlungsbrief an Canova sicherte ihm nicht nur eine freundliche Aufnahme bei dem Bildhauer, sondern brachte ihn in Verbindung mit Camuccini. Auch von Ingres und von Overbeck blieb er nicht unberührt. Zu Beginn der zwanziger Jahre siedelte er für sein ganzes Leben nach Mailand über und wurde hier der Führer im Kampf gegen den strengen Klassizismus, wobei das dem Venezianer angeborene Gefühl für farbige Werte Hilfe leistete. Insonderheit die Darstellungen schöner Frauen aus seiner Mailänder Frühzeit zeichnen sich durch zarte Sinnlichkeit und koloristische Eleganz aus: *Carlotta Chabert,* um 1830 (Trient, Museum). Die späteren Bildnisse tragen zuweilen typisch biedermeierliche Züge, wie man sie auch in der gleichzeitigen Miniatur- und Porzellanmalerei (Abb. 2) antrifft: *Porträt der Principessa di Sant'Antimo,* um 1840 (Neapel, Museo Nazionale di San Martino). Seine Historienbilder, deren Stoffe er meist der Literatur entlehnt hat, wurden von den Zeitgenossen am höchsten geschätzt, haben ihm aber bei der Nachwelt geschadet, weil sie nicht immer frei von sentimentaler Pose sind: *Die sizilianische Vesper,* 1826/27 (Lambrugo, Racc. Calderini Chiesa); *Der letzte Kuß von Romeo und Julia,* 1852 und 1859 (Mailand, Brera).

Von den Venezianern, vor allem aber von Correggio und Parmigianino empfing auch Giovanni Carnovali, genannt il Piccio, aus Montegrino bei Luino (1806–1873) den Anstoß, sich von den klassizistischen Lehren der Akademie freizumachen. Eine 1845 unternommene Reise nach Frankreich mag ihn hierin bestärkt haben. Aber fast mehr noch als an Corot muß man vor seinen Bildern an Fragonard denken. Zwar hat er mit großer Verve des Pinselstrichs auch diffuse Landschaften gemalt, sein Hauptgebiet blieb jedoch das meist kleinformatige Figurenbild, dessen mythologisches oder allegorisches Thema ebenfalls in der Nachfolge des Correggio steht. Die Gestalten von Venus und Amor oder von *Salmacis und Hermaphroditus* (1856, Lessona, Collezione Cartotti) verfließen beinahe mit ihrer Umgebung, so einheitlich wirkt das pastos aufgetragene, zum Teil geradezu monochrome Gewebe der Farbtupfen.

Norditaliener – aus Reggio Emilia – war auch Antonio Fontanesi (1818–1882). Er gilt als der bedeutendste Landschafter der italienischen Romantik. Solche Einordnung erhält ihre Rechtfertigung durch eine schwermütige, melancholische Stimmung seiner dunkeltonigen Gemälde, in denen meist Einzelfiguren bei urtümlicher Tätigkeit des Hütens einer Herde oder des Wasserschöpfens dargestellt sind. Diese Beseelung der Landschaft erwuchs aus dem Bestreben, »im Sichtbaren das Unsichtbare anschaulich zu machen«, wie sich der Künstler ausdrückte. Freilich schloß dieser Wunsch eine möglichst getreue Erfassung der Natur nicht aus. Als Fontanesi nach seiner Teilnahme am Freiheitskampf 1849 fliehen mußte, begegnete er in Genf dem Schweizer Calame und dem Franzosen Daubigny, 1855 traf er in Paris Corot und Troyon. So verlieren Fontanesis pleinairistische Werke das Überraschende und gliedern sich der europäischen Entwicklung ein. Zu den schönsten Arbeiten seiner Hand zählt *Das Kirchlein* (Privatbesitz Italien; Farbtaf. 24). Nur 30 cm hoch, besitzt es doch innere Monumentalität. Die frontal ausgerichtete Fassade bezeichnet genau die Mittelsenkrechte der Bildfläche, dem Baum zur Linken sind die drei kleinen Figuren auf der anderen Seite gegenübergestellt. Diese feierliche Strenge wird jedoch durch das lebhafte Spiel von Licht und Schatten gelockert. Die Atmosphäre ist von einer für Fontanesi ungewohnten Sonnenhaftigkeit.

Der Realismus brach sich in den verschiedenen Teilen Italiens unabhängig voneinander Bahn. In Neapel war schon im ausgehenden 18. Jahrhundert mit dem Deutschen Philipp Hackert ein Landschafter als Königlicher Akademiedirektor berufen worden. Hier blühte die Vedutenmalerei, die unter den vermögenden Touristen breiten Absatz fand. Die gleißende Helle begünstigte aber – im Gegensatz zu der topographischen Aufnahme – das spontane Malen, besonders auch das Aquarell. Die Ansichten des in Holland geborenen Antonio Pitloo (1790–1837) verbinden souverän das 18. Jahrhundert mit dem folgenden und lassen an Constable oder Turner denken. Von Pitloo ging der hochbegabte Giacinto Gigante (1806–1876) aus. Er war das Haupt einer Gruppe junger, gegen den Klassizismus rebellierender Künstler, die sich zur sogenannten ›Schule vom Posillip‹ (Scuola di Posillipo) zusammenschloß. In den Küstenstrichen dieses Vorgebirges malte und aquarellierte man farblich brillante Freilichtstudien (zahlreiche Werke im Museo Nazionale di San Martino, Neapel). Filippo Palizzi (1818–1899), einer von vier malenden Brüdern aus den Abruzzen, gab meist Tiere und Hirten in hellem Sonnenschein wieder, wobei er gern mit scharf einfallendem Seitenlicht arbeitete und die so entstehenden Schattenbahnen zu kompositioneller Wirkung nutzte. Von ganz besonderem Reiz ist das Bildchen mit dem alten Dorfpfarrer in schwarzer Soutane, der mit seinem weißen Sonnenschirm einen Pfad an der hell beschienenen Mauer entlangwandelt und wie Häuser und Bäume selbst einen starken Schlagschatten wirft (Rom, Galleria d'Arte Moderna). Domenico Morelli (1826-1901), der das Erbe dieses Malers antrat, jedoch nicht mehr im Rahmen unseres Bandes zu behandeln ist, hat über Palizzi gesagt: »Seine Kunst war bescheiden und von kleinen Proportionen, aber erfüllt von einer Welt von Farbe, von Licht, Wahrheit und greifbarem Leben.«

In Rom und seiner Umgebung – den Albaner Bergen und der Campagna – hatten schon während der zwanziger und dreißiger Jahre junge französische und deutsche Künstler pleinairistische Studien getrieben. Um die Mitte des Jahrhunderts entstanden hier einige Frühwerke des toskanischen Stipendiaten Antonio Puccinelli (1822-1897) von überraschender Modernität. Puccinelli hat lange Zeit nur als Historienmaler gegolten; in der Tat war er auf der ersten nationalen Kunstausstellung Italiens von 1861, dem Jahr seiner Ernennung zum Professor in Bologna, mit Themen wie *Lucrezia Borgia* oder *Papst Leo X. in Careggi* vertreten. Die andere Seite seines Schaffens ist erst in unserer Zeit gesehen worden. Der schon 1852 datierte *Spaziergang am Muro Torto* (Florenz, Collezione Ojetti) läßt in den kaum mehr modellierenden, breit und flächig hingestrichenen Farben selbst die kühnsten der zeitgenössischen Franzosen hinter sich. Eines der bezauberndsten Bildnisse der Epoche ist das der jugendlichen *Nerina Badioli* aus der Mitte der sechziger Jahre (Rom, Galleria d'Arte Moderna). Schon früh hat auch der Römer Nino Costa (1826-1903) aus der Umgebung seiner Vaterstadt anspruchslose Täfelchen mit alltäglichen, ›dal vero‹ festgehaltenen Motiven heimgebracht, ehe er in Paris die Maler von Barbizon traf. Als sich Costa in der Toskana niederließ, mußte er erkennen, daß hier unabhängig von ihm Gleichstrebende arbeiteten, die ihn ihrerseits als Vorbild verehrten.

Diese toskanische Schule des Realismus ist die berühmteste Gruppe der italienischen Malerei des 19. Jahrhunderts. Der Künstlerkreis formierte sich um 1855 im Caffé Michelangelo zu Florenz. Man nannte sich ›Macchiaioli‹, das heißt: die Fleckler. Es ging um die leicht und locker hingetupfte Wiedergabe der scharf beobachteten Natur unter wechselnder Beleuchtung – ohne gedankliche Reflexion und historische Ambitionen. »Krieg den Akademikern und dem Klassizismus ... Unser Programm hatte nur einen Punkt: das Wahre, wie es ist, wie wir es sehen und lieben.« Der diese Worte rückblickend formulierte, war Giovanni Fattori aus Livorno (1825-1908). Ich stehe nicht an, ihn als den größten italienischen Maler des 19. Jahrhunderts zu bezeichnen. Sein Realismus – wie die Bewegung zu großen Teilen überhaupt – stand in engem Bezug zum Risorgimento: »Das Jahr 59 bedeutet eine Revolution in der Befreiung des Vaterlandes wie der Kunst und ist der Ursprung der Macchiaioli«, so hat Fattori in seinen Erinnerungen geschrieben. Der fast genau gleichaltrige Costa entschied seine Abkehr vom Historienbild und bestärkte ihn auf dem selbst gefundenen Weg. In den sechziger Jahren folgte ein Meisterwerk dem andern. Auf dem kleinen Porträt der *Cousine Argia* von 1861 (Florenz, Galleria d'Arte Moderna) ist die Halbfigur vor hellen, graugelben Hintergrund gesetzt. Die Illusion der Kleidung in kostbarem Weiß, Grau und Goldgelb wird nicht durch täuschende Modellierung der Details, sondern durch rein malerische Mittel erreicht. Vielleicht das schönste Gemälde von Fattoris Hand ist die kleinformatige, 1866 datierte *Rotunde von Palmieri* (Florenz, Galleria d'Arte Moderna; Farbtaf. 25). Es steht zugleich stellvertretend für eine Fülle ähnlicher, zum Teil auf Zigarrenkistenholz gemalter Studien nach der Natur. Seinem künstlerischen Rang nach, aber auch seiner entwicklungsgeschichtlichen Stellung zufolge hält es jedem Vergleich stand. Wie die Gruppe der festlich gekleideten Damen im Pavillon am Meeresstrand scheinbar zufällig und doch mit hohem Sinn für Komposition gegeben ist, wie die Dreidimensionalität der Erscheinung lediglich durch das ausgewogene Nebeneinander großer Farbflächen bewirkt wird – das kann man schlechthin nur an Manet messen.

Auch die Gefährten Fattoris haben sich meist mit solch kleinen Täfelchen begnügt. Silvestro Lega aus Modigliana dei Forli (1826-1895) war wie Fattori glühender Patriot. Die Skizze zu dem *Besuch auf dem Landgut* von 1864 (Florenz, Galleria d'Arte Moderna) mißt nur 13 auf 33 cm. Dennoch: Sie atmet Weite, besitzt innere Monumentalität und gibt geradezu den Inbegriff der Campagna im Arnotal. Es ist merkwürdig, wie diese Künstler, in denen zugleich etwas von der gestalterischen Kraft der alten Florentiner fortzuleben schien, sich dennoch mit kleinstem Format begnügten. Sie malten offenbar nur für sich, ohne auf ein Publikum bedacht gewesen zu sein. Das gilt auch für die ein Jahrzehnt jüngeren Macchiaioli, etwa Telemaco Signorini aus Florenz (1835–1901) und den aus Neapel herübergekommenen Giuseppe Abbati (1836–1868). Erst nach der Errichtung des Königreiches, in der Epoche der Gründerzeit, wuchsen die Formate wieder. Genre und Historie forderten erneut ihr Recht. Kompromisse mit dem bürgerlichen Geschmack blieben bei vielen nicht aus. Daß Fattori zu Ende seines Lebens die Formen immer mehr verhärtete, Menschen und Dinge gegenüber der Umwelt isolierend, darf wohl als Ausdruck schmerzlich dualistischen Erlebens gewertet werden und läßt auf ein gestörtes Verhältnis zu seiner Zeit schließen, in welcher der laut tönende Naturalismus triumphierte.

Die Vereinigten Staaten von Amerika

Die ersten Maler, die in dem puritanischen, ursprünglich kunstfeindlichen Nordamerika geboren worden waren, hatten nach Europa gestrebt, hier Anerkennung gefunden, inmitten der von großer Tradition bestimmten Atmosphäre aber auch ihre »koloniale Unschuld« (Fred Neumeyer) verloren. Die ältesten von ihnen waren Benjamin West aus Pennsylvania (1738–1820) und der gleichaltrige John Singleton Copley aus Boston (1738–1815). West, der schon mit 22 Jahren nach Rom gezogen war, stieg als Nachfolger Reynolds zum Präsidenten der Londoner Akademie auf; auch Copley feierte seinen größten Triumph in der englischen Hauptstadt. Beide waren vornehmlich Historienmaler, aber im Gegensatz zu den europäischen Klassizisten wählten sie Ereignisse der jüngst vergangenen Zeit und der Gegenwart zum Thema. Der ihnen innewohnende Realismus, der solcherart zur gemalten Reportage führte, darf wohl als eine typisch amerikanische Grundhaltung bezeichnet werden. Wests Gemälde *Der Tod General Wolfes vor Quebec* (Ottawa, National Gallery) zeigt die Akteure nicht mehr – wie es den akademischen Gepflogenheiten entsprach – idealisiert in antikischen Gewändern, sondern im Kostüm ihrer Zeit. Es lockte während seiner Ausstellung 1772 mehr Menschen herbei als je ein anderes Bild in der britischen Kunstgeschichte. Und der Kupferstich danach »wurde in der ganzen Welt mit Begeisterung aufgenommen; von ihm sollen mehr Drucke verkauft worden sein als von irgendeinem anderen ähnlichen Stich in neuerer Zeit. In der Tat hat West als erster den Künstlern gezeigt, wie sich durch die Wiedergabe von Tagesereignissen ein ungeheures Absatzgebiet für die Kunst erschließen läßt. Und es hat noch mehr als hundert Jahre gedauert, bis die Versorgung der Zeitungen und Zeitschriften mit Bildmaterial endgültig in die Hände der Photographen überging« (James Thomas Flexner). Ein Jahrzehnt später hatte Copley mit seinem Gemälde *Der Tod Chathams* (London, Tate Gallery), das den bei einer Rede im Oberhaus vom Schlag getroffenen älteren Pitt inmitten des Adels darstellt, und weitere zehn Jahre danach mit der *Abwehr der schwimmenden Batterien bei Gibraltar* (London, National Gallery) ähnliche Erfolge.

Charles Wilson Peale aus Maryland (1741-1827) und Gilbert Stuart von Rhode Island (1755-1828) waren Schüler Wests in London, bewahrten sich jedoch ihre Unbefangenheit und schufen nach der Rückkehr vor allem lebensnahe Porträts, unter denen ihre Bildnisse des ersten Präsidenten die bekanntesten sind. An der Royal Academy unter West studierte auch Washington Allston aus South Carolina (1779-1843). Reisen nach Paris und Rom führte ihn mit Coleridge, Irving und Thorvaldsen zusammen. Der Zeitgenosse von Constable, Turner, Friedrich und Runge muß als der führende Romantiker in den Staaten betrachtet werden. Seine Themen sind der Bibel und der Sagenwelt entnommen, seine Landschaften ins Dramatische gesteigert, seine von Poussin, Claude Lorrain und dem frühen Turner inspirierte Farbe ist ausdrucksstark (*Die Sintflut* von 1804 im Metropolitan Museum of Art, New York; *Florimels Flucht* nach Spenser im Detroit Institute of Arts).

Ohne den europäischen Einfluß zu beachten, läßt sich auch nicht die Kunst jener Maler verstehen, die man zur ›Hudson River School‹ rechnet, dem frühesten Zusammenschluß amerikanischer Landschafter. Zu diesen zählen Thomas Doughty (1793-1856), Asher Brown Durand (1796-1886) und Thomas Cole (1801-1848). Sie entdeckten die Reize der heimischen Natur und suchten diese ohne vorgefaßte Prinzipien mit einem Höchstmaß an Wahrheit wiederzugeben. Der im Gegensatz zu den beiden anderen noch in England geborene Cole war der bedeutendste von ihnen, zugleich jedoch derjenige, welcher sich dem roman-

95 George C. Bingham, Pelzhändler auf dem Missouri. Um 1845. Öl auf Leinwand, 72,5 × 91,25 cm. The Metropolitan Museum of Art, New York

tisierenden Zeitgeschmack am wenigsten entziehen konnte. Neben den realistisch getreuen Landschaften von Connecticut stehen bei ihm symbolhafte Phantasieschöpfungen wie *Der Pokal des Riesen* von 1833 (The Metropolitan Museum of Art, New York).

Zu gleicher Zeit, als diese Maler die noch weitgehend unberührte Natur der Neuen Welt künstlerisch eroberten, wurde von einer anderen Gruppe das tägliche Leben der jungen Nation auf dem Lande und in den Städten zum Gegenstand von genrehaften Schilderungen gemacht. William Sidney Mount von Long Island (1807–1868) zog dazu mit einem fahrbaren Atelier durch die heimatlichen Gefilde. George Caleb Bingham (1811–1879) stammte aus Virginia, wuchs aber im Staate Missouri auf und besuchte die Academy of Fine Arts in Philadelphia. Er malte Szenen aus dem Leben der Siedler, der Trapper und der

Indianer. Wohl sein Meisterwerk sind die *Pelzhändler auf dem Missouri* um 1845 (Abb. 95). Mit einem feinen Sinn für ausgewogene Komposition verbindet sich eine große Sensibilität für atmosphärische Werte. Lautlos scheint das Boot durch den Nebel über den Fluß zu gleiten. Die sichere Verteilung der Gewichte im Bild, die unauffällige, doch zwingende Betonung der Grundlinien von Waagerechte und Senkrechte verleihen dem Gemälde eine geheime Monumentalität und heben es weit über das Genre hinaus.

Einen sehr interessanten Aspekt der frühen amerikanischen Malerei – vielleicht gar den wertvollsten, jedenfalls einen von Europa unabhängigen – vertreten die sogenannten Primitiven. Die Schöpfer der bilderbogenhaft flächigen Arbeiten sind oft anonym geblieben wie der um 1830 tätige Künstler des *Buffalo Hunter* (Santa Barbara, Museum of Art). Auch George Catlin aus Pennsylvania (1796–1872) wählte die Welt der Indianer zum Hauptthema seiner Kunst. Vor allem aber muß Edward Hicks (1780–1849) genannt werden. In seinen Bildern werden zwei – neben dem bestimmenden Realismus – wichtige Komponenten Amerikas sichtbar: die naive und die religiöse Haltung. Der fromme Quäker war nach einer Lehrzeit bei einem Kutschenmaler als Anstreicher und Schildermaler tätig. Seine berühmteste Darstellung, die er mehr als vierzigmal wiederholt haben soll, ist *Das Reich des Friedens* (Farbtaf. 26). Sie geht auf Jesaias 11, 6–9, zurück. In einer Art typologischer Entsprechung werden biblische Geschichte und Gegenwart verknüpft. Während die Szene im Hintergrund den Friedensschluß zwischen William Penn und den Indianern zeigt, erfüllt sich vorn die Weissagung der Heiligen Schrift: »Die Wölfe werden bei den Lämmern wohnen und die Parder bei den Böcken liegen. Ein kleiner Knabe wird Kälber und junge Löwen und Mastvieh miteinander treiben ...« Der gläubigen Ehrfurcht des Malers ist die Form merkwürdig angemessen. Wie ein halbes Jahrhundert später bei Henri Rousseau, dem Peintre naïf, sind Kinder und Tiere in linkischen Gebärden und Bewegungen flächig ausgebreitet und buntfarben koloriert.

Spanien

Noch einmal müssen wir unseren Blick nach Europa wenden. Denn es gilt, des größten Malergenius zu gedenken, den die Epoche überhaupt hervorgebracht hat. Dieser Künstler kam nicht aus einem der damals kulturell, politisch oder wirtschaftlich führenden Länder, sondern aus einem physisch und geistig fast verbluteten Volk. Francisco de Goya (1746–1828) ordnet sich keiner Schule ein und bewahrt uns vor der schematischen Vorstellung eines stufenweisen Ablaufs der Historie. Auf der anderen Seite trägt er Elemente aller Bewegungen – des Klassizismus, der Romantik und des Realismus – in sich und offenbart eine Paradoxie, vor der die Kunstgeschichte so oft steht: Als völlig isolierte Erscheinung in seiner Zeit ist er doch zugleich deren stärkster Repräsentant.

Goya wurde im selben Jahrzehnt geboren wie Füßli und David; er war drei Jahre älter als Goethe, der freilich nie auch nur seinen Namen gehört zu haben scheint. Der Sohn eines ärmlichen Bauern und einer Mutter aus ehemals vermögendem aragonesischem Adel besaß ein ungebärdiges Temperament. Aus seiner Lehrstelle bei einem Maler im benachbarten Saragossa entwich er 1766 nach Madrid, das Giambattista Tiepolo und Anton Raphael Mengs zu einer letzten Hochburg dekorativer Freskomalerei ausgestaltet hatten. Man berichtet von seinen Liebesabenteuern, Messerstechereien und Auftritten als Stierkämpfer. Fünf Jahre später finden wir ihn in Italien, das er ebenfalls nach einer Liebesaffäre verlassen mußte. Zurückgekehrt, heiratete er die Schwester seines Madrider Lehrers Francisco Bayeu, eines Mitarbeiters von Mengs. Nur ein Sohn von den zwanzig Kindern dieser Ehe blieb am Leben.

In seinem frühen Schaffen wahrte Goya noch den Schein. Die Altarbilder weisen Einflüsse von Tiepolo und Corrado Giaquinto auf. Die Teppichkartons, die er seit 1771 für die königliche Manufaktur entwarf, schildern Genreszenen, Schäferspiele und Volksbräuche. Und doch ist schon in ihnen die heitere Welt des Rokoko durch leichte Verschiebungen der Bildordnung, durch karikierende Zeichnung mancher Typen oder auch nur durch gesteigerte Farbkraft in Frage gestellt. Auch die Bildnisse des gefeierten Porträtisten sprengten zunehmend den konventionellen Rahmen.

Eine fast zwei Jahre währende Krankheit, die zu vollständiger Taubheit führte, veränderte seit 1792 Leben und Kunst grundlegend. Obwohl schon 1780 zum Kammermaler, sechs Jahre später zum Hofmaler ernannt und noch 1799 zum ›Ersten Kammermaler des Königs‹ aufgestiegen, zog sich Goya immer mehr in die Einsamkeit zurück, fast zu Boden geworfen von der Erkenntnis des »radikal Bösen in der menschlichen Natur« (Fritz Novotny hat dieses Wort Kants auf Goya angewendet).

Der Wandel seiner Formensprache wird bereits in den Werken mit scheinbar ›klassischer‹ Thematik deutlich. Die kurz vor der Jahrhundertwende gemalte *Nackte Maja* (Abb. 96) geht – ikonographisch gesehen – auf den Typus der *Liegenden Venus* zurück, den Giorgione geschaffen und Goyas Landsmann Velazquez in seiner *Venus mit dem Spiegel* variiert hatte. Doch wo dieser Barockkünstler den schönen Frauenakt mythologisch überhöhte und in einen umfassenden Sinnzusammenhang einbezog, stößt Goya den Beschauer geradezu brutal und zynisch vor die Wirklichkeit. In grellem Licht liegt ein unbekleidetes Weib auf dem schräggestellten Ruhebett. Der rosige Körper hebt sich aus dem Weiß von Decke und Kissen heraus, die ihrerseits das Grünblau des samtenen Bezugstoffes durchschimmern lassen. Der auf den verschränkten Armen ruhende Kopf mit dem schwarzen Haar ist herausfordernd zum Betrachter gewendet. Das ist keine olympische Göttin mehr und stellt auch nicht – wie es die Anekdote wollte – die Herzogin von Alba dar, deren Gunst sich der Maler erfreute. Hier blickt uns ein Modell aus dem Volk an, das der Pose einer Venus müde geworden ist. Das »Plebejische«, von Ortega y Gasset als eine wesentliche Komponente dieser Kunst bezeichnet, enthüllt sich auf drastische Art. Goya hat als Gegenstück die *Bekleidete Maja* (Abb. 97) porträtiert, in einem weißen Gewand mit breiter Schärpe von Goldocker und schwarzer Mantilla (Prado). Von höchstem farblichem Raffinement wirkt die Bekleidete viel erregender als die Nackte, denn der malerische Reiz hat – paradoxerweise – den sinnlichen Reiz gesteigert. Goyas Gemälde sind eineinhalb Jahrzehnte vor der *Großen Odaliske* (Abb. 62) von Ingres entstanden. Aber wieviel näher steht diese noch der Tradition! Auch sie ist keine Figur der Mythologie mehr, doch allein schon die orientalische Verbrämung entrückt sie in eine ferne Welt. Akt und Milieu sind kunstvoll ausgewogen, lineare und farbliche Werte mit

96, 97 Francisco de Goya, oben: Nackte Maja. Kurz vor 1800. Öl auf Leinwand, 95 × 190 cm. Unten: Die bekleidete Maja. Kurz vor 1800. Öl auf Leinwand, 95 × 190 cm. Museo del Prado, Madrid

Sorgfalt verteilt. Bei Goya vermißt man die rahmengerechte Komposition, der Raum bleibt unbestimmt. Kühle Distanz und ideale Schönheit sind verloren, aber ein Stück lebendiger Wirklichkeit ist malerisch eingefangen. Nicht von der Odaliske führt der Weg zu Manets *Olympia*, sondern von der Maja.

Wieviel rücksichtsloser noch ist der Maler bei denjenigen Werken verfahren, in denen er die Greuel des Krieges und des Aufruhrs angeprangert hat. Die *Erhängung eines Mönchs* (Chicago, Art Institute; Farbtaf. 27) mag um 1810 entstanden sein und befand sich einst – den Ziffern in der linken unteren Ecke zufolge – im Besitz von Goyas Sohn. Das Bild ist durchaus gebaut, aber die klassizistischen Ordnungsprinzipien sind zu erschreckender Verfremdung gebraucht. Die Fläche wird in Licht- und Schattenpartien zerrissen und erhält von diesen Spannungen her gespenstisches Leben. Der Grund ist durch die mehrfach gebrochene Diagonale geteilt, welcher die Gestalt des Opfers als Gegenschräge dient. Der breitbeinig dastehende Henker mit dem wie ein Trapez wirkenden Schurz bezeichnet fast ein Dreieck, während der nur als Pinselhieb aufgesetzte Strang die einzige Senkrechte andeutet. Alle Figuren sind in der rechten Hälfte zusammengedrängt, das Bildfeld wird links völlig leergelassen. Diese lastende Leere aber ist von höchster Ausdruckskraft, wie überhaupt der rational nicht faßbare Raum unheimlich und drohend erscheint. Die Palette ist auf das äußerste beschränkt: Zwischen den Nicht-Farben Schwarz und Weiß, die dem späten Goya die liebsten waren, stehen vorwiegend dunkle, stumpfe, schmutzige Töne: Grau, Braungrün, mattes Oliv und dazu Goldbraun. Wie die Gestalten anonym bleiben, so bleibt der Ort der Gewalttat unbestimmt; hängt doch selbst der Strick ohne Anfang aus der Finsternis herab. Der schonungslose Realismus Goyas schlägt gleichsam in sein Gegenteil um und steigert den Sinngehalt der Szene ins Zeitlose.

Wohl das berühmteste Gemälde des Künstlers trägt den Titel *Die Erschießung der Aufständischen* (Madrid, Museo del Prado; Farbtaf. 28). Es stellt die Exekution von spanischen Patrioten dar, die am Vortag jenes 3. Mai 1808 die Truppen der französischen Besatzungsmacht angegriffen hatten und unter deren Messern – wie wir wissen – auch der junge Leutnant Legrand gefallen war. Die Leinwand mißt über zweieinhalb Meter in der Höhe und dreieinhalb Meter in der Breite. Dem monumentalen Format entspricht die klare Verteilung der Massen. Rechts – schräg vom Rücken her gesehen – steht das Peloton der Soldaten mit angelegter Waffe. Das furchtbare Geschehen vollzieht sich unmittelbar vor uns. Der Parallelismus in der Haltung und die Verdeckung der Gesichter verstärken den Eindruck einer unausweichlichen, aber anonymen Vernichtungsmaschine. Links – nur einen Schritt vor den Gewehrläufen – erwartet dichtgedrängt eine Gruppe Verzweifelter die tödliche Kugel, während aus der Bildtiefe weitere Scharen Verurteilter zur Richtstätte herangetrieben werden. Der diagonal abfallende Hang und die Häuser von Madrid mit dem Stadttor heben sich gegen einen nachtdunklen Himmel ab. Die einzige Lichtquelle im Bild ist die große Laterne zu Füßen der Soldaten. Erbarmungslos fällt ihr Schein auf den Bauern im weißen Hemd, der in trotzigem Aufschrei die Arme emporreißt. Diese hellste Gestalt mit der sich unvergeßlich einprägenden Gebärde ist solcherart der Bedeutungsmittelpunkt des Ganzen. Alle anderen Opfer scheinen wie sein Widerhall: die entsetzt ihr Gesicht in den Händen vergraben, der stieren Blickes und verbissen das Kinn vorschiebt, der zitternd die Sterbegebete sprechende Mönch oder die schon in ihrem Blut liegenden Erschossenen. Obgleich noch eine zweite Lichtquelle außerhalb des Gemäldes gedacht werden muß, durch welche Bajonette, Gewehrläufe, Säbelscheiden aufblinken und auch die Rücken der vorderen Soldaten aufgehellt werden, wird die Wucht der Konfrontierung von ohnmächtigem Freiheitsdrang und brutaler Gewalt nicht gemindert. Wohl läßt sich die düstere Farbgebung thematisch begründen, es sind die ersten Stunden des 3. Mai noch vor der Morgendämmerung. Und doch sind Farbe wie Licht weitgehend emotional verwendet. Unterhalb des schwärzlichen Himmels gibt es meist erdige Mischtöne, selbst das magische Weiß der Hauptfigur ist gebrochen. Als einzige reine Farbe erscheint das brennende Rot des Blutes auf den Körpern der Toten und in den Lachen am Boden. Noch furchtbarer als in Delacroix' ein Jahrzehnt später entstandenem *Massaker von Chios* bleibt die Orgie der Vernichtung ohne ein tröstendes Zeichen vom Himmel, ja selbst das Licht bringt bei Goya nicht Erlösung, sondern Verderben.

Das Gemälde und sein Gegenstück sind wahrscheinlich 1814 nach der Rückkehr König Ferdinands VII. entstanden – des reaktionären Erben der korrupten Dynastie, für die jene spanischen Bauern ihr Leben gelassen hatten. Aber die geschichtliche Tragik, welche diesen Bildern innewohnt, ist noch größer: Goya selbst war zu tief von aufklärerischen und liberalen Ideen durchdrungen, als daß er in den Franzosen nicht zugleich die Nation der ›liberté‹ gesehen hätte. So war er ein ›Kollaborateur‹: Erst vor wenigen Jahrzehnten hat man ein Reiter-

98 Francisco de Goya, Stierkampfszene aus der Folge »Tauromaquia«, 1. Ausgabe 1815. Radierung

bildnis des Joseph Bonaparte von seiner Hand aufgefunden, das der Maler vermutlich selbst vor der bourbonischen Reaktion versteckt hatte. Und diese wütete schlimmer denn je. Den Künstler nahm der eitle Ferdinand zwar in Gnaden an, da er sich von ihm verherrlichen lassen wollte. Aber die übrigen freiheitlich Gesinnten wurden verfolgt und von der Inquisition eingekerkert. Goya zog sich in sein Landhaus zurück, dessen Wände mit furchterregenden Visionen bemalt waren, und schilderte in manischer Besessenheit, aber zugleich mit schonungsloser Realistik und hoher künstlerischer Ökonomie diese Schandtaten. Erschütternde Tuschzeichnungen halten die bestialischen Folterungen fest. Und in den graphischen Zyklen gab er eine umfassende Szenenfolge von der höllischen Umwelt und von den Dämonen in der eigenen Brust.

Die vier großen Folgen der Radierungen haben seinen Ruhm begründet. Die *Caprichos,* deren rund achtzig Vorzeichnungen der Prado bewahrt, sind bereits um 1797 entstanden. Schon hier wechseln

Hexensabbat und Kobolde mit erotischen Themen und – zum Teil verschlüsselter – Kritik an Hof, feudaler Gesellschaft und Klerus ab. Die im zweiten Jahrzehnt des neuen Säkulums geschaffenen *Desastres de la Guerra,* wiederum achtzig Blätter, sind erst 1863 herausgegeben worden. Die Schrecknisse des Guerillakrieges gegen die Franzosen mit all den Erschießungen, Pfählungen, Schändungen gehen in Anklagen gegen Aberglauben und Inquisition über und enden mit einer Apotheose der ›Wahrheit‹. Gleichzeitig schuf der Künstler als einzige unpolitische Folge die etwa vierzig Blatt zählende *Tauromaquia* (Stierkampf; Abb. 98). Die unter der Reaktion radierten achtzehn *Disparates* oder *Suenos* (Träume), die 1864 bei ihrer Publikation den irreführenden Titel »Proverbios« (Sprichwörter) erhielten, sind imaginäre Erfindungen und bedrückende Phantasien ohne Vergleich; auf sie insbesondere trifft das Wort Baudelaires über Goyas Werk zu: »un cauchemar plein de choses inconnues«.

Mehr noch als die überraschende Thematik haben die kühnen formalen Lösungen auch der Graphik die Nachwelt erregt. Eine eigene Schule konnte dieser Künstler nicht bilden, wenngleich er nicht ohne jede direkte Wirkung blieb, wie es dargestellt zu werden pflegt. Ascencio Julia (1771–1816), den der Meister in einem wunderbar frei gemalten Bildnis festgehalten hat, half an den Fresken von San Antonio de la Florida mit. Leonardo Alenza (1807–1845) nahm manche Vokabeln der Formensprache Goyas auf. Eugenio Lucas (1824–1870) und sein Sohn (gest. 1918) haben sich derart in die Werke des Älteren eingesehen, daß Arbeiten von ihnen mitunter noch heute unter dessen Namen laufen.

Die wahren Erben Goyas waren freilich die großen Franzosen von Delacroix und Daumier bis zu Manet und Degas. Ja, man hat in dem Zeitgenossen Goethes den Stammvater nicht nur der Romantiker, der Realisten und der Impressionisten gepriesen, sondern auch des Expressionismus und des Surrealismus. Vielleicht kommt ihm kein anderer an Temperament, Formgewalt und Sprengkraft so nahe wie sein spanischer Landsmann Picasso. André Malraux, der die »liberté expressive« als das entscheidende Charakteristikum der Kunst unseres Jahrhunderts bezeichnet, hat die zukunftsweisende Bedeutung des Malers in dem Satz ausgedrückt: Goya »préfigure tout l'art moderne parce que l'art moderne commence par cette liberté«.

Anhang

Literaturhinweise

Bibliographie zur Kunstgeschichte des 19. Jahrhunderts. Publikationen der Jahre 1940–1966 zusammengestellt von H. Lietzmann. Mit Referaten von K. Lankheit, F. Novotny und H. G. Evers (= Studien zur Kunst des 19. Jahrhunderts 4). München 1968

Bibliographie zur Kunstgeschichte des 19. Jahrhunderts. Publikationen der Jahre 1967–1979 mit Nachträgen zu den Jahren 1940–1966 zusammengestellt von M. Prause (= Materialien zur Kunst des 19. Jahrhunderts 31). München 1984

Andrews, K., The Nazarenes. A Brotherhood of German Painters in Rome. Oxford 1964

Aubert, A., Die norwegische Malerei im XIX. Jahrhundert. Leipzig o. J.

Baden-Baden und Hannover 1981/82, Russische Malerei der ersten Hälfte des 19. Jahrhunderts (Ausstellungskatalog)

Bauch, K., Klassik – Klassizität – Klassizismus, in: Das Werk des Künstlers I, 1939/40, S. 429–440

Berlin 1906, Ausstellung deutscher Kunst aus der Zeit von 1775 bis 1875 in der Königlichen Nationalgalerie Berlin 1906 (Jahrhundertausstellung), mit Einführung von Hugo von Tschudi, 2 Bde. 1906

Choix d'édifices projetés et construits en France depuis le commencement du 19e siècle, I–III. Paris 1825–1850

van Daalen, P. K., Nederlands beeldhouwers in de negentiende eeuw (= Utrechtse Bijr. Geschied. 5). Den Haag 1958

Detroit und Philadelphia 1968, Romantic Art in Britain. Paintings and Drawings 1760–1860 (Ausstellungskatalog)

von Einem, H., Deutsche Malerei des Klassizismus und der Romantik 1760–1840. München 1978

Eyck Gardner, A. ten, Yankee Stonecutters. The First American School of Sculpture 1800–1850. New York 1945

Flexner, J. Th., America's Old Masters, First Artists of the New World. New York 1939 (Deutsche Ausgabe unter dem Titel: Die ersten Künstler der neuen Welt. Berlin 1947)

Florenz 1972, Cultura neoclassica e romantica nella Toscana granducale (= Galleria d'arte moderna di Firenze 4; Ausstellungskatalog)

Florenz 1973/74, Romanticismo Storico (= Galleria d'arte moderna di Firenze 6; Ausstellungskatalog)

Friedlaender, W., Hauptströmungen der französischen Malerei von David bis Cézanne, I: Von David bis Delacroix. Bielefeld–Leipzig 1930, Neuauflage Köln 1976

Hauser, A., Sozialgeschichte der Kunst und Literatur, Bd. 2. München 1953

Hautecœur, L., Histoire de l'art classique en France, V: Révolution et Empire 1792–1815. Paris 1953

Hautecœur, L., und P. Jamot, La peinture au Musée du Louvre, école française, XIXe siècle. 4 Bde. Paris o. J.

Herrmann, W., Deutsche Baukunst des 19. und 20. Jahrhunderts, Bd. I. Breslau 1932, 2. Aufl. Basel und Stuttgart 1977

Hetzer, Th., Francisco Goya und die Krise der Kunst um 1800, in: Wiener Jahrb. für Kunstgeschichte 14, 1950, S. 7–22 (= Aufsätze und Vorträge I. Leipzig–Darmstadt 1957, S. 177–198)

Hitchcock, H.-R., Architecture: Nineteenth and Twentieth Centuries (= Pelican History of Art 15). 5. Aufl. Harmondsworth 1977

Huggler, M., und A. M. Cetto, Peinture suisse au dixneuvième siècle. Basel 1943

Kaufmann, E., Architecture in the Age of Reason. Cambridge, Mass. 1955

Kimball, F., American Architecture. Indianapolis 1928

Lankheit, K., Von der napoleonischen Epoche zum Risorgimento. Studien zur italienischen Kunst des 19. Jahrhunderts. München 1988 (im Druck)

Lo Gatto, E., Gli architetti del secolo XIX a Pietroburgo e nelle tenute imperiali. Rom 1943

London 1959, The Romantic Movement (Ausstellungskatalog)

London 1972, The Age of Neo-Classicism (Ausstellungskatalog)

Marchiori, G., Scultura italiana dell'ottocento (= Bibl. mod. Mondadori 636). Mailand 1960

Meyer, J., Geschichte der modernen französischen Malerei seit 1789, zugleich in ihrem Verhältnis zum politischen Leben, zur Gesittung und zur Literatur. Leipzig 1867

München 1953, Hundert Jahre Amerikanische Malerei 1800–1900 (Ausstellungskatalog)

München 1975/76, Toskanische Impressionen. Der Beitrag der Macchiaioli zum europäischen Realismus (Ausstellungskatalog)

New York 1987, American Paradise – The World of the Hudson River School (Ausstellungskatalog)

Nordensvan, G., Svensk Konst och Svenska Konstnärer i 19de Århundradet, 2 Bde. Stockholm 1925–1928

Novotny, F., Painting and Sculpture in Europe 1780 to 1880 (= Pelican History of Art 20). Harmondsworth 1960

Nürnberg 1967, Der frühe Realismus in Deutschland 1800–1850. Gemälde und Zeichnungen aus der Sammlung Georg Schäfer (Ausstellungskatalog)

Ojetti, U., La pittura italiana dell'ottocento. Mailand und Rom 1929

von der Osten, G., Plastik des 19. Jahrhunderts in Deutschland, Österreich und der Schweiz. Königstein i. T. 1961

Paris 1974/75, De David à Delacroix. La peinture française de 1774 à 1830 (Ausstellungskatalog)

Paris 1985, L'Age d'or de la peinture danoise 1800–1850 (Ausstellungskatalog)

Pauli, G., Die Kunst des Klassizismus und der Romantik (= Propyläen-Kunstgeschichte XIV). Berlin 1925

Rosenblum, R., Transformations in Late Eighteenth Century Art. Princeton 1967

Scheen, P. A., Honderd jaren Nederlandsche schilderen teekenkunst, de Romaniek met voor- en natijd (1750–1850). Den Haag 1946

Schmidt, G., Naturalismus und Realismus, in: Festschrift Martin Heidegger zum 70. Geburtstag. 1959, S. 264–275

Schoch, A., Das Herrscherbild im 19. Jahrhundert. München 1975

Sedlmayr, H., Verlust der Mitte. Die bildende Kunst des 19. und 20. Jahrhunderts als Symbol der Zeit. 1. Aufl. Salzburg 1948, 9. Aufl. 1976

Vanzype, G., L'arte belge du XIXe siècle, 2 Bde. Brüssel–Paris 1923

Waldmann, E., Die Kunst des Realismus und des Impressionismus im 19. Jahrhundert (= Propyläen-Kunstgeschichte XV). Berlin 1927

Wescher, P., Die Romantik in der Schweizer Malerei. Frauenfeld 1947

Whinney, M., Sculpture in Britain 1530 to 1830 (= Pelican History of Art 23). Harmondsworth 1964

Wien und München 1986, Auf der Suche nach dem Goldenen Zeitalter. Niederländische Malerei in der Zeit der Romantik (Ausstellungskatalog)

Zeitler, R., Dänische Malerei 1800–1850. Leipzig 1979

Zeitler, R., Die Kunst des 19. Jahrhunderts (=Propyläen Kunstgeschichte 11). Berlin 1966

Verzeichnis der Farbtafeln

1 Jean-Baptiste Odiot, Henkelkanne – Geschenk Napoleons I. an die Kaiserin Joséphine. Paris 1804. Vermeil (feuervergoldetes Silber), Höhe 40 cm. Collection Niarchos
2 Karl Friedrich Schinkel, Theaterdekoration zur Zauberflöte: Sternenhimmel der Königin der Nacht. 1815. Gouache, 46,3 × 61,6 cm. Nationalgalerie, Berlin-Ost
3 Thomas Jefferson, University of Virginia, Charlottesville, Virginia. 1817–1826. Stahlstich nach einer Zeichnung von William Goodacre. Edwin M. Betts Collection, Manuscripts Division, University of Virginia Library, Charlottesville, Virginia
4 William Rush, Bildnisbüste Benjamin Franklins. Um 1800. Holz, Höhe 53,5 cm. Yale University Art Gallery, New Haven, Connecticut
5 Jacques-Louis David, Der Tod des Marat. 1793. Öl auf Leinwand, 162 × 128 cm. Musées Royaux des Beaux-Arts de Belgique, Bruxelles
6 Antoine-Jean Gros, Bildnis des Sous-lieutenant Charles Legrand. Um 1810. Öl auf Leinwand, 249,6 × 174,6 cm. The Los Angeles County Museum of Art, Gift of the California Charities Foundation, Los Angeles, California
7 Eugène Delacroix, Der Tod des Sardanapal. 1827. Ölskizze auf Leinwand, 81 × 100 cm. Musée du Louvre, Paris
8 Eugène Delacroix, Pferd im Gewitter. 1824. Aquarell, 23,5 × 32 cm. Szépmüvészeti Múzeum, Budapest
9 Eugène Delacroix, Die Mulattin Aspasia. 1826. Öl auf Leinwand, 27 × 21 cm. Privatbesitz, Zürich
10 Théodore Géricault, Bildnis einer Geisteskranken. 1822/23. Öl auf Leinwand, 72 × 58 cm. Musée des Beaux-Arts, Lyon
11 Joseph Anton Koch, Heroische Landschaft mit Regenbogen. 1805. Öl auf Leinwand, 116,5 × 112,5 cm. Staatliche Kunsthalle Karlsruhe
12 Philipp Otto Runge, Die Hülsenbeckschen Kinder. 1805/06. Öl auf Leinwand, 130,5 × 140,5 cm. Hamburger Kunsthalle
13 Caspar David Friedrich, Kreidefelsen auf Rügen. Um 1820. Öl auf Leinwand, 90 × 70 cm. Stiftung Oskar Reinhart, Winterthur
14 Franz Pforr, Sulamith und Maria. 1811. Öl auf Holz, 34,5 × 32 cm. Sammlung Georg Schäfer, Schweinfurt

15 Johann Heinrich Füßli, Satan flieht vor der Berührung durch Ithuriels Speer. 1802. Öl auf Leinwand, 91,5 × 71 cm. Privatbesitz
16 Ferdinand Georg Waldmüller, Wolfgangsee. 1835. Öl auf Holz, 52 × 66 cm. Österreichische Galerie, Wien
17 Karl Blechen, Das Walzwerk bei Eberswalde. Um 1835. Öl auf Holz, 25,5 × 33 cm. Staatliche Museen Preußischer Kulturbesitz, Nationalgalerie, Berlin-West
18 Adolf Menzel, Die Berlin-Potsdamer Eisenbahn. 1847. Öl auf Leinwand, 43 × 52 cm. Staatliche Museen Preußischer Kulturbesitz, Nationalgalerie, Berlin-West
19 John Constable, Boote auf dem Stour. Um 1811. Öl auf Pappe, 26 × 31,1 cm. Victoria and Albert Museum, London
20 William Turner, Licht und Farbe (Goethes Theorie) – Der Morgen nach der Sintflut – Moses schreibt das Buch Genesis. 1843. Öl auf Leinwand, 78,7 × 78,7 cm (achteckig). Tate Gallery, London
21 Dante Gabriel Rossetti, Die Hochzeit des hl. Georg mit der Prinzessin Sabra. 1857. Aquarell, 34 × 34 cm. Tate Gallery, London
22 Thomas Fearnley, Mondlicht in Amalfi. 1834. Öl auf Pappe, 25,5 × 29,5 cm. Nasjonalgalleriet, Oslo
23 Pelagio Palagi, Bildnis des Majors Pietro Latuada. 1822. Öl auf Leinwand, 280 × 117 cm. Ospedale Maggiore, Mailand
24 Antonio Fontanesi, Das Kirchlein. Öl auf Leinwand, 30 × 20,5 cm. Privatbesitz
25 Giovanni Fattori, Die Rotunde von Palmieri bei Livorno. Öl auf Holz, 12 × 35 cm. Galleria d'arte moderna, Florenz
26 Edward Hicks, Das Reich des Friedens. Um 1848. Öl auf Leinwand, 61 × 81,3 cm. Albright-Knox Art Gallery, Buffalo, New York, James G. Forsyth Fund
27 Francisco de Goya, Erhängung eines Mönchs. Um 1810. Öl auf Holz, 31 × 39,2 cm. The Art Institute of Chicago, Robert A. Waller Memorial Fund
28 Francisco de Goya, Die Erschießung der Aufständischen vom 3. Mai 1808. 1814 (?). Öl auf Leinwand, 265 × 345 cm. Museo del Prado, Madrid

Verzeichnis der Schwarzweißabbildungen

1 Honoré Daumier, Combat des Écoles. 1855. Lithographie
2 ›Etruskische‹ Vase mit Damenbildnis. Um 1830. Porzellanmanufaktur Doccia bei Florenz. Höhe 54 cm. Sammlung Marchese Carlo Ginori Lisci, Florenz
3 Paul Gavarni, Die Muse der Malerei. 1839. Lithographie
4 Entwurf zur Königshütte in Oberschlesien. 1797 (?) von Hüttenbaumeister Wedding unter Mitarbeit des Schotten Baildon. Ehemals Preußisches Oberbergamt, Breslau
5 Schafstall mit verputzter Giebelseite in gotisierenden Formen. Anfang 19. Jahrhundert. Vorwerk Gernheim bei Tamsel, Kreis Landsberg (Warthe)
6 »Kathedrale von Metz zu vermieten«. Öffentliche Bekanntmachung von 1795. Musée Municipale, Metz
7 Claude-Nicolas Ledoux, Barrière de Saint-Martin. 1784-1789. Zeitgenössischer Stich
8, 9 Louis-Étienne Boullée, Kenotaph für Newton, Innenansicht: oben Armillar-Version, unten Version mit Sternhimmel. 1784. Gouache, je 49,5 × 75 cm. Bibliothèque Nationale, Paris
10 Bernard Poyet (?), Die Rue des Colonnes in Paris (nach einer verschollenen Federzeichnung von Friedrich Gilly. 1797. Ehemals Technische Hochschule Berlin
11 Barthélémy Vignon, Giebelfront der Kirche Sainte-Madeleine in Paris. Aus: Choix d'édifices projetés et construits en France depuis le commencement du 19e siècle, I–III. Paris 1825–1850
12 Jacques Gondouin und Jean-Baptiste Lepère, Die Vendôme-Säule in Paris. 1806–1810. Das Standbild Napoleons auf der Spitze von Denis-Antoine Chaudet. Höhe 43,50 m. Aus: Choix d'édifices projetés et construits en France depuis le commencement du 19e siècle, I–III. Paris 1825–1850
13, 14 Charles Percier und Pierre-François-Léonard Fontaine, Himmelbett und Wanddekoration eines kleinen Salons. Aus: Recueil de décorations intérieures, 1812
15 Henri Labrouste, Fassade der Bibliothek Sainte-Geneviève in Paris. Aus: Choix d'édifices projetés et construits en France depuis le commencement du 19e siècle, I–III. Paris 1825–1850

16 Giuseppe Valadier, Neugestaltung der Piazza del Popolo in Rom. Entwurf von 1816
17 Giambattista Bodoni, Manuale Tipografico, Parma 1818. Titelseite
18 Sir John Soane, Old Colonial Office. Entwurf 1818–1823. Kolorierter Stich. Sir John Soane's Museum, London
19 John Nash, Anlage der Regent Street. 1812–1827. Ausschnitt aus dem Stadtplan von London
20 Thomas Hopper, The Conservatory. Dreischiffige Halle im Carlton House, London. 1811/12. Zeitgenössischer Stich nach einer Zeichnung von C. Wild. Aus: Pyne, Royal Residences III
21 London, Houses of Parliament. Erbaut ab 1836 nach einem Entwurf von Charles Barry
22 Thomas Hope, ›Ägyptisches‹ Zimmer. Aus: Household Furniture and Interior Decoration, 1807
23 Augustus Welby Pugin, ›Gotisches‹ Zimmer. Aus: The True Principles of Pointed or Christian Architecture, 1841
24 Thomas Telford, Entwurf zu einer pfeilerlosen gußeisernen Brücke über die Themse. 1801. Aquatinta
25 Joseph Paxton, Erster Entwurf zum Kristallpalast. 1850. Victoria and Albert Museum, London
26 Friedrich Gilly, Entwurf für ein Denkmal Friedrichs des Großen. Verschollen. Ehemals Technische Hochschule Berlin
27 Friedrich Gilly, Entwurf zum Berliner Schauspielhaus. 1800. Nachzeichnung, Original verschollen. Ehemals Technische Hochschule Berlin
28 Der Marktplatz von Karlsruhe. Nach Plänen von Friedrich Weinbrenner seit 1803 entstanden
29 Friedrich Weinbrenner, Entwurf zu einem Stadttor. Bleistift, Tuschfeder mit Sepia laviert, 63,5×96,5 cm. Bezeichnet rechts unten: »F. Weinbrenner in Rom 1794«. Staatliche Kunsthalle Karlsruhe
30 Karlsruhe mit dem nicht ausgeführten Erweiterungsplan Friedrich Weinbrenners von 1815
31 Karl Friedrich Schinkel, Perspektivische Ansicht des neuen Wachtgebäudes in Berlin mit den Standbildern der Generale Bülow und Scharnhorst von Christian Rauch. Kupferstich aus: Sammlung architectonischer Entwürfe, 1831
32 Karl Friedrich Schinkel, Entwurf zu dem 1819–1821 erbauten Schauspielhaus Berlin. Feder, Pinsel, braun laviert, weiß gehöht, 478×742 mm. Nationalgalerie, Berlin-Ost
33 Leo von Klenze, Die Walhalla bei Regensburg. Um 1830. Aquarellierte Zeichnung, 208 × 292 mm. Hamburger Kunsthalle

34 Georg Ludwig Friedrich Laves, Entwurf zum Leineschloß. Federzeichnung, 95,5 × 33,5 cm. Niedersächsisches Hauptstaatsarchiv, Hannover
35 Schloß Anif bei Salzburg
36 Die Ludwigstraße in München nach Plänen von Leo von Klenze und Friedrich von Gärtner. Entstanden ab 1817. Rechts Staatsbibliothek und Ludwigskirche, als nördlicher Abschluß das Siegestor
37 Gottfried Semper, Grundriß des Königlichen Hoftheaters zu Dresden. 1834
38 Jan David Zocher, Die Alte Börse in Amsterdam. Erbaut 1845. Nicht erhalten
39 Thomas de Thomon, Die Börse in St. Petersburg. 1804–1816. Zeitgenössischer Stich von C. Normand
40 Carl Ludwig Engel, Kornmagazin in Tammersfors (Finnland). 1838
41 Innenraum der Frauenkirche in Kopenhagen mit Skulpturenschmuck von Bertel Thorvaldsen (1811–1829). Lithographie von Alexander Nay nach einer Zeichnung von Christian Friedrich Hansen. Um 1850–1860. 260 × 220 mm. Königliche Bibliothek, Kopenhagen
42 Pierre Charles L'Enfant, Plan für die Stadterweiterung von Washington. 1792
43 Der Bahnhof in Lowell, Massachusetts, nach einem Entwurf von P. Anderson. 1835. Holzstich des 19. Jahrhunderts
44 Antonio Canova, Entwurf zum Grabmal für Papst Clemens XIII. in St. Peter, Rom. 1792 vollendet. Marmor. Zeitgenössischer Stich
45 Antonio Canova, Bozzetto zur Figur der Mansuetudo für das Grabmal Papst Clemens' XIV. Um 1783. Terrakotta, Höhe 13 cm. Gipsoteca Canoviana, Possagno
46 Antonio Canova, Statue Napoleons I. 1811. Bronze, überlebensgroß. Pinacoteca di Brera, Mailand. Zeitgenössischer Stich
47 Charles-Louis Corbet, Napoleon I. als Konsul. 1801. Gips, Höhe 82 cm. Musée national du Château de Versailles
48 Joseph Chinard, Mme Récamier. Nach 1811. Terrakotta, Höhe 56 cm. Staatliche Museen Preußischer Kulturbesitz, Skulpturengalerie, Kaiser-Friedrich-Museums-Verein, Berlin-West
49 Jean-François Chalgrin, Arc de Triomphe. 1806 begonnen, 1837 vollendet. Reliefs von François Rude u. a. Aus: Choix d'édifices projetés et construits en France depuis le commencement du 19e siècle, I–III. Paris 1825–1850
50 Honoré Daumier, Le Ratapoil. 1814. Bronze, Höhe 44 cm. Bez. Alexius Rudier, Foudeur Paris 19/20. Städtische Kunsthalle Mannheim
51 Johann Heinrich Dannecker, Schillerbüste, Gipsabguß (ca. 1810–1830) des Originals von 1805–1810. Höhe 82 cm. Staatsgalerie Stuttgart
52 Johann Gottfried Schadow, Entwurf zum Grabmal des Grafen von der

Mark. Um 1787. Federzeichnung aus einem Skizzenbuch, ehemals im Besitz der Erben des Künstlers
53 Johann Gottfried Schadow, Prinzessinnengruppe. 1797. Marmor, Höhe 172 cm. Nationalgalerie, Berlin-Ost
54 Friedrich Drake, Relief vom Beuth-Denkmal in Berlin (mit der Darstellung des Daguerreschen Apparates). 1860. Bronze, Höhe 63 cm, Breite 144 cm, Tiefe 8 cm. Märkisches Museum, Berlin-Ost
55 Bertel Thorvaldsen, Statue des Jason. 1802/03 modelliert, Marmorausführung 1827 vollendet, Höhe 243 cm. Zeitgenössischer Stich aus: Thorvaldsens Werke in Auswahl und in Umrissen, Stuttgart 1839
56, 57 Bertel Thorvaldsen, Triumphzug Alexanders. Ausschnitte aus der Dekoration eines Festsaals im Quirinalspalast zu Rom. 1812. Marmor, Höhe 1,17 m, Gesamtlänge des Frieses 35,20 m. Zeitgenössischer Stich aus: Thorvaldsens Werke in Auswahl und in Umrissen, Stuttgart 1839
58 Bertel Thorvaldsen, Der Dichter Lord Byron. 1817. Marmor, Höhe 65,3 cm. Thorvaldsens Museum, Kopenhagen
59 John Flaxman, Der Traum der Penelope. Kupferstich nach einer Zeichnung von 1794 (veröffentlicht 1795)
60 Jacques-Louis David, Der Schwur der Horatier. 1784. Öl auf Leinwand, 330 × 427 cm. Musée du Louvre, Paris
61 François Joseph Heim, König Karl X. verteilt die Preise an die Künstler nach Beendigung des Salons von 1824. Musée du Louvre, Paris
62 Jean-Auguste-Dominique Ingres, Die Große Odaliske. 1814. Öl auf Leinwand, 91 × 162 cm. Musée du Louvre, Paris
63 Jean-Auguste-Dominique Ingres, Madame Destouches. 1816. Bleistiftzeichnung, 433 × 293 mm. Musée du Louvre, Cabinet des Dessins, Paris
64 Antoine-Jean Gros, Der Kampf um Nazareth. 1801. Ölskizze auf Leinwand, 135 × 195 cm. Musée des Beaux-Arts, Nantes
65 Théodore Géricault, Napoleon in der Schlacht bei Waterloo. Federzeichnung, 35 × 45 mm (Originalgröße). Sammlung Robert Lebel, Paris
66 Théodore Géricault, Skizze zum Floß der Medusa, 1818. Federzeichnung, 245 × 302 mm. Musée des Beaux-Arts, Rouen
67 Théodore Géricault, Treibendes Floß. Skizze zum Floß der Medusa. 1818. Öl auf Leinwand, 400 × 683 mm. Musée des Beaux-Arts, Dijon, Donation Granville
68 Eugène Delacroix, Illustration zu Goethes Faust: Faust und Mephisto am Rabenstein. 1827. Aquarell, 180 × 240 mm. Vorzeichnung zur Lithographie. Museum Boymans-van Beuningen, Rotterdam
69 Eugène Delacroix, Studie zur Deckenmalerei des Salon du Roi im Palais

Bourbon. Um 1833. Federzeichnung, 216 × 413 mm. Musée du Louvre, Cabinet des Dessins, Paris
70 Camille Corot, Studie zur Augustusbrücke bei Narni. 1825–1828. Öl auf Papier über Leinwand, 34 × 48 cm. Musée du Louvre, Paris
71 Gustave Courbet, Die Steinklopfer. 1849. Öl auf Leinwand, 159 × 259 cm. Verbrannt. Ehemals Gemäldegalerie Dresden
72 Johann Wolfgang von Goethe, Ideale Landschaft mit untergehender Sonne. Um 1810. Federzeichnung über Rötel, 238 × 296 mm. Staatliche Museen Preußischer Kulturbesitz, Kupferstichkabinett, Berlin-West
73 Asmus Jakob Carstens, Priamos und Achilleus. 1794. Federzeichnung, 304 × 440 mm. Nationale Forschungs- und Gedenkstätten der klassischen deutschen Literatur in Weimar – Goethe-Nationalmuseum
74 Philipp Otto Runge, Farbenkreis. Federzeichnung in einem Brief an Goethe vom 3. Juli 1806 (Originalgröße)
75 Philipp Otto Runge, Der Morgen. 1803. Radierung
76 Caspar David Friedrich, Abtei im Eichwald. Um 1809/10. Öl auf Leinwand, 110,4 × 171 cm. Staatliche Museen Preußischer Kulturbesitz, Nationalgalerie, Berlin-West
77 Caspar David Friedrich, Mönch am Meer. 1809/10. Öl auf Leinwand, 110 × 171 cm. Staatliche Museen Preußischer Kulturbesitz, Nationalgalerie, Berlin-West
78 Der Göttersaal in der Glyptothek zu München. Fresken: Peter Cornelius (zerstört); Architekt: Leo von Klenze
79 Julius Schnorr von Carolsfeld, Bildnisstudie des Malers Victor Emil Janssen. 1831. Bleistift und Feder in Braun, 303 × 248 mm. Hamburger Kunsthalle
80 Carl Philipp Fohr, Der Heidelberger Freundeskreis als ritterliche Tafelrunde. 1816. Federzeichnung, 171 × 231 mm. Hessisches Landesmuseum, Darmstadt
81 Alfred Rethel, Der Tod reitet über die Barrikade. Aus der Folge »Auch ein Totentanz«. 1849. Holzschnitt
82 Moritz von Schwind, Schwebender Amor in Umarmung mit Psyche. 1838. Studie zu den Fresken in Schloß Rüdigsdorf bei Altenburg. Federzeichnung, 215 × 340 mm. Münchner Stadtmuseum
83 Friedrich von Amerling, Kaiser Franz I. von Österreich. 1832. Öl auf Leinwand, 263 × 180 cm. Kunsthistorisches Museum, Wien
84 Adolf Menzel, Abendtafel im Salon des Schlosses von Sanssouci. Holzschnitt. Illustration zu: Franz Kugler, Geschichte Friedrichs des Großen, Leipzig 1840 (Originalgröße)
85 Adolf Menzel, Wohnzimmer mit Menzels Schwester. 1847. Öl auf Papier, 46,1 × 31,6 cm. Neue Pinakothek, München

86 Joseph Wright of Derby, Sir Brooke Boothby. 1781. Öl auf Leinwand, 148,6 × 207,6 cm. Tate Gallery, London
87 Johann Heinrich Füßli, Romeo und Julia. 1815. Schwarze Kreide, 232 × 205 mm. Kunstsammlungen zu Weimar
88 William Blake, The Divine Image. Radierung. Aus: Songs of Innocence and of Experience, 1789–1794 (Originalgröße)
89 John Constable, Studie von Cumuluswolken. Öl auf Papier auf Leinwand, 30,5 × 50,9 cm. Yale Center for British Art, Paul Mellon Collection
90 William Turner, Der Simplonpaß. Um 1850. Aquarell und Gouache, 380×522 mm. The Harvard University Art Museums (Fogg Art Museum) –, Gift Edward W. Forbes –, Cambridge, Massachusetts
91 Johan Barthold Jongkind, Der Hafen von Rotterdam. 1856. Öl auf Leinwand, 57 × 69 cm. Stedelijk Museum, Amsterdam
92 Anonymer holländischer Künstler, Die Straße überall. Um 1835. Lithographie
93 Martin Disteli, Illustration zu der Grashüpfer-Komödie »Der Mann von Welt«. 1844. Holzschnitt
94 Bartolomeo Pinelli, Trachten aus Albano. Kupferstich aus: Raccolta di Cinquanta Costumi Pittoreschi, Rom 1809
95 George C. Bingham, Pelzhändler auf dem Missouri. Um 1845. Öl auf Leinwand, 72,5 × 91,25 cm. The Metropolitan Museum of Art, New York
96, 97 Francisco de Goya, oben: Nackte Maja. Kurz vor 1800. Öl auf Leinwand, 95 × 190 cm. Unten: Die bekleidete Maja. Kurz vor 1800. Öl auf Leinwand, 95 × 190 cm. Museo del Prado, Madrid
98 Francisco de Goya, Stierkampfszene aus der Folge »Tauromaquia«, 1. Ausgabe 1815. Radierung

Schlußvignette von Gustave Doré aus: X. B. Saintine, Le Chemin des Écoliers, Paris 1861. Holzschnitt

Abbildungsnachweis

Amsterdam, Stedelijk Museum   Abb. 91
Berlin-Ost, Märkisches Museum   Abb. 54
Berlin-Ost, Staatliche Museen zu Berlin, Nationalgalerie   Farbtafel 2;
    Abb. 32, 53
Berlin-West, Staatliche Museen Preußischer Kulturbesitz, Kupferstichkabinett,
    Foto: Jörg P. Anders   Abb. 72
Berlin-West, Staatliche Museen Preußischer Kulturbesitz, Nationalgalerie,
    Foto: Jörg P. Anders   Farbtafel 17, 18; Abb. 76, 77
Berlin-West, Staatliche Museen Preußischer Kulturbesitz, Skulpturengalerie,
    Foto: Reinhard Friedrich   Abb. 48
Brüssel, Musées Royaux des Beaux-Arts de Belgique   Farbtafel 5
Budapest, Szépmüvészety Múzeum   Farbtafel 8
Buffalo, N.Y., Albright-Knox Art Gallery   Farbtafel 26
Cambridge, Mass., The Harvard University Art Museum   Abb. 90
Charlottesville, Va., University of Virginia Library   Farbtafel 3
Chicago, Ill., The Art Institute of Chicago   Farbtafel 27
Darmstadt, Hessisches Landesmuseum   Abb. 80
Florenz, Foto Scala   Farbtafel 25
Hamburg, Hamburger Kunsthalle, Foto: Ralph Kleinhempel   Farbtafel 12;
    Abb. 33, 79
Hannover, Niedersächsisches Hauptstaatsarchiv   Abb. 34
Karlsruhe, Institut für Baugeschichte der Universität   Abb. 30
Karlsruhe, Staatliche Kunsthalle   Farbtafel 11; Abb. 29
Kopenhagen, Königliche Bibliothek   Abb. 41
Kopenhagen, Thorvaldsens Museum, Foto: Ole Woldbye   Abb. 58
London, Sir John Soane's Museum, Foto: Godfrey New Photographics,
    Bidcup, Kent   Abb. 18
London, Tate Gallery   Farbtafel 20, 21; Abb. 86
London, Victoria and Albert Museum, Picture Library   Farbtafel 19; Abb. 25
Los Angeles, Ca., The Los Angeles County Museum of Art   Farbtafel 6
Lyon, Musée des Beaux-Arts   Farbtafel 10
Madrid, Museo del Prado   Farbtafel 28; Abb. 96, 97
Mainz, Heinz Prüstel   Abb. 4, 5, 16, 27, 38, 40, 42
Mannheim, Städtische Kunsthalle   Abb. 50

Marburg, Bildarchiv Foto Marburg   Abb. 21, 78
München, Bayerische Staatsgemäldesammlungen, Neue Pinakothek   Abb. 85
München, Münchner Stadtmuseum   Abb. 82
New Haven, Conn., The Yale University Art Gallery   Farbtafel 4
New Haven, Conn., Yale Center for British Art, Paul Mellon Collection
   Abb. 89
New York, N.Y., The Metropolitan Museum of Art   Abb. 95
Oslo, Nasjonalgalleriet, Foto: Jacques Lathion   Farbtafel 22
Paris, Bibliothèque nationale   Abb. 8, 9
Paris, Photographie Giraudon   Abb. 64
Paris, Service photographique de la Réunion des Musées nationaux
   Farbtafel 7; Abb. 47, 60, 61, 62, 63, 69, 70
Rouen, Musée des Beaux-Arts, Service photographique   Abb. 66
Schweinfurth, Sammlung Dr. Georg Schäfer   Farbtafel 14
Stuttgart, Staatsgalerie   Abb. 51
Voorburg/Holland, Frequin-Photos   Abb. 68
Weimar, Kunstsammlungen zu Weimar, Foto: Roland Dreßler   Abb. 87
Weimar, Nationale Forschungs- und Gedenkstätten der klassischen Literatur –
   Goethe Nationalmuseum   Abb. 73
Wien, Kunsthistorisches Museum, Gemäldegalerie   Abb. 83
Zürich, Schweizerisches Institut für Kunstwissenschaft   Farbtafel 13, 15,
   Umschlagvorderseite

Außerdem wurden aus folgenden jüngeren Publikationen Abbildungen entnommen:
H. R. Hitchcock, Architecture. Nineteenth and Twentieth Centuries (= Pelican
   History of Art, 15). Harmondsworth 1977, S. 65 und 67   Abb. 19, 37
C. L. V. Meeks, The Railroad Station. New Haven 1956, fig. 6   Abb. 43
A. Tschira, Die deutsche Stadt der Neuzeit. In: Kunst des Abendlandes, IV.
   Hrsg. v. K. Martin, Karlsruhe 1963, S. 191 und 193   Abb. 28, 36

Alle übrigen Vorlagen stammen, sofern in den Bildlisten nicht anders ausgewiesen, aus dem Archiv des Verfassers.

Personenregister

Abbati, Giuseppe (1836–1868) 251
Aberli, Johann Ludwig (1723–1786) 241
Abildgaard, Nicolai Abraham (1743–1809) *103,* 177, 218, *238*
Adam, Gebrüder 46f.
Agasse, Jacques-Laurent (1767–1849) 241
Aischylos (525/24–456/55 v. Chr.) 109, 181
Alba, Herzogin von 256
Albert von Sachsen-Coburg-Gotha, Gemahl der Königin Victoria von England (1819–1861) 73
Alenza, Leonardo (1807–1845) 261
Alexander der Große (356–323 v. Chr.) 104
Alexander I., Zar von Rußland (1777–1825) 75f., 153
Alexander VII., Papst (1599–1667) 83
Allston, Washington (1779–1843) 252
Amerling, Friedrich von (1803–1887) 208f.; Abb. 83
Anderson, P. Abb. 43
Anthony, Georges 118
Antolini, Giovanni Antonio (1754–1842) 42
Appiani, Andrea (1754–1817) 244
Apuleius (125–um 180) 85
Arco-Stepperg, Alois Graf von 69
Ariosto, Ludovico (1474–1533) 199
Arnim, Achim von (1781–1831) 62
August, Prinz von Preußen 120
Augustus, Röm. Kaiser (63 v. Chr.–14 n. Chr.) 16

Bacon d. Ä., John (1740–1799) 108
Baildon, (?) Abb. 4
Bailly, Jean Sylvain (1736–1793) 89, 116

Balzac, Honoré de (1799–1850) 171
Banks, Thomas (1735–1805) *108f.,* 218
Barlach, Ernst (1870–1938) 84
Barry, James (1741–1806) 216, 220
Barry, Sir Charles (1795–1860) 51f.; Abb. 21
Bartholdy, Jakob Salomo (1779–1825) 195
Bartolini, Lorenzo (1777–1850) 89
Barye, Antoine-Louis (1796–1875) *92*
Batissier, Louis 158
Bauch, Kurt *1897 16
Baudelaire, Charles (1821–1867) 8, 162, 164, 171, 261
Bayeu, Francisco 255
Beauharnais, Joséphine (1763–1814) 150
Beaumont, Sir George 224
Beckford, William (1759/60–1844) 51
Beckmann, Max (1884–1950) 15, 104
Beethoven, Ludwig van (1770–1827) 20
Benvenuti, Pietro (1768–1844) 244
Berchem, Nicolaes (1620–1683) 207
Bernini, Giovanni Lorenzo (1598–1680) 83
Bertin, François Edouard 167
Beuth, Peter Christian Wilhelm (1781–1853) Abb. 54
Bianchi, Pietro (1787–1841) 44
Bianchini, Antonio 246
Bidault, Jean-Josepf-Xavier (1758–1846) 167
Biedermann, Jakob (1763–1830) 241
Bièfvre, Édouard de (1808–1882) 235f.
Bindesböll, Michael Gottlieb (1800–1856) 76f.

Bingham, George Caleb (1811–1879) 253; Abb. 95
Blake, William (1757–1827) 21, 109, 194, *220, 222,* 233; Abb. 88
Blechen, Karl (1798–1840) *211, 227,* 240; Farbt. 17
Blondel, Jacques François (1618–1686) 36
Boccaccio (1465–1525) 232
Bocchi, Achille 163
Böcklin, Arnold (1827–1901) 232
Bodmer, Johann Jakob (1698–1783) 217, 240
Bodoni, Giambattista (1740–1813) 45; Abb. 17
Böhme, Jakob (1575–1624) 183, 185
Boffrand, Germain (1667–1754) 36
Boilly, Louis Léopold (1761–1845) 242
Boisserée, Melchior (1786–1851) und Sulpice (1783–1854) 68
Bonaparte, Joseph (1768–1844) 43, 90, 260
Bonington, Richard Parkes (1802–1828) 162, 227
Bonomini, Vincenzo (1757–1834) 244
Boothby, Penelope 108
Boothby, Sir Brooke 216; Abb. 86
Borghese, Pauline 86f.
Borromäus, Karl (1538–1584) 152
Botticelli, Sandro (1444/5–1510) 233f.
Boudin, Eugène (1824–1898) 237
Boullée, Louis-Étienne (1728–1799) 33, 36, 39, 46, 58; Abb. 8, 9
Boydell, John (1719–1804) 218
Brand, Johann Christian (1722–1795) 207
Brentano, Clemens (1778–1842) 196
Broch, Hermann (1886–1951) 10
Brown, Ford Madox (1821–1893) 232f.
Brun, Friederike (1765–1835) 85

Bulfinch, Charles (1763–1844) 80, *81f.*
Bülow, Friedrich Wilhem Freiherr von, Graf von Dennewitz (1755–1816) Abb. 31
Burke, Edmund (1729–1797) 22
Bürklein, Friedrich (1813–1872) 71f.
Burlington, Richard Boyle, Lord 45
Burne-Jones, Edward (1833–1898) 233
Byron, George Gordon, Lord (1788–1824) 105, 148, 161, 166

Cagnola, Luigi (1762–1833) 42
Calame, Alexandre (1810–1864) 241, 248
Camuccini, Vincenzo (1771–1844) 245, 247
Canova, Antonio (1757–1822) *83ff.,* 103, 109, 110, 247; Abb. 44, 45, 46
Caravaggio, Michelangelo da (1573–1610) 245
Carlyle, Thomas (1795–1881) 232
Carnovali, Giovanni, genannt il Piccio (1806–1873) 247
Carracci, Annibale (1560–1609) 113, 238, 244
Carstens, Asmus Jakob (1754–1798) 59, 103, *176ff.,* 238; Abb. 73
Cartellier, Pierre (1757–1831) 90f.
Carus, Carl Gustav (1789–1869) 227
Catlin, George (1796–1872) 254
Cervantes (1547–1616) 231
Cézanne, Paul (1839–1906) 172
Chabert, Carlotta S. 247
Chalgin, Jean-François (1739–1811) 38; Abb. 49
Chasseriau, Théodore (1819–1856) 148
Chastel, André 243
Chateaubriand, François-René, Vicomte de (1768–1848) 22, 120, 168
Chaudet, Denis-Antoine (1763–1810) 90; Abb. 12
Chavannes, Puvis de (1824–1898) 19

277

Chinard, Joseph (1756–1813) S. 90; Abb. 48
Chodowiecki, Daniel Nikolaus (1726–1801) 207
Christie's 218
Clark, Kenneth 53
Claude Lorrain (1600–1682) 176, 192, 225, 228
Clemens XIII., Papst (1693–1769) 83; Abb. 44
Clemens, XIV., Papst (1705–1774) 83; Abb. 45
Clérisseau, Charles-Louis (1722–1820) *78*
Cockerell, Charles Robert (1788–1863) 49
Coleridge, Samuel Taylor (1772–1834) 52
Cole, Thomas (1801–1848) 252
Constable, John (1776–1837) 159, 161, 188, 215, 223 f., *225ff.*, 228, 231, 239 f., 248, 252; Farbt. 19; Abb. 89
Coote, Sir Eyre (1726–1783) 108
Cope, Charles West (1811–1890) 231
Copley, John Singleton (1738–1815) 251 f.
Corbet, Charles-Louis (1758–1808) 90; Abb. 47
Corday, Charlotte (1768–1793) 116
Corneille, Pierre (1606–1684) 113
Cornelius, Peter (1783–1867) 21, 22, 62, 65, 162, *196, 198f.,* 203 f., 232, 243
Corot, Camille (1796–1875) 27, 120, *167ff.,* 170, 202, 247 f.; Abb. 70
Correggio (1489–1534) 118, 247
Cortot, Jean-Pierre (1787–1810) 90
Costa, Nino (1826–1903) 249
Cotman, John Sell (1782–1842) 216, *223*
Courbet, Gustave (1819–1877) 13, 23, 24, 25, 27, 158, 166, 169 ff., *172ff.,* 212, 237; Abb. 71
Cozens, Alexander (um 1717–1786) 224, 227

Cozens, John Robert (1752–1797) 224, 228
Crawford, Thomas (1813–1857) 111
Crome, John (1768–1821) 223
Cromwell, Agnes S. 109
Cuyp, Aelbert (1620–1691) 207, 228

Dahl, Johan Christian Clausen (1788–1857) 211, 227, *239f.,*
Danby, Francis (1792/93–1861) 231
Dance, George d. J. (1741–1825) 46
d'Angers, Pierre-Jean David (1788–1856) 90 f.
Danhauser, Joseph (1805–1845) 208
Dannecker, Heinrike 180
Dannecker, Johann Heinrich (1758–1841) 95, 180; Abb. 51
Dante Alighieri (1265–1321) 109, 181, 217
Daubigny, Charles-François (1817–1878) 148, 169 ff.
Daumier, Honoré (1808–1879) 14, 15, 23, 24, 25, *92f.,* 167, *170f.,* 206, 261; Abb. 1, 50
David, Jacques-Louis (1748–1825) 26, 91, 99, 108, *112ff.,* 120, 145, 152, 154, 171, 180, 218, 235, 241, 244, 255; Farbt. 5; Abb. 60
Decamps, Alexandre Gabriel (1803–1860) 170
Degas, Edgar (1834–1917) 148, 215, 261
Dehio, Georg (1850–1932) 20
Delacroix, Eugène (1798–1863) 13, 14, 22, 23, 92, 118, 120, 148, 150, 152, 154, *160ff.,* 170, 184, 196, 200, 203, 212, 216, 226 f., 235, 245, 259, 261; Farbt. 7, 8, 9; Abb. 68, 69
Delaroche, Paul (1797–1856) 170, 235
Delécluze, Étienne Jean (1781–1863) 116
Delteil, Louis 171, 206
Diaz de la Peña, Narcisse (1808–1876) 169, 206

Dillis, Johann Georg von (1759-1841) 207
Dilthey, Wilhelm (1833-1911) 19
Disteli, Martin (1802-1844) 243; Abb. 93
Donner, Georg Raphael (1693-1741) 94
Doré, Gustave (1832-1883) 70; Abb. 99
Doughty, Thomas (1793-1856) 252
Drake, Friedrich (1805-1882) 102; Abb. 54
du Barry, Marie Jeanne (1743-1793) 33
Ducros, Louis (1748-1810) 224
Dupré, Giovanni (1817-1882) 89
Dupré, Jules (1811-1889) 169
Durand, Asher Brown (1796-1886) 252
Durand, Jean-Nicolas-Louis (1760-1834) 28, 60, 64
Dürer, Albrecht (1471-1528) 100, 181, 196, 199
Dyce, William (1806-1864) 231ff.
Dyck, Anthonis van (1599-1641) 235

Eastlake, Sir Charles Lock (1793-1865) 230
Eckersberg, Christoffer Wilhelm (1783-1853) 239
Egremont, Lord 229
Eichendorff, Joseph von (1788-1857) 205
Einem, Herbert von *1905 179
Eisenlohr, Jakob Friedrich (1805-1855) 72
Engel, Carl Ludwig (1778-1840) 76; Abb. 40
Engels, Friedrich (1820-1895) 175
Erdmannsdorff, Friedrich Wilhelm von (1736-1800) 68
Etty, William (1787-1849) 231
Everdingen, Allaert van (1621-1675) 239

Fattori, Giovanni (1825-1908) 24, *250;* Farbt. 25
Fearnley, Thomas (1802-1842) 240; Farbt. 22
Fendi, Peter (1796-1842) 208
Ferdinand I., König von Neapel (1751-1825) 44
Ferdinand VII., König von Spanien (1784-1833) 259f.
Fernow, Carl Ludwig (1763-1808) 109
Feuerbach, Anselm (1775-1833) 19, 232
Fichte, Johann Gottlieb (1762-1814) 57
Fielding, Anthony Vandyke Copley (1787-1855) 162
Finelli, Carlo (1785-1853) 88
Fischer, Karl von (1782-1820) 65
Fischer, Kuno (1824-1907) 8
Fischer, Martin (1741-1820) 94
Flandrin, Hippolyte (1809-1864) 148
Flaubert, Gustave (1821-1880) 24
Flaxman, John (1755-1826) *108f.,* 194; Abb. 59
Flexner, James Thomas 252
Fohr, Carl Philipp (1795-1818) 200; Abb. 80
Fontaine, Pierre-François-Léonard (1762-1853) 39, 64; Abb. 13, 14
Fontanesi, Antonio (1818-1882) 247f., Farbt. 24
Forster, Georg (1754-1794) 68
Foscolo, Ugo (1778-1827) 245
Fouqué, Friedrich Heinrich Karl (1777-1843) 69, 200
Fragonard, Jean Honoré (1732-1806) 247
Francke, August Hermann (1663-1727) 100
Franklin, Benjamin (1706-1790) 110; Farbt. 4
Franz I., Kaiser von Österreich (1768-1835) 210; Abb. 83

Frey, Dagobert (1883–1962) 182
Friederike, Prinzessin von Preußen 97
Friedlaender, Max J. 116
Friedrich, Caspar David (1774–1840) 22, *188ff.*, 211, 216, 224, 227, 238 ff., 245, 252; Farbt. 13; Abb. 76, 77
Friedrich II., »der Große«, König von Preußen (1712–1786) 100, 212; Abb. 26
Friedrich Wilhelm II., König von Preußen (1744–1797) 95
Friedrich Wilhelm III., König von Preußen (1770–1840) 190
Friedrich Wilhelm IV., König von Preußen (1795–1861) 68
Fries, Ernst (1801–1833) 201, 206
Führich, Joseph, Ritter von (1800–1876) 231
Füßli, Johann Heinrich (1741–1825) 103, 108, 113, *217ff.*, 220, 231, 239 f., 245, 255; Farbt. 15; Abb. 87

Gainsborough, Thomas (1727–1788) 215, 223, 225
Gallait, Louis (1810–1887) 235
Gärtner, Friedrich von (1792–1847) *70ff.*, 78, 100, 199; Abb. 36
Gau, Franz Christian (1790–1853) 41
Gauguin, Paul (1848–1903) 148
Gauthier, Théophile (1811–1872) 31
Gavarni, Paul (eigentl. Guillaume Sulpice Chevalier) (1804–1866) 26; Abb. 3
Genelli, Hans Christian (1798–1868) 178
Gentz, Heinrich (1766–1811) 58 f.
Georg IV., König von England (1762–1830) 46
Gérard, François (1770–1837) 120
Géricault, Théodore (1791–1824) 14, 15, 22, 150, 152, *154ff.*, 162, 172, 216, 234, 245; Farbt. 10; Abb. 65, 66, 67

Giani, Felice (1758–1823) 244 f.
Giaquinto, Corrado 255
Gigante, Giacinto (1806–1876) 249
Gilly, David (1748–1808) 57
Gilly, Friedrich (1772–1800) *57ff.*, 62 ff.; Abb. 26, 27
Gilpin, Sawrey (1733–1807) 216
Giorgione (1478–1510) 256
Giotto di Bondone (1267–1337) 243
Girodet, Anne-Louis (1767–1824) 119
Girtin, Thomas (1775–1802) *224*, 228
Görres, Joseph von (1776–1848) 68
Goethe, Johann Wolfgang von (1749–1832) 7, 8, 16, 20, 29, 95, 99, 118, 156, 162, 166, 175 f., 184, 189, 194, 196, 207, 218, 227, 230, 243; Abb. 72
Gogh, Vincent van (1853–1890) 172, 184
Goldsmith, Oliver (1730–1774) 231
Gondouin, Jacques Abb. 12
Goodacre, W. Farbt. 3
Goya, Francisco de (1746–1828) 15, 24, 27, 147, 153, *255ff.*; Farbt. 27, 28; Abb. 96, 97, 98
Graff, Anton (1736–1813) 207, 241
Grandville (eigentl. Ignace Isidore Gérard (1803–1847) 170
Greenough, Horatio (1805–1852) 110
Greuze, Jean-Baptiste (1725–1805) 113, 114, 231
Grillparzer, Franz (1791–1872) 12
Gros, Antoine-Jean, Baron (1771–1835) 22, 92, *150ff.*, 160, 162, 171, 227; Farbt. 6; Abb. 64
Grünewald, Matthias (1460/70–1528) 20
Guerin, Pierre Narcisse (1774–1833) 154

Hackert, Philipp (1737–1807) 224, 248

Hadrian, röm. Kaiser (76–138) 16
Hallerstein, Carl Haller von (1774–1817) 65 f.
Hals, Frans (um 1580–1666) 159
Hamilton, Thomas (1785–1858) *51,* 113
Hansen, Christian Friedrich (1756–1845) 76
Hansen, Hans Christian (1803–1883) 78
Hansen, Theofil Edvard (1813–1891) 78
Hayez, Francesco (1791–1882) 246
Hazlitt, William (1778–1830) 223
Hebbel, Friedrich (1813–1863) 24
Hegel, Georg Wilhelm Friedrich (1770–1831) 8, 11, 30, 31
Heim, François Joseph Abb. 61
Heine, Heinrich (1797–1856) 13
Heinitz, Friedrich Anton Frhr. von 176
Heinse, Wilhelm (1746–1803) 227
Herder, Johann Gottfried (1744–1803) 217
Hesekiel, Georg Christoph (1732–1818) 68
Hesiod (um 700 v. Chr.) 179
Hess, Ludwig (1760–1800) 241
Hetzer, Theodor (1890–1946) 243
Hicks, Edward (1780–1849) 254; Farbt. 26
Hildebrand, Adolf (von) (1847–1921) 19
Hitchcock, Henry-Russell 44
Hittorf, Jakob Ignaz (1792–1867) 39, *41,* 71
Hobbema, Meindert (1638–1709) 169, 223
Hodler, Ferdinand (1853–1918) 241
Hölderlin, Friedrich (1770–1843) 10, 20, 193
Hoffmann, E. T. A. (1776–1822) 31
Hogarth, William (1697–1764) 159, 215
Holbein, Hans (1497–1543) 20

Holland, Henry (1745–1806) 49
Homer (2. Hälfte d. 8. Jh. v. Chr.) 109, 145, 148, 177, 181, 217
Hope, Thomas (1770?–1831) 55; Abb. 22
Hopper, Thomas (1776–1856) 51; Abb. 20
Horny, Franz (1798–1824) 200, 206
Houdon, Jean-Antoine (1741–1828) 89, 110
Howard, Luke 227
Hübsch, Heinrich (1795–1863) 71 f.
Huet, Paul (1803–1869) *170*
Hugo, Victor (1802–1885) 23
Humboldt, Wilhelm von (1767–1835) 57, 187 f.
Hunt, William Holman (1827–1910) 232 f.

Ingres, Jean Auguste Dominique (1780–1867) 62, *120, 145 ff.,* 160, 194 f., 244, 247, 256; Abb. 61, 62, 63
Irving, Washington (1783–1859) 252
Isabey, Eugène (1803–1886) 237

Janssen, Victor Emil (1807–1845) 199; Abb. 79
Jappelli, Giuseppe (1783–1852) 44
Jaspers, Karl 192
Jean Paul (1763–1825) 101
Jefferson, Thomas (1743–1826) 18, 78, 110; Farbt. 3
Jones, Inigo (1573–1652) 45
Jongkind, Johan Barthold (1819–1891) 24, 27, *237;* Abb. 91
Joseph II., deutscher Kaiser (1741–1790) 94
Joséphine, Kaiserin, Gemahlin Napoleons I. (1763–1814) 39, 118
Juel, Jens (1745–1802) 239
Julia, Ascencio (1771–1816) 261
Junot, Andoche J. (1771–1813) 151
Jussow, Heinrich Christoph (1754–1825) 67, 68

281

Kandinsky, Wassily (1866–1944) 21
Kant, Immanuel (1724–1804) 57, 100, 256
Karl Wilhelm, Markgraf von Baden-Durlach Abb. 28
Katharina II., Zarin von Rußland (1729–1796) 74
Kaulbach, Wilhelm von (1805–1874) 199
Keller, Gottfried (1819–1890) 24
Kersting, Friedrich Georg (1785–1847) 238
Kierkegaard, Sören (1813–1855) 107
Kiß, August (1802–1865) 101
Klee, Paul (1879–1940) 243
Kleist, Heinrich von (1777–1811) 20, 182, 193
Klenze, Leo von (1784–1864) *64 ff.*, 70, 78, 198; Abb. 33, 36, 78
Klopstock, Friedrich Gottlieb (1724–1803) 191
Kobell, Ferdinand (1740–1799) 207
Kobell, Franz (1749–1822) 207
Kobell, Wilhelm (1766–1855) *207*
Købke, Christen Scheyderup (1810–1848) 239
Koch, Joseph Anton (1768–1839) 103, 180 f., 200 f., 204; Farbt. 11
Koekkoek, Barend Cornelis (1803–1862) 236
Kornhäusel, Joseph (1782?–1860) 74
Krafft, Johann Peter (1780–1856) 208
Krüger, Franz (1797–1857) 211
Kruseman, Cornelis (1797–1853) 235
Kruseman, Jan Adam (1804–1862) 235
Kügelgen, Wilhelm von (1802–1867) 206
Kugler, Franz (1808–1858) 212, Abb. 84

Labrouste, Henri (1801–1875) 41; Abb. 15

Lafayette, Marquis de (1757–1834) 89
Landseer, Sir Edwin (1802–1873) 231
Langhans, Karl Gotthard (1732–1808) *57*, 59, 63
Latrobe, Benjamin Henry (1764–1820) 21, 64, *80 ff.*
Latuada, Pietro 244
Lavater, Johann Kaspar (1741–1801) 240
Laves, Georg Ludwig Friedrich (1788–1864) 67; Abb. 34
Lawrence, Thomas (1769–1830) 208
Lebas, Louis Hippolyte (1782–1867) 39
Ledoux, Claude-Nicolas (1736–1806) 33, 36, 46, 75; Abb. 7
Lega, Silvestro (1826–1895) 250
Legrand, Charles 153, 258
Leibl, Wilhelm (1844–1900) 25, 27
L'Enfant, Pierre Charles (1754–1825) 79; Abb. 42
Leonardo da Vinci (1452–1519) 29, 169
Leopardi, Giacomo (1798–1837) 245
Leopold Friedrich Franz von Anhalt-Dessau (1676–1747) 68
Lepère, Jean-Baptiste 41; Abb. 12
Lesly, Charles Robert (1794–1859) 231
Lessing, Karl Friedrich (1808–1880) 202
Liebermann, Max (1847–1935) 211
Livius 113
Louis Philippe, König von Frankreich (1773–1850) 154, 165, 170
Lovejoy, Arthur O. 19
Lucas, Eugenio, Sohn († 1918) 261
Lucas, Eugenio, Vater (1824–1870) 261
Ludwig XIII., König von Frankreich (1610–1643) 145, 160
Ludwig XIV., König von Frankreich (1638–1715) 17

282

Ludwig XVI., König von Frankreich (1754–1793) 39, 152
Ludwig XVIII., König von Frankreich (1755–1824) 145
Ludwig (I.), Kronprinz, dann König von Bayern (1786–1868) 64, 69, 100, 107, 196, 202, 207
Ludwig II., König von Bayern (1845–1886) 70
Luise, Kronprinzessin, später Königin von Preußen (1776–1810) 97

Maclise, Daniel (1806–1870) 231
Macpherson, James (1736–1796) 22
Maillol, Aristide (1861–1944) 19
Malraux, André 261
Manet, Edouard (1832–1883) 146, 158, 166, 237, 250, 257, 261
Mannheim, Karl (1893–1947) 9
Mansfield, William Murray (1705–1793) 109
Manzoni, Alessandro (1785–1873) 245
Marat, Jean-Paul (1744–1793) 116 f.; Farbt. 5
Marc Aurel, röm. Kaiser (121–180) 94
Marchesi, Pompeo (1789–1858) 42, 89
Marées, Hans von (1837–1887) 19
Maria Leopoldine von Bayern 69
Marie Antoinette, Königin von Frankreich (1755–1793) 39
Marie-Louise, Kaiserin, Gemahlin Napoleons I. (1791–1847) 86, 118
Mark, Alexander Graf von der (1779–1787) S. 95 f., Abb. 52
Marx, Karl (1818–1883) 175
Masaccio (1401–1428) 243
Maurice, Frederik Denison (1805–1872) 232
Maximilian II., König von Bayern (1527–1576) 71
Max Joseph, König von Bayern (1727–1777) 100

Meier-Graefe, Julius (1867–1935) 168
Meijer, E. R. 21
Mengs, Anton Raphael (1728–1779) 17, 74, 218, 255
Menn, Barthélémy (1815–1893) 241
Menzel, Adolf (1815–1905) 12, 24, 27, 211, *212 f.,* 215, 227; Farbt. 18; Abb. 84, 85
Metternich, Fürst von (1773–1859) 210
Meuron, Maximilien de (1785–1868) 241
Michalowski, Piotr (1800/01–1855) 234
Michelangelo (1475–1564) 117, 156, 160, 171, 179 f., 199, 218, 235, 238
Michel, Georges (1763–1843) 167
Millais, John Everett (1829–1896) 232
Millet, Jean-François (1814–1875) 170, *171 f.*
Mills, Robert (1781–1855) 80 f.
Milton, John (1608–1674) 216 ff., 231
Minardi, Tommaso (1787–1871) 245 ff.
Minne, George (1866–1941) 84
Mirabeau, Honoré Gabriel de Riqueti, Graf von (1749–1791) 89
Molière (1622–1673) 231
Moller, Georg (1784–1852) 71 f.
Monet, Claude (1840–1926) 169, 231, 237
Moreau, Gustave (1826–1898) 232
Morelli, Domenico (1826–1901) 249
Moritz, Karl Philipp (1756–1793) 179
Morland, George (1763–1804) 223
Morris, William (1834–1896) 334
Mortimer, John Hamilton (1741–1779) 216, 220
Mount, William Sidney (1807–1868) 253
Moy, Johannes Graf 69

Mozart, Wolfgang Amadeus (1756–1791) 101
Mulready, William (1786–1863) 231
Munch, Edvard (1863–1944) 220
Murat, Caroline 146
Murat, Joachim (1767–1815) 43, 86, 154

Napoleon I. (1769–1821) 18, 22, 29, 38, 39, 42, 86, 89, 90, 92, 104, 120, 150, 152f., 155, 164, 170, 208, 244; Farbt. 1, Abb. 46, 65
Napoleon III. (1808–1873) 15, 170
Nash, John (1752–1835) *46,* 51, 69; Abb. 19
Nathe, Christoph (1753–1806) 207
Nay, A. Abb. 41
Nelson, Lord (1758–1805) 109
Neumann, Balthasar (1687–1753) 29
Neumeyer, Fred 251
Newton, Isaac (1643–1727) Abb. 8, 9
Niccolini, Antonio (1772–1850) 43
Nikolaus I., Zar von Rußland (1796–1855) 75
Nollekens, Joseph (1737–1823) 108
Normand, Charles Pierre Joseph Abb. 39
Novalis (1772–1801) 22, 183
Novotny, Fritz 256
Nuyen, Wijnand van (1813–1839) 236

Odiot, Jean-Baptiste (1763–1850) 39; Farbt. 1
Oeri, Johann Jakob (1782–1868) 241
Oeser, Adam Friedrich (1717–1799) 207
Ohnmacht, Landolin (1760–1834) 95
Olivier, Ferdinand (1785–1841) 200, 206
Ortega y Gasset, José (1883–1955) 256
Os, Pieter Gerardus van (1776–1839) 236
Ossian 119, 181, 191, 216, 239

Ostade, Adriaen van 231
Ostwald, Hans (1873–1940) 184
Overbeck, Johann Friedrich (1789–1869) 22, *195f.,* 202, 208, 231f., 246f.

Pajou, Augustin (1730–1809) 95
Palagi, Pelagio (1775–1860) 244f.; Farbt. 23
Palizzi, Filippo (1818–1899) 248
Palladio, Andrea (1508–1580) 17, 78f.
Parler, Peter (1330–1399) 29
Parmigianino (1503–1540) 247
Pauli, Gustav (1866–1938) 20, 92
Paxton, Joseph (1803–1865) 56; Abb. 25
Peale, Charles Wilson (1741–1827) 252
Penn, William (1644–1718) 255
Percier, Charles (1764–1838) 39, 64; Abb. 13, 14
Pevsner, Nikolaus (*1908) 55
Pforr, Franz (1788–1812) 22, 195; Farbt. 14
Philipon, Charles (1806–1862) 170f.
Picasso, Pablo (1881–1973) 15, 148, 261
Pieneman, Jan Willem (1779–1853) 235
Pierre, J.-B.-M. 36
Pinder, Wilhelm (1878–1947) 20
Pinelli, Bartolomeo (1781–1835) 245; Abb. 94
Piranesi 46
Pissarro, Camille (1830–1903) 231
Pitloo, Antonio (1790–1837) 248
Pius VII. (Papst) (1742–1823) 44
Playfair, William Henry (1789–1857) 49
Pollák, Michael (1773–1855) 74
Pontormo, Jacopo da (1494–1556) 158
Poussin, Nicolas (1594–1665) 17, 99, 113, 180f., 189, 238

Powers, Hiram (1805–1873) *110f.*
Poyet, Bernard (1742–1824) 37; Abb. 10
Préault, Antoine-Augustin (1809–1879) 92
Proudhon, Pierre-Joseph (1809–1865) 173f.
Prud'hon, Pierre-Paul (1758–1823) *118f.*
Puccinelli, Antonio (1822–1897) 249
Pugin, Augustus Welby (1812–1852) *53f.,* 69, 82; Abb. 23

Quai, Maurice 194
Quarenghi, Giacomo (1744–1817) 74

Raffael (1483–1520) 17, 106, 145, 148, 180, 195f., 199, 203, 218, 238, 243
Raffet, Denis (1804–1860) 170
Ramdohr, Basilius Frhr. von 189
Rastrelli, Bartolomeo Francesco (um 1700–1771) 74
Rauch, Christian Daniel (1777–1857) 99f.
Récamier, Jeanne-Françoise-Julie-Adelaïde (1777–1849) 90, 120; Abb. 48
Reinhart, Johann Christian (1761–1847) *179f.,* 245
Rembrandt (1606–1669) 236
Renoir, Auguste (1841–1919) 148
Renwick, James (1818–1895) 82
Rethel, Alfred (1816–1859) 12, 23, 165, *202f.;* Abb. 81
Retzsch, Moritz 162
Revett, Nicholas 45
Reynolds, Sir Joshua (1723–1792) 215, 251
Richter, Adrian Ludwig (1803–1884) 22, *204*
Rietschel, Ernst (1804–1861) 101
Rilke, Rainer Maria (1875–1926) 185
Robespierre, Maximilien de (1758–1794) 117
Roelandt, Lodewijk (1786–1864) 73f.
Rossetti, Dante Gabriel (1828–1882) 232ff.; Farbt. 21
Rottmann, Karl (1797–1850) 202
Rousseau, Henri (1844–1910) 254
Rousseau, Jean-Jacques (1712–1778) 22, 112, 216, 239
Rousseau, Théodore (1812–1867) 169
Rowlandson, Thomas (1756–1827) 242
Rubens, Peter Paul (1577–1640) 150, 152, 160, 166, 199, 235
Rude, François (1784–1855) 91; Abb. 49
Ruisdael, Jakob (1628/29–1682) 169, 223, 225, 236
Rumohr, Carl Friedrich von (1785–1843) 181
Runciman, Alexander (1736–1785) 216, 218
Runciman, John (1744–1768) 216
Runge, Philipp Otto (1777–1810) 13, 22, *182ff.,* 188, 206, 208, 238, 244, 252; Farbt. 12; Abb. 74, 75
Rush, William (1756–1833) 110; Farbt. 4
Ruskin, John (1819–1900) 229, 233

Sabatelli, Luigi (1772–1850) 244
Sacharow, Andrej Dmitrijewitsch (1761–1811) 75
Schadow, Johann Gottfried (1764–1850) 57, *95ff.,* 202, 211; Abb. 53
Schadow, Wilhelm von (1788–1862) 202
Scheffer, Ary (1795–1858) 235
Schelfhout, Andreas (1787–1870) 236f.
Schelling, Friedrich Wilhelm von (1775–1854) 30, 182
Schick, Gottlieb (1776–1812) 179, *180,* 206

Schiller, Friedrich von (1759–1805) 16, 20, 23, 95, 114, 118, 180, 182; Abb. 51
Schinkel, Karl Friedrich (1781–1841) 18, 21, *62ff.*, 67ff.; Farbt. 2; Abb. 31, 32
Schirmer, Johann Wilhelm (1807–1863) 202
Schlegel, August Wilhelm (1767–1845) 31
Schlegel, Friedrich (1772–1829) 22, 31, 68, 193 ff.
Schleiermacher, Daniel Friedrich (1768–1834) 22, 194
Schmidt, Georg (1712–1775) 23, 24
Schnorr von Carolsfeld, Julius (1794–1872) 22, *199f.*, 204, 206, 231, 245; Abb. 79
Schnorr von Carolsfeld, Ludwig (1788–1853) 204
Schopenhauer, Johanna (1766–1838) 190
Schrödter, Adolf (1805–1875) 202
Schubert, Franz (1797–1828) 204
Schuch, Carl (1846–1903) 25
Schwanthaler, Ludwig von (1802–1848) 100 f.
Schwind, Moritz von (1804–1871) 22, *204f.*; Abb. 82
Scott, Sir Gilbert (1811–1878) 55, 166
Sedlmayr, Hans (1896–1984) 10
Semper, Gottfried (1803–1879) 72 f., 109; Abb. 37
Semper, Manfred 73
Sergel, Johan Tobias (1740–1814) *102f.*, 218, 238
Shakespeare, William (1564–1616) 166, 216 ff., 231
Shaw, Henry (1818–1885) 69
Sheraton, Thomas (um 1750–1806) 55
Siddall, Elizabeth 233
Signac, Paul (1863–1935) 231
Signorini, Telemaco (1835–1901) 251
Simone, Antonio de 43

Sisley, Alfred (1839–1899) 231
Smirke, Sir Robert (1781–1867) *49,* 51
Soane, Sir John (1753–1837) 21, *46,* 51; Abb. 18
Solimena, Francesco (1657–1747) 160
Sonnenschein, Valentin (1749–1828) 95
Spitzweg, Carl (1808–1885) 22, *205f.*
Spranger, Eduard (1882–1963) 20
Staël, Anne Louise Germaine Baronne de (1766–1817) 120
Statz, Vinzenz (1819–1898) 68
Steinle, Edward (1810–1886) 196
Stendhal, eigentl. Henri Beyle (1783–1842) 62
Stern, Raffaelle (1774–1820) 44
Stifter, Adalbert (1805–1868) 12
Strich, Fritz (1882–1963) 19, 20
Strickland, William (1788–1854) 80 f.
Stuart, Gilbert Charles (1755–1828) 46, 252
Stubbs, George (1724–1806) 159, 216
Sulzer, David (1784–1864) 241
Swedenborg, Emanuel von (1688–1772) 220

Tadolini, Adamo (1788–1868) 88
Talleyrand, Charles Maurice Herzog von (1754–1838) 164
Tassaert, Pierre Antoine (1727–1788) 96
Tasso, Torquato (1544–1595) 166
Telford, Thomas (1757–1834) 56; Abb. 24
Tenerani, Pietro (1787–1869) 89
Teniers, David (1610–1690) 231
Thoma, Hans (1839–1924) 25
Thomon, Thomas de (1754–1813) 75; Abb. 39
Thomson, James (1800–1883) 22, *49*
Thorvaldsen, Bertel (1770–1844) 76, 88, 99, 100, *103ff.*, 110, 111, 179, 252; Abb. 41, 55, 56, 57, 58

Thun, Gräfin   189
Tieck, Friedrich (1776–1851)   99
Tieck, Ludwig (1773–1853)   22, 182 f., 255
Tiepolo, Giovanni Battista (1696–1770)   243
Tischbein, Wilhelm (1751–1829)   109
Tizian (1476 oder um 1490–1576)   146
Toepffer, Rodolphe (1799–1846)   242
Toepffer, Wolfgang Adam (1766–1847)   242
Trippel, Alexander (1744–1793)   95
Troyon, Constantin (1810–1865)   25, *169*, 248
Trübner, Wilhelm (1851–1917)   25
Tschira, Arnold   62
Turner, Joseph Mallord William (1775–1851)   188, 223 f., *228 ff.*, 231, 240, 245, 248, 252; Farbt. 20; Abb. 90

Upjohn, Richard (1802–1878)   82

Valadier, Giuseppe (1762–1839)   42; Abb. 16
Valenciennes, Pierre Henri de (1750–1819)   166 f.
Velázquez, Diego Rodriguez de Silva y (1599–1660)   146, 172, 256
Vernet, Charles (1758–1836)   154
Vernet, Horace (1789–1863)   170, 241
Vignon, Barthélémy (1762–1846)   38; Abb. 11
Vigny, Alfred de (1797–1863)   155
Voltaire (1694–1778)   212

Wackenroder, Wilhelm Heinrich (1773–1798)   22, 182
Wagner, Martin (1777–1858)   100
Wagner, Richard (1813–1883)   204
Waldmüller, Ferdinand Georg (1793–1865)   27, *210 f.;* Farbt. 16
Walpole, Horace, Earl of Oxford (1717–1797)   22, 51

Wappers, Gustaaf (1803–1874)   165, 232, 235
Ward, James (1769–1859)   159, 216
Wasmann, Friedrich (1805–1886)   208, 232
Watts, George Frederick (1817–1904)   231
Wedding, Johann Friedrich   Abb. 4
Wedgwood, Josiah (1730–1795)   109
Weinbrenner, Friedrich (1766–1826)   *59 f.*, 71; Abb. 28, 29, 30
West, Benjamin (1738–1820)   *251 f.*
Wiertz, Antoine (1806–1865)   235
Wild, Charles   Abb. 20
Wilde, Oscar (1854–1900)   10, 233
Wilhelm IX., Landgraf von Hessen-Kassel   68
Wilkie, Sir David (1785–1841)   159, 231
Wilkins, William (1778–1839)   49, 51
Wilson, Richard (1714–1782)   215, 223
Winckelmann, Johann Joachim (1717–1768)   17
Wolf, Caspar (1735–1798)   241
Woronichin, Andrej Nikiforowitsch (1760–1814)   75
Wouverman, Philips (1619–1668)   207
Wren, Sir Christopher (1632–1723)   45, 78
Wright of Derby, Joseph (1734–1797)   216; Abb. 86
Wüest, Johann Heinrich (1741–1821)   241
Wyatt, James (1748–1813)   51

Young, Edward (1683–1765)   22, 191

Zauner, Franz Anton von (1746–1822)   94
Zocher, Jan David (1791–1870)   73; Abb. 38
Zoega, Johann Georg   104
Zola, Emile (1840–1902)   24

Kunsttheoretische Schriften bei DuMont (Eine Auswahl)

Svetlana Alpers
Kunst als Beschreibung. Holländische Malerei im 17. Jahrhundert
429 Seiten mit 177 einfarbigen Abbildungen, Register, Leinen mit Schutzumschlag

Rosario Assunto
Die Theorie des Schönen im Mittelalter
276 Seiten mit 44 einfarbigen Abbildungen, 41 Text-Dokumenten, Bibliographie
Zeittafel, Personen- und Sachregister, kartoniert (DuMont Taschenbücher, Band 117)

Jan Bialostocki
Stil und Ikonographie
Studien zur Kunstwissenschaft
326 Seiten mit 64 einfarbigen Abbildungen, Personenregister, kartoniert
(DuMont Taschenbücher, Band 113)

Jacob Burckhardt
Die Kunst der Betrachtung
Aufsätze und Vorträge zu bildenden Kunst
Hrsg. von Henning Ritter. 486 Seiten mit 17 einfarbigen Abbildungen, Verzeichnis
der Schriften Jacob Burckhardts, Leinen mit Schutzumschlag

Ernesto Grassi
Die Theorie des Schönen in der Antike
353 Seiten mit 24 einfarbigen Abbildungen, Chronologie, Bibliographie, Register,
einer Auswahl von Texten antiker Philosophen, kartoniert
(DuMont Taschenbücher, Band 90)

Ekkehard Kaemmerling (Hrsg.)
Ikonographie und Ikonologie
Bildende Kunst als Zeichensystem 1
Theorie – Entwicklung – Probleme
520 Seiten mit 89 einfarbigen Abbildungen, Register, kartoniert
(DuMont Taschenbücher, Band 83)

Erwin Panofsky
Sinn und Deutung in der bildenden Kunst
(Meaning in the Visual Arts)
491 Seiten mit 108 einfarbigen Abbildungen, Verzeichnis der Veröffentlichungen
Panofskys, kartoniert (DuMont Taschenbücher, Band 33)

Erwin Panofsky
Studien zur Ikonologie
(Studies in Iconology)
Humanistische Themen in der Kunst der Renaissance
Mit einem einführenden Text von Jan Bialostocki. 356 Seiten mit 173 einfarbigen
Abbildungen, Bibliographie, Verzeichnis der Veröffentlichungen Panofskys, kartoniert (DuMont Dokumente)

Götz Pochat
Der Symbolbegriff in der Ästhetik und Kunstwissenschaft
248 Seiten mit 33 einfarbigen Abbildungen und 23 Figuren im Text, Bibliographie,
kartoniert (DuMont Taschenbücher, Band 134)

Rudolf Wittkower
Allegorie und der Wandel der Symbole in Antike und Renaissance
432 Seiten mit 250 einfarbigen Abbildungen, Register, kartoniert
(DuMont Taschenbücher, Band 142)